# LA PRIVATISATION DE L'ESPACE PUBLIC

# Logiques Juridiques

*Fondée par Gérard Marcou*
*Dirigée par Thomas Perroud*

Le droit n'est pas seulement un savoir, il est d'abord un ensemble de rapports et pratiques que l'on rencontre dans presque toutes les formes de sociétés. C'est pourquoi il a toujours donné lieu à la fois à une littérature de juristes professionnels, produisant le savoir juridique, et à une littérature sur le droit, produite par des philosophes, des sociologues ou des économistes notamment.

Parce que le domaine du droit s'étend sans cesse et rend de plus en plus souvent nécessaire le recours au savoir juridique spécialisé, même dans des matières où il n'avait jadis qu'une importance secondaire, les ouvrages juridiques à caractère professionnel ou pédagogique dominent l'édition, et ils tendent à réduire la recherche en droit à sa seule dimension positive. À l'inverse de cette tendance, la collection « Logiques juridiques » des éditions L'Harmattan est ouverte à toutes les approches du droit. Tout en publiant aussi des ouvrages à vocation professionnelle ou pédagogique, elle se fixe avant tout pour but de contribuer à la publication et à la diffusion des recherches en droit, ainsi qu'au dialogue scientifique sur le droit. Comme son nom l'indique, elle se veut plurielle.

## Dernières parutions

Christophe Delattre, *Le ministère public et la prévention des difficultés des entreprises*, 2025.
Alessio BELLI, *La citoyenneté sociale à la recherche d'un nouvel imaginaire normatif. L'héritage oublié*, 2025.
Ibrahima DIOR, *Le forum non conveniens et les injonctions anti-suit dans les arbitrages d'investissement des États africains*, 2025.
Laetitia DESMONS, *L'autonomie de l'ordre juridique de l'Union européenne sur la Cour de justice. Contribution à l'étude des fondements de la construction européenne*, 2025.

Sous la direction de Marie Cirotteau

# LA PRIVATISATION DE L'ESPACE PUBLIC

*Avant-propos de Sabine Boussard*

L'Harmattan

# LES AUTEURS

Jean-Yves ANDRE, *Doctorant à l'Université Paris Nanterre (CRDP UR 381)*
Hugo AVVENIRE, *Maître de conférences à l'Université de Poitiers (IDP UR 14145)*
Sabine BOUSSARD, *Professeur à l'Université Paris Nanterre (CRDP UR 381), doyenne de l'UFR de Droit et de Science politique*
Marie CIROTTEAU, *Maître de conférences à l'Université Paris Nanterre (CRDP UR 381), chercheuse associée au CERSA (UMR 7106)*
Ellie-May FARHA, *Doctorante à l'Université Paris Nanterre (CRDP UR 381)*
Envel FAVENNEC, *Doctorant en droit public et ATER à l'Université Paris Nanterre (CRDP UR 381)*
Elsa FONDIMARE, *Maîtresse de conférences à l'Université Paris Nanterre (CTAD UMR 7074 CNRS)*
Vincent LOUIS, *Doctorant à l'Université Paris Nanterre (CTAD UMR 7074 CNRS)*
Laurie MARGUET, *Maîtresse de conférences à l'Université Paris-Est Créteil (MIL UR 7382)*
Ouiam MESSADEK, *Doctorante à l'Université Paris Nanterre (CRDP UR 381)*
Thomas PERROUD, *Professeur à l'Université Paris-Panthéon-Assas (CERSA UMR 7106)*
Déborah THEBAULT, *Maître de conférences à l'Université Paris Nanterre (CEJEC UR 2320)*


5-7, rue de l'École-Polytechnique – 75005 Paris
www.editions-harmattan.fr
ISBN : 978-2-336-52302-6
EAN : 9782336523026

# Sommaire

# AVANT-PROPOS

*Sabine Boussard*

*Professeur à l'Université Paris Nanterre, doyenne de l'UFR de Droit et de Science politique*

L'ouvrage *La privatisation de l'espace public* contient les actes de la journée de la jeune recherche du Centre de recherches en droit public (CRDP) de l'Université Paris Nanterre, organisée le 19 janvier 2024 par Marie Cirotteau.

La journée de la jeune recherche du CRDP est un rendez-vous annuel du laboratoire auquel assistent les étudiants des masters 2 qui lui sont rattachés (Biens et contrats publics, Droit public, Droit public financier, Droit de l'économie et Droit du numérique). Ceux-ci ont ainsi l'occasion de découvrir la vie d'un laboratoire de recherches en droit public et d'écouter les communications produites le plus souvent par les doctorants et doctorantes du CRDP.

Pour l'édition 2024, Marie Cirotteau, toute jeune maître de conférences, recrutée à l'Université Paris Nanterre, a choisi d'aborder le thème de la privatisation de l'espace public qui s'inscrit parfaitement dans la thématique générale du CRDP, les transformations du droit public. Elle a eu l'excellente idée d'ouvrir la discussion aux collègues et doctorants du Centre de recherches sur les droits fondamentaux de l'Université Paris Nanterre (CREDOF).

Les lecteurs sauront apprécier la grande qualité des contributions écrites dont les auteurs doivent être félicités et vivement remerciés.

Stéphanie Hennette-Vauchez et Thomas Perroud ont accepté de parrainer cette journée : qu'ils en soient chaleureusement remerciés.

Un grand merci également à Yannique Lacroix-Gemin, gestionnaire administrative du CRDP pour son aide précieuse et aux éditions L'Harmattan pour avoir accepté d'accueillir, une nouvelle fois, les actes de la journée de la jeune recherche du CRDP dans la belle collection Logiques Juridiques.

L'ouvrage et son contenu doivent beaucoup aux immenses qualités scientifiques et humaines de Marie Cirotteau que l'on remercie infiniment pour sa détermination et sa patience.

# PROPOS INTRODUCTIFS

# FORMES ET EFFETS DE LA PRIVATISATION DE L'ESPACE PUBLIC, UN PHÉNOMÈNE AUX CONFINS DU DROIT PUBLIC

*Marie Cirotteau, Maître de conférences à l'Université Paris Nanterre, chercheuse associée au CERSA*

*« Chaque rue est en effet l'objet d'un partage entre les passants qui la parcourent et les riverains qui l'habitent »,*
*N. Soulier,* Reconquérir les rues, *Ulmer, 2012, p. 75*

Si « l'espace est un doute », comme l'écrivait Perec[1], l'espace public en ouvre des abymes. Métaphore ou lieu, le sens de l'espace public est généralement supplanté par deux acceptions distinctes[2]. Au singulier, l'espace public est métaphorique ; il désigne un lieu abstrait « intermédiaire entre l'État et la société »[3], condition de la sphère publique et politique[4], un « espace communicationnel » au sens d'Habermas, c'est-à-dire le moment où certaines idées accèdent à la visibilité, sont échangées, discutées, où elles deviennent *publiques*[5]. Il correspond donc plus à un temps qu'à un espace, à proprement parler. Au pluriel ou de manière indéfinie, les espaces publics prennent le sens de lieux matériels ; ils désignent des territoires physiques, dans lesquels le public transite. Ces espaces matériels se caractérisent par leur

---

[1] G. Perec, *Espèces d'espaces*, Éditions Galilée, 1974.

[2] Sur ces deux acceptions, J.-B. Auby, « Espace public, espaces publics », *Dr. adm.*, juill. 2009, 3. ; O. Bui-Xuan, « Espace(s) public(s) français : entre domaine public et sphère publique », *in* F. Di Lascio (dir.), *Il diritto amministrativo dei paesi europei. Tendenze e riforme*, Editoriale Scientifica, coll. « Temi giuridici ed economici », 2016, p. 51.

[3] J.-B. Auby, « L'espace public comme notion émergente du droit administratif », *AJDA*, 2021, p. 2565. Dans le même sens, le « domaine public » chez H. Arendt, *Condition de l'homme moderne*, Pocket, coll. « Agora », 1994, p. 59.

[4] F. Di Lascio, « Espace public, biens publics et régulations administratives : quelques réflexions introductives », *in* F. Di Lascio (dir.), *ibid.*, p. 63. Pour une conception de la démocratie liée à ce sens de la notion de « public » et de « politique », N. Bobbio, *Stato, governo, società. Per una teoria generale della politica*, Einaudi, 1985, p. 18 et p. 126.

[5] L'auteur utilise le mot « *Öffentlichkeit* » : J. Habermas, *L'espace public. Archéologie de la publicité comme dimension constitutive de la société bourgeoise*, 1962, Payot, 1997, p. 13-14. L'idée de publicité s'entend ici comme ce qui est dévoilé.

ouverture et leur accessibilité, et sont propices aux interactions sociales. Ils sont ainsi les conditions concrètes au développement de l'espace public métaphorique[1].

Une première difficulté vient de l'approche proprement juridique de l'espace public. Elle suppose d'abord d'importer dans la discipline juridique le terme « espace » qui désigne historiquement un intervalle dans le vocabulaire de la géométrie, de la musique ou de l'imprimerie[2]. Elle suppose ensuite de déterminer le sens juridique à l'espace public, distinct, mais nourri des réflexions qui nous précèdent en philosophie[3], en sciences politiques[4] et en urbanisme[5].

En droit, le sens de l'espace public dans les textes légaux est inverse à son sens commun[6] : malgré son emploi au singulier dans la très connue disposition législative sur la dissimulation du visage dans l'espace public[7], cet espace public juridicisé renvoie en fait aux espaces publics matériels, si bien qu'il a été considéré comme inutile ou superflu par la doctrine, voire source d'insécurité juridique[8]. Ce faisant, l'acception juridique de l'espace public au singulier s'est ancrée et permet de répondre à de nouvelles questions[9]. L'approche juridique

---

[1] F. Di Lascio, *ibid.*, p. 65.

[2] A. Rey (dir.), *Dictionnaire historique de la langue française*, Le Robert, 1992.

[3] V. *supra*.

[4] C. Neveu (dir.), *Espace public et engagement politique. Enjeux et logiques de la citoyenneté locale*, L'Harmattan, 1999 ; E. Dacheux, *L'espace public*, CNRS Éditions, coll. « Les essentiels d'Hermès », 2008.

[5] C. Ghorra-Gobbin, *Réinventer le sens de la ville. Les espaces publics à l'heure globale*, L'Harmattan, 2001 ; T. Paquot, *L'espace public*, La Découverte, 2015.

[6] O. Bui-Xuan, art. préc. 2016, p. 54.

[7] Une référence claire à l'espace public figure bien dans la loi n° 2010-1192 du 11 octobre 2010 interdisant la dissimulation du visage dans l'espace public, mais sans le définir. Simplement, la loi y inclut les lieux privés ouverts au public et ceux affectés à un service public.

[8] O. Bui-Xuan, « L'espace public. L'émergence d'une nouvelle catégorie juridique ? Réflexions sur la loi interdisant la dissimulation du visage dans l'espace public », *RFDA*, 2011, p. 551. L'auteur recense les différentes occurrences du terme au singulier et au pluriel en droit et doute, dans cet article, de l'apport réel de la notion au singulier en droit.

[9] Sur l'accession de la notion à la vie juridique : O. Bui-Xuan, art. préc. 2016, p. 60 au sujet du rôle de l'espace public dans la compréhension de la laïcité ; J.-B. Auby, art. préc. 2021 au sujet du rôle de l'espace public dans la compréhension du droit de la ville et du droit des biens publics. Francesca Di Lascio ajoute qu'il est utile à la compréhension des modèles de relation entre l'administration et les citoyens : *ibid.*, p. 86.

suppose enfin de le différencier de plusieurs notions qu'il recoupe partiellement[1] : les biens publics (notion organique), dont le régime de propriété est public ; le domaine public (notion finaliste), qui désigne le régime spécifique de protection de certains biens publics par nature, du fait de leur affectation au service public ou à l'utilité directe du public ; la sphère publique (notion organique), qui recouvre tout ce qui dépend de l'État et des collectivités ; ou encore les lieux publics (notion fonctionnelle), qui incluent tous les lieux ouverts au public.

Une seconde difficulté découle de la pluralité des sens accordés à l'adjectif « public »[2] dans l'expression « espace public ». Est public ce qui appartient aux administrations publiques c'est-à-dire à un régime de propriété publique, ou ce qui concerne un public indéterminé. Dans le premier sens de l'espace public, le caractère public de l'espace découle de la mise en partage des opinions privées qui s'expriment. Le « critère du statut de propriété de l'espace [est remplacé par] celui de l'ouverture : l'aspect déterminant pour appliquer le concept c'est que l'espace apprécié permet d'entrer dans un espace public, d'en sortir ou de se déplacer entre les différents espaces publics »[3]. L'espace public invite donc à penser autant des espaces de propriété publique ou privée ouverts au public, que des espaces privés ayant la fonction des espaces publics traditionnels (les centres commerciaux) ou encore les espaces insusceptibles d'appropriation (*res nullius* ou biens communs : la mer, l'air, les fleuves…). Son intérêt est donc qu'il échappe donc à la catégorie de la propriété.

L'espace public n'est donc pas l'inverse, comme on aurait pu le croire *a priori*, de l'espace privé : alors que la privatisation s'entend traditionnellement dans un sens propriétariste, comme le transfert de propriété d'un bien ou celui de sa gestion par un organe public vers un organe privé, l'espace public, justement, s'appréhende au-delà des bornes de délimitation de régimes de propriété. Il s'oppose à un autre sens de privé, à savoir la *privacy*, qui désigne, en langue anglaise,

---

[1] O. BUI-XUAN, art. préc. 2016, p. 54-56. V. également les distinctions opérées par B. PLESSIX, *Le droit public*, PUF, coll. « Que sais-je ? », 2022, p. 23 s.

[2] T. PAQUOT, « Introduction », *in L'espace public*, *op.cit.*, p. 3.

[3] H. AVVENIRE, *Le concept d'espace public. Contribution à une théorie de la spatialisation du régime des libertés*, thèse Université de Toulouse, 14 décembre 2022, p. 72.

l'intimité[1]. L'espace public peut être de propriété publique ou de propriété privée. Cette imbrication des statuts juridiques des espaces publics se double d'une imbrication des espaces publics et privés[2]. Le développement des conflits d'usage de l'espace public encourage ainsi plusieurs systèmes européens à se doter de catégories juridiques nouvelles : l'utilisation spéciale en droit espagnol, l'utilisation accrue en droit suisse ou l'utilisation modulée des biens communs en droit italien[3], qui s'entendent chacune comme un usage commun renforcé, s'intercalant entre la catégorie de l'utilisation commune et celle de l'occupation privative en droit français.

La polysémie du terme « espace public » et les difficultés qui y sont associées expliquent sans doute qu'en 2011, Jacques Chevallier écrivait que retenir comme thème de recherche « l'espace public » constitue un pari audacieux,[4] car l'espace public n'a pas encore fait l'objet d'une conceptualisation définitive en droit public[5] et qu'il est tout en même temps saturé sémantiquement[6]. Que dire de ceux qui s'apprêtent à se pencher sur le thème, de la privatisation de l'espace public, qui l'est encore davantage et conduit *a fortiori* au brouillage des notions[7] ? En retenant la définition provisoire d'après laquelle l'espace public en droit s'entend comme *l'ensemble des lieux mettant en relation ceux qui s'y déplacent*, par opposition aux lieux privés intimes, individuels ou collectifs, la privatisation de l'espace public a des formes spécifiques (I) et éclaire, à travers la catégorisation des lieux qu'elle impose, une diversité matérielle de l'espace public en droit (II).

---

[1] Le mot français « privé » vient, non pas de *privacy* en langue anglaise, « vie privée, intimité, discrétion », mais du latin *privatus* « particulier, propre, individuel ».
[2] P. BOUCHERON, « Espace public et lieux publics : approches en histoire urbaine », *in* P. BOUCHERON et N. OFFENSTADT (dir.), *L'espace public au Moyen Âge*, PUF, coll. « Le Nœud Gordien », 2011, p. 99.
[3] J.-B. AUBY, art. préc. 2021 ; D. JOUVE, « L'utilisation privative du domaine public en Espagne », *RFDA*, 2019, p. 947.
[4] « Synthèse », *in* O. BUI-XUAN (dir.), *Droit et espace(s) public(s)*, Institut Universitaire Varenne, coll. « Colloques & Essais », 2012, p. 189.
[5] Malgré des tentatives en ce sens, H. AVVENIRE, thèse préc.
[6] O. BUI-XUAN, art. préc. 2011, p. 551.
[7] J.-B. AUBY, « Espaces publics et espaces privés dans la Ville et dans le Droit », *in Mélanges Jégouzo*, Dalloz, 2008, p. 195.

## I. Les formes de la privatisation de l'espace public

Au contact du concept d'espace public, la privatisation prend un sens apparemment large : elle s'extrait du prisme propriétariste pour intégrer toutes les formes qui privent l'espace public de sa fonction de mise en relation. Elle s'entendrait alors comme toute forme d'exclusion de cet espace dès lors qu'elle inclut deux temps : d'abord l'appropriation par certains de cet espace, ensuite la privation de l'accès à celui-ci pour d'autres. Pourtant une distinction s'impose : si le temps de l'appropriation constitue bien une forme de privatisation (A), la privation d'accès n'en est qu'une conséquence, et sa cause est bien souvent étrangère au phénomène de privatisation (B).

### A. Les formes positives d'appropriation par un groupe

Si l'espace public est un espace de mise en relation du corps social, sa privatisation comprend tous les dispositifs susceptibles de déranger ou de bloquer cette mise en relation. Elle est un ensemble de techniques et de pratiques qui privent l'espace public de sa fonction et favorisent ainsi l'exclusion. Certes, on pourrait y associer, comme le font certains auteurs, l'extension des normes privées et des valeurs privées associées à ces normes[1]. Mais pour déterminer spécifiquement la privatisation de l'objet particulier qu'est l'espace public, il faut partir des mécanismes qui causent ou aggravent le clivage du corps social et rencontrent donc toutes les formes de communautarisation, directes ou indirectes.

La matérialisation la plus directe de cet accaparement par un groupe est sans doute la mise en place de barrières conditionnant l'accès à l'espace public et le réservant à certains. Les péages urbains, mis en place en France à titre expérimental pour limiter les véhicules en circulation dans les centres-villes[2], en sont un exemple. L'opacification – ou la stérilisation selon le concept de Nicolas Soulier[3] – des frontages,

---

[1] En ce sens, v. O. BUI-XUAN, « Propos introductifs », *in* O. BUI-XUAN (dir.), *op. cit.*, p. 13 s. L'auteur distinguait quatre formes de privatisation de l'espace public : (1) la logique marchande imposée aux espaces publics ; (2) l'extension des normes juridiques ou sociales traditionnellement privées ; (3) le fait de réserver des espaces normalement accessibles à tous, à certaines personnes ; (4) et l'exposition à tous des faits intimes.

[2] Ancien art. 1609 quater A du CGI, mis en place par l'art. 65 de la L. n° 2010-788 du 12 juill. 2010 et abrogé par l'art. 98-I de la L. n° 2021-1900 du 30 décembre 2021.

[3] N. SOULIER, *Reconquérir les rues*, Ulmer, 2012, spéc. p. 122 s.

c'est-à-dire des zones tampons situées entre la base d'une façade et la chaussée[1], empêchant les interactions au sein de l'espace public, en est un autre.

Cet accaparement des lieux peut également prendre des formes plus indirectes. Le port de signes distinctifs jugés incompatibles avec certaines valeurs républicaines dans l'espace public constitue une privatisation symbolique de cet espace public et a justifié, à l'origine, l'ouverture des débats sur la mise en place d'une loi « anti-burqa »[2]. Si elle fut fondée sur le risque de menace à l'ordre public[3], le législateur estima également que la situation d'exclusion et d'infériorité dans laquelle les femmes couvrant leur visage dans l'espace public sont placées est incompatible avec les principes constitutionnels de liberté et d'égalité. *A fortiori* l'introduction dans l'espace public de signes promouvant certains modes de vie par rapport à d'autres[4] est susceptible d'avoir un effet excluant. L'exploitation commerciale de l'image des biens publics disposés ou sis sur l'espace public ainsi que certaines méthodes de valorisation de ces biens sont également une forme de cette

---

[1] L'opacification des frontages regroupe l'ensemble des moyens par lesquels les riverains rendent les frontages privés hermétiques aux frontages publics (les trottoirs), à savoir des palissades pleines, des rangées de thuyas…

[2] Sur le hiatus entre l'argumentation juridique des juges et les motifs politiques de la loi : O. CAYLA, « Dissimulation du visage dans l'espace public : l'hypocrisie du juge constitutionnel trahie par la sincérité des circulaires ? » *D.*, 2011, p. 1166. L'ancien Président de la République, Nicolas Sarkozy, avait affirmé que la burqa « ne sera pas la bienvenue sur le territoire de la République française. Nous ne pouvons pas accepter dans notre pays des femmes prisonnières derrière un grillage, coupées de toute vie sociale, privées de toute identité » (déclaration du 22 juin 2009 devant le Congrès du Parlement) ; elle est « contraire à nos valeurs et contraire à l'idée que nous nous faisons de la dignité de la femme » (déclaration du 13 janvier 2010, sur l'action du gouvernement face à la crise économique et financière et sur les réformes engagées en 2009, à Paris), une mission d'information sur la pratique du port du voile intégral sur le territoire national fut créée le 23 juin 2009, à la demande du président de l'Assemblée nationale. Le Conseil constitutionnel a, de son côté, escamoté l'aspect religieux de la loi et l'argument de la dignité humaine.

[3] Rapport n° 2232 fait au nom de la mission d'information sur la pratique du port du voile intégral sur le territoire national, janvier 2010, *Voile intégral : le refus de la République*, p. 177-181 ; Conseil d'État, *Étude relative aux possibilités juridiques d'interdiction du port du voile intégral*, 25 mars 2010, p. 17-21.

[4] On peut imaginer que le développement des moyens publicitaires exclut des citoyens opposés à la société de consommation. L'affichage de messages de sensibilisation à des pratiques de consommation minoritaire – par exemple la campagne de la municipalité de Bordeaux promouvant le véganisme, en décembre 2022, dans plusieurs espaces publics – peut aussi être évoqué.

appropriation indirecte. Le législateur l'a admis en encadrant l'utilisation à des fins commerciales de l'image des immeubles qui constituent les domaines nationaux[1]. Plus récemment, il a également réglementé l'exploitation sur le domaine public des appareils de mobilité douce en libre accès et sans emprise fixe, en arguant de ce que ces services participaient à la privatisation du domaine public et de ses usages[2].

Enfin, les outils numériques renforcent de manière transversale la privatisation de l'espace public et diversifient les formes de celle-ci[3]. D'une part, à l'instar des manifestations directes de cet accaparement de l'espace public, la numérisation affaiblit l'accessibilité de certains espaces publics en créant différentes barrières à leur entrée[4]. D'autre part, l'espace public devient, comme dans d'autres manifestations indirectes de l'appropriation, et en raison de la multiplication des acteurs privés intervenants, le support de nouvelles valeurs : celles liées à la technologisation des services publics présentée comme le gage de leur modernisation[5]. De sorte que les outils utilisant certaines technologies numériques dessinent un nouvel espace public privatisé.

Cette approche de l'espace public privatisé pourrait finalement être rapprochée de la notion romaine de propriété privée[6], qui ne s'entend

[1] L'art. L. 621-42, c. du patrimoine créé par l'art. 75 de la L. n° 2016-925 du 7 juillet 2016 relative à la liberté de création, à l'architecture et au patrimoine (LCAP) soumet en effet cette utilisation à une autorisation préalable du gestionnaire, assortie ou non du versement d'une redevance.

[2] Art. 41, L. n° 2019-1428 du 24 décembre 2019 d'orientation des mobilités, codifié à l'art. L. 2131-17, I, du code des transports. Sur les débats relatifs à cette interprétation de la privatisation indirecte du domaine public et à son instrumentalisation juridique, v. P. YOLKA, « Libres propos sur le *free floating* », *AJDA*, 2019, p. 742 ; C. ROUX, « L'occupation privative du domaine public en roue libre (à propos du *free floating*) », *Dr. adm.*, 2019, alerte 63 ; F. ALLAIRE, « Le *free floating* », *JCPA*, n° 10-11, 2021, 2082.

[3] A. SÉE et L. CLUZEL-MÉTAYER, *Éléments de droit public numérique*, L'Harmattan, 2023.

[4] Ces barrières peuvent être tarifaires ou non tarifaires, v. L. CLUZEL-MÉTAYER, C. PRÉBISSY-SCHNALL et A. SÉE, *La transformation numérique du service public : une nouvelle crise ?*, Mare et Martin, 2022.

[5] Sur cette vue de l'esprit : L. VANIER, « Les nouveaux pouvoirs administratifs », *in* C. ROUX et C. TESTARD (dir.), *Aux confins du droit administratif*, Institut Francophone pour la Justice et la Démocratie, coll. « Colloques & Essais », 2023, p. 105-106.

[6] J.-P. CORIAT, « La notion romaine de propriété : une vue d'ensemble », *in* O. FARON et E. HUBERT (dir.), *Le sol et l'immeuble*, PUL, 1995, p. 17-26.

pas comme un « droit souverain sur quelque chose », mais comme « obstacle vis-à-vis du droit d'autrui ».

### B. Les formes étrangères de privation d'accès

Ces différentes formes d'appropriation privée de l'espace public peuvent conduire à entraver un ou plusieurs publics dans leur accès à cet espace. La privatisation est donc une des sources de privation d'accès. L'acte d'exclusion est d'ailleurs aujourd'hui condamné et présenté comme contraire aux valeurs démocratiques[1], sans que les fondements de cette réprobation morale soient d'ailleurs explicités. Néanmoins, l'organisation d'une privation de l'accès aux espaces de sociabilité est commune à toutes les sociétés. L'exclusion ne saurait donc être confondue avec la privatisation de cet espace : au contraire, l'exclusion est le plus souvent publique. Elle est une sanction ancienne et fréquente, légitimée dans de nombreuses coutumes, que ce soit l'ostracisme chez les Grecs, le bannissement chez les Romains, l'excommunication ou l'anathème en droit canonique, l'exil ou l'enfermement en droit moderne. Toutes ces sanctions juridiques, qui consistent en un éloignement d'un individu de l'espace public, sont des moyens d'affirmation de l'identité du groupe excluant par rapport à l'exclu. Elles sont donc consubstantielles avec la vie sociale et ne sauraient être confondues avec la privatisation de l'espace public.

Les formes de privation d'accès à l'espace public se sont d'ailleurs développées à partir du début du XX^e^ siècle, y compris dans les sociétés démocratiques[2]. En droit positif français, leurs formes et leurs fondements se sont diversifiés : un mouvement de pénalisation des comportements déviants dans l'espace public a eu lieu[3], mais la privation de l'accès à cet espace peut constituer une mesure préventive[4]

---

[1] D. MOECKLI, *Exclusion from public space. A comparative constitutional analysis*, Cambridge University Press, 2016, p. 68.
[2] *Ibid.*, p. 72.
[3] P. PONCELA, « La pénalisation des comportements dans l'espace public », *Archives de politique criminelle*, 2010, vol. 1, n° 32, p. 5.
[4] C'est le cas, par exemple, des mesures de limitation des déplacements des suspects placés sous contrôle judiciaire avant leur condamnation et décidées par un juge, les assignations à résidence prononcées dans les mêmes situations, ou encore de certaines mesures d'interdiction de stade lorsqu'elles sont prononcées en l'absence de condamnation du destinataire de la mesure, mais du fait de son appartenance à un groupe de supporters dissous ou suspendu pour des faits de violence ou de racisme

ou être prononcée en l'absence de menace immédiate[1]. Elle peut être temporaire ou permanente, limitée à des zones géographiques ou étendue à l'ensemble du territoire national[2]. Dans le temps comme dans l'espace, la privation d'accès à l'espace public a ainsi pris des formes variées[3]. En outre, de nouveaux motifs légitiment la privation de l'accès à l'espace public en droit contemporain autrement que par des raisons classiques de sécurité et d'ordre public. En effet, la protection d'un bien ou d'une espèce peut justifier la mise en place de privation totale ou partielle d'accès à certains espaces publics, malgré le maintien d'une gestion publique de ces lieux. La loi Climat du 22 août 2021 autorise ainsi les maires – ou dans certains cas les préfets de département et les préfets maritimes – à limiter ou interdire l'accès de personnes, de véhicules et d'animaux domestiques aux espaces protégés, « dès lors que cet accès est de nature à compromettre soit leur protection ou leur mise en valeur à des fins écologiques, agricoles, forestières, esthétiques, paysagères ou touristiques, soit la protection des espèces animales ou végétales »[4]. La création de tels conservatoires naturels pour des biens collectifs et des biens communs renouvelle la privation d'accès à l'espace public en dehors de toute hypothèse de privatisation de l'espace public, bien qu'une privation d'accès puisse également résulter d'une privatisation de l'espace public. Ce contingentement, fondé sur

(art. 31 de la L. n° 2006-64 du 23 janvier 2006 relative à la lutte contre le terrorisme et portant dispositions diverses relatives à la sécurité et aux contrôles frontaliers).

[1] C'est le cas, par exemple, des décisions d'obligation de quitter le territoire français (OQTF, art. L. 2151-1 s., Ceseda) avec éventuellement interdiction de retour sur le territoire français (IRTF, art. L. 612-6 s., Ceseda) prononcées par le préfet même en l'absence de tout danger de l'étranger en situation irrégulière sur le territoire. Sur les mesures restrictives de droits en l'absence de menace, v. D. ROMAN, « Les sans-abris et l'ordre public », *RDSS*, 2007, p. 952.

[2] C'est le cas, par exemple, des mesures d'interdiction de stade évoquées *supra*, prononcées par un préfet ou par un juge en raison d'actes de violence à l'occasion de matchs ou d'une appartenance à un groupe dissous, limitées aux enceintes sportives et à une durée de trois mois (art. 42-12, L. n° 84-610 du 16 juillet 1984 visant à renforcer et garantir le maintien de l'ordre public lors des manifestations, créé par la L. n° 2006-64 préc.) ou des peines d'interdiction de participer à des manifestations sur la voie publique, limitées à trois ans (art. 131-32-1, CPP, créé récemment par l'art. 7 de la L. n° 2019-290 du 10 avril 2019 visant à renforcer et garantir le maintien de l'ordre public lors des manifestations).

[3] Pour des exemples en Suisse, aux États-Unis et au Royaume-Uni, v. D. MOECKLI, *ibid.*, p. 100-114.

[4] Le nouvel art. L. 360-1, c. environnement fut créé par l'art. 231 de la L. 2021-1104 du 22 août 2021 portant lutte contre le dérèglement climatique et renforcement de la résilience face à ses effets.

des raisons environnementales, renforce ainsi la publicité – le caractère public – de l'espace public.

La privation ou la restriction d'accès à l'espace public n'est donc pas automatiquement le signe de sa privatisation. Cette première clarification notionnelle sur les formes de privatisation de l'espace public aide à penser la diversité de la matérialité de l'espace public en droit.

## II. La diversification de la matérialité de l'espace public

L'apparition de l'expression « espace public » en droit ainsi que l'étude des formes de privatisation de ce type d'espace traduisent un souci contemporain de redéfinir la conception commune de ce qui est public. Au cours de l'étude et de l'exposition des formes de privatisation de l'espace public, il est apparu que cette privatisation renseigne sur deux caractéristiques juridiques largement attribuées à l'espace public en droit positif : sa réception apparemment naturelle des réglementations publiques (A) et son caractère apparemment sanctuarisé, c'est-à-dire hermétique aux normes privées (B).

### A. Un espace réceptacle des réglementations publiques

Du point de vue juridique, l'étude des formes de privatisation de l'espace public montre que l'espace public est un espace de réglementations publiques légitimes. Loin des traditions libertaires, l'espace public est, au contraire, le support de lois écrites ou non écrites, un espace de conventions et de règles particulières qui s'y exercent. Ce caractère justifie que certains biens privés appartiennent à l'espace public et il est la marque de la publicisation de certains espaces privés[1] : ils deviennent l'objet de réglementations publiques parce qu'ils partagent avec l'espace public des attributs communs. Dans le même sens, Francesca Di Lascio évoquait « la capacité de l'espace public à

---

[1] O. Bui-Xuan recense trois formes de publicisation des espaces privés répondant aux quatre formes de privatisation de l'espace public citées *supra* : (1) l'investissement par une population conséquente et hétérogène de biens privés comme les centres commerciaux ; (2) l'encadrement par le droit, c'est-à-dire la réglementation des espaces privés et (3) le parasitage de ces espaces privés par une logique propre à la sphère publique comme le débat sur la laïcité en entreprise, v. « Espace(s) public(s) français : entre domaine public et sphère publique » préc.

s'imposer comme un moyen instrumental pour l'exercice des fonctions administratives, en particulier les fonctions de garantie, de conservation, de planification ou de gestion. »[1].

Ainsi, la réglementation des lieux privés de travail comme les règles d'hygiène et de sécurité, le contrôle des inspecteurs du travail ou encore l'apparition de débats sur l'instauration de la laïcité dans les entreprises privées traduisent le fait que, dans la société française, la sphère du travail est perçue comme étant susceptible de produire les mêmes effets que l'espace public, car elle met tout autant en relation les membres de la société. L'entreprise demeure un espace privé, car elle n'est ni ouverte ni accessible à tous, mais seulement aux travailleurs ; en revanche, elle partage avec l'espace public un certain nombre de caractères *du public*. Elle pourrait donc être qualifiée d'espace privé intermédiaire du fait de cette fonction sociale similaire avec celle de l'espace public et, par conséquent, du fait de sa soumission à des normes publiques obligatoires et générales. De la même façon, la reconnaissance des fonctions *publiques* – c'est-à-dire des fonctions *d'espace public* – des centres commerciaux et des espaces numériques justifierait de les soumettre à de la réglementation publique[2]. L'exemple des espaces réversibles comme les lieux de spectacles, espace public si l'événement qui s'y déroule est gratuit et donc accessible à tous, mais espace privatisé si l'événement est payant et sélectif, le prouve aussi. Suivant ce raisonnement, le fait qu'un lieu soit l'objet de réglementations publiques pourrait être un indice de sa publicisation – un critère concurrent à celui de la liberté d'accès.

Inversement, les espaces non réglementés par des normes publiques, comme les copropriétés ou certains lieux privés recevant du public, mais un public restreint (par exemple des clients pour un complexe touristique ou des consommateurs pour un commerce), n'ont de fonctions que *privées*, si bien qu'ils échappent aux réglementations

[1] F. DI LASCIO, *ibid.*, p. 70. L'auteur considère qu'en ce sens, « l'espace public est un lieu où interagissent et se rencontrent plusieurs intérêts distincts, parmi lesquels certains sont considérés comme publics, que l'administration doit donc protéger ». Sur l'espace public comme lieu d'exercice de la fonction de régulation administrative, *ibid.*, p. 79 s.

[2] Pour une étude plus précise des réglementations applicables aux centres commerciaux et notamment aux réglementations privées qui s'y développent, v. S. HENNETTE-VAUCHEZ, « The Mall », *RFDA*, 2020, p. 833.

auxquelles sont astreints les espaces privés intermédiaires. Le refus de catégoriser les espaces touristiques privés en espace public ou de soumettre les copropriétés à des règles aussi nombreuses et contraignantes que celles qui s'imposent aux entreprises constitue la trace de la carence de ces lieux à jouer le rôle de l'espace public et à y mettre en relation le public qui s'y trouve ou qui y circule : on y vient pour être vu ou pour y être seul et sûrement pas pour y entrer en interaction sociale. Il n'y aurait donc pas de raison qu'ils fassent l'objet d'une réglementation administrative. Par conséquent, le détour analytique par l'étude de la privatisation de l'espace public révèle une caractérisation juridique du sens de l'espace public comme celui dont la fonction sociale explique un besoin de réglementations publiques.

### B. Un espace sanctuarisé fantasmé

L'analyse des formes de la privatisation de l'espace public laisse également entrevoir en quoi cet espace est perçu comme un espace hermétique aux normes privées. Cette sanctuarisation ressort nettement des discours officiels des autorités normatives qui justifient, au nom de l'opposition à la privatisation de l'espace public, l'imposition de sujétions publiques. La privatisation de l'espace public est en effet instrumentalisée dans ces discours pour préserver l'ordre public : ce fut un instrument rhétorique de la maire de Paris au sujet des manifestations du mouvement Nuit Debout en 2016, pour limiter la durée d'occupation de la place de la République[1], pour restreindre l'offre de *free floating* dans les zones urbaines[2] ou encore, dans certaines municipalités, pour justifier la mise en place d'une « taxe trottoir »[3]. Le projet d'une loi « anticasseurs » en 2023, réapparu à la suite de la censure partielle par le Conseil constitutionnel de la loi de 2019 visant à renforcer et garantir le maintien de l'ordre public lors des manifestations[4], contient lui aussi

[1] La maire de Paris, Anne Hidalgo, déclarait le 1er avril 2016 sur France Inter que « les lieux publics ne peuvent pas être privatisés ». Sur cette déclaration, v. l'analyse, S. DELIANCOURT « Agora(phobie)… », *AJDA*, 2016, p. 1033.

[2] V. *supra*, spéc. P. YOLKA, préc.

[3] La taxe fut jugée illégale, car le Conseil d'État refusa de qualifier l'occupation du domaine public sur laquelle elle était fondée d'usage privatif, excédant le droit d'usage appartenant à tous : CE, 31 mars 2014, *Commune d'Avignon*, n° 362140.

[4] L'art. 3 de la L. n° 2019-290 du 10 avril 2019 visant à renforcer et garantir le maintien de l'ordre public lors des manifestations qui prévoyait d'insérer au sein du code de la sécurité intérieure un article L. 211-4-1 permettant à l'autorité administrative, sous certaines conditions, d'interdire à une personne de participer à

le risque d'une instrumentalisation du thème de la privatisation de l'espace public (outre celui de la sécurité) pour porter atteinte aux formes légitimes de protestation civile[1]. Cet argument, mobilisé de façon croissante dans les discours, interroge : si l'espace public contemporain est saturé de signes, de stimuli à destination du consommateur potentiel et qu'il supporte des usages multiples et concurrents[2], au même titre que l'espace urbain médiéval était encombré[3], comment expliquer l'instrumentalisation contemporaine de cette saturation[4], présentée comme contraire à la fonction initiale de l'espace public ?

Les raisons de ce hiatus sont sans doute variées ; une hypothèse est l'érection progressive du principe de neutralité en principe général du droit[5] et en principe constitutionnel pour certaines applications[6], parce

---

une manifestation sur la voie publique ainsi que, dans certains cas, d'interdire à une personne de prendre part à toute manifestation sur l'ensemble du territoire national pour une durée d'un mois fut déclaré non conforme à la constitution dans la décision Cons. const., 4 avril 2019, *Loi visant à renforcer et garantir le maintien de l'ordre public lors des manifestations*, n° 2019-780 DC.

[1] Sur cette hypothèse, v. O. CAHN, « La répression des "*black blocs*", prétexte à la domestication de la rue protestataire », *Archives de politique criminelle*, 2010, vol. 1, n° 32, p. 165.

[2] « Un signe de leur saturation physique est la tendance à en utiliser les moindres recoins, et les possibles prolongements verticaux : c'est le développement des téléphériques urbains, comme celui de l'urbanisme souterrain. La surcharge physique se combine avec une tendance à la surcharge symbolique. Le développement de la publicité y crée une invasion par les images. L'espace public urbain devient de plus en plus fréquemment une scène sur laquelle se produisent d'innombrables porteurs d'idées politiques ou religieuses, il est un territoire essentiel d'action pour les ONG », J.-B. AUBY, « L'espace public, dimension juridique critique de la ville de demain », *Third*, 2019, n° 2, p. 50.

[3] Notamment en raison d'un vaste exode rural entre le Xe et le XIVe siècles. Sur ce point, v. J. LE GOFF, *La civilisation de l'Occident médiéval*, Arthaud, 1964, p. 106.

[4] Contrairement, sur ce point, à l'espace urbain médiéval. L'origine de la distinction entre l'espace public et l'espace privé serait antérieure au XVIIe siècle ; la plupart des historiens la fixe aux guerres de Religion. Sur ces débats, v. D. ROUSSEL, « L'espace public comme enjeu des guerres de Religion et de la paix civile. Réflexions sur la notion d'espace public et ses métamorphoses à Paris au XVIe siècle », *in* P. BOUCHERON et N. OFFENSTADT (dir.), préc., p. 131.

[5] En ce sens, v. J.-F. LACHAUME, *Droit des services publics*, LexisNexis, coll. « Manuel », 2021, 4e éd., p. 648, n° 1127.

[6] Au sujet de la neutralité comme conséquence de la laïcité, v. CE avis, 3 mai 2000, *Mlle Marteaux*, n° 217017 ; au sujet de la neutralité de l'État, v. Cons. const., 23

qu'il s'applique à une très grande partie des bâtiments visibles depuis l'espace public. La neutralité des édifices publics se concevant « de telle sorte que [l']accès [à ceux-ci] n'entraîne aucune contrainte pour aucune famille d'esprit et que les agents s'interdisent toute discrimination à base idéologique »[1], elle favorise l'intangibilité de l'espace public et son apparent hermétisme aux normes privées. Cet attachement progressif est lui-même favorisé par l'extension du principe de laïcité aux lieux privés et aux situations de droit privé[2]. Une autre hypothèse peut être fournie par les études sur l'avènement des sociétés sécuritaires[3], car dans ces dernières, les gouvernants justifient l'uniformisation de l'espace public[4] et les restrictions d'accès à cet espace par l'impossibilité de faire cohabiter plusieurs usages dans l'espace public. La recherche de sécurité des mobilités encourage par exemple la division rigide de l'espace public en fonction des usages[5], imperméables les uns aux autres, et contribue ainsi à une forme de privatisation de l'espace public[6]. Par opposition, un architecte et urbaniste observait que lorsqu'une « part du sol privé fait partie de

février 2013, *Association pour la promotion et l'extension de la laïcité*, n° 2012-297 QPC.

[1] J. RIVERO, *Les libertés publiques 2. Le régime des principales libertés*, PUF, 1989, p. 155.

[2] Le développement d'un régime répressif de protection de la laïcité dans les associations et les entreprises privées tranche avec l'application de principes longtemps libéraux dans ces deux domaines. Sur ce point, v. S. RAMACIOTTI, *Laïcité et droit privé*, Dalloz, coll. « Nouvelle Bibliothèque de Thèses », 2022, p. 399 s. L'auteure oppose cette laïcité impérative à la laïcité dispositive, qui s'exprime sur le registre incitatif et qui est la forme classique de l'expression de la laïcité dans les situations de droit privé. La simple existence d'un Guide pratique du fait religieux dans les entreprises privées de la Direction générale du travail souligne le développement du phénomène.

[3] V. *supra* : la privation de l'accès à l'espace public rencontre systématiquement la justification d'une sécurisation de cet espace. Sur ce point, v. également D. MOECKLI, *ibid.*

[4] Sur la standardisation de l'espace urbain, G. AMAR et D. LAOUSSE, « La ville de toutes les mobilités », *in* D. KAPLAN et H. LAFONT (dir.), *Mobilités.net : villes, transports, technologies face aux nouvelles mobilités*, LGDJ, 2004, p. 314.

[5] On pense notamment à la diversification des couloirs, des pistes ou des bandes de voiries réservées à certains usages collectifs (véhicules lourds, cycles, taxis) ou individuels (bus), freinant, *de facto*, les interactions. Sur la sécurisation comme facteur de stérilisation de la rue, v. également N. SOULIER, *op. cit.*, p. 10 s.

[6] En ce sens, J.-B. AUBY, *Droit de la ville*, LexisNexis, 2016, p. 31.

l'espace public, et l'espace public est donc, pour une part, privé, […] cela [est] pour le plus grand bien du public et du privé »[1].

Les études historiques sur l'espace public et les formes de sa privatisation invitent ainsi plutôt à reprendre la formule que l'historien Jean-Pierre Van Staëvel appliquait à une étude juridique de l'impasse et à considérer que « ce qui fait le caractère public d'u[n] [espace], c'est avant tout *l'usage* réel qu'en font les passants »[2].

Attachée au concept d'espace public, la privatisation s'entend donc comme toute forme d'atténuation voire de disparition des fonctions de mise en relation de cet espace. Elle se manifeste par l'accaparement par un groupe des lieux en principe ouverts à tous. Ce phénomène, dont les expressions sont juridiques, renseigne également sur la manière dont le public est sanctuarisé, risquant d'être contaminé par des pratiques inhabituelles, marginales ou commerciales et associé à une certaine idée de la neutralité. Finalement, la privatisation *de* cet espace n'est peut-être pas tant l'expression d'individualités privées *dans* cet espace – qui coïncide avec la fonction même de l'esprit public – que l'uniformisation, par la réglementation publique, des manières d'habiter l'espace public. Dans ce sens, Clemenceau voyait déjà la « grande différence entre le droit de manifestation et les autres libertés publiques parce qu'il s'exerce dans la rue et que la rue appartient à tout le monde »[3]. L'espace public est donc menacé bien plus par la tyrannie de la majorité que par une prétendue privatisation.

---

[1] N. SOULIER, *op. cit.*, p. 76, à propos des bandes riveraines de terrains qui formes les bords des rues de la ville de Brême en Allemagne.

[2] J.-P. VAN STAËVEL, « Le quadi au bout du labyrinthe : l'impasse dans la littérature jurisprudentielle mâlikite (al-Andalus et Maghreb, IIIe / IXe – IXe / XVe s.) », *in* P. CRESSIER, M. FIERRO et J.-P. VAN STAËVEL (dir.), *L'urbanisme dans l'Occident musulman au Moyen Âge. Aspects juridiques*, Casa de Velazquez, 2000, p. 59.

[3] G. CLEMENCEAU, *Réponse à Edouard Vaillant*, Débats parlementaires, Chambre des députés, 22 janvier 1907, p. 112.

# PARTIE 1 : PERSPECTIVES COMPARÉES

# LA PRIVATISATION DE L'ESPACE PUBLIC EN DROIT ANGLAIS

*Déborah Thébault, Maître de conférences à l'Université Paris Nanterre*

Le sujet de la privatisation de l'espace public en droit anglais, en apparence exotique pour une analyse comparative, offre des perspectives intéressantes sur les distinctions entre les systèmes juridiques de tradition civiliste et les systèmes anglo-saxons.

Le droit anglais n'a jamais conceptualisé de distinction entre droit public et droit privé et n'en a jamais eu besoin. Cette distinction, théorisée entre droit privé et droit public, conçue comme un ensemble de règles autonomes, est d'ailleurs pleinement incompatible avec la tradition juridique anglaise[1]. En effet, en droit anglais, la Couronne, le gouvernement et l'ensemble des administrations sont, historiquement et par principe, soumis au droit commun. Dès lors, le recours au traditionnel critère organique de l'« appartenance »[2] à une « personne morale de droit public » comme élément de définition d'un espace public est voué à l'échec[3]. Les juristes formés dans les systèmes juridiques de tradition civiliste ne doivent pas se méprendre sur la signification du qualificatif « public » en droit anglo-saxon. Le droit anglais, dans sa nature inductive et pragmatique, qualifie tout espace de « public » dès lors que le public peut y avoir accès ou peut en faire usage, indépendamment de la nature de son propriétaire. Ce pragmatisme se traduit ainsi par une vision fonctionnelle de la notion d'espace public, où l'accessibilité et l'usage de cet espace priment la nature de son propriétaire. Par exemple, un jardin dont le propriétaire serait une personne physique ou morale privée est considéré comme public dès lors que son propriétaire en permet l'accès, même

---

[1] C. HARLOW, « *La Huronne au Palais-Royal or a naïve perspective on administrative law* », *Journal of Law and Society*, 2000, vol. 27, n° 2, p. 322.

[2] P. YOLKA, *La propriété publique. Éléments pour une théorie,* LGDJ, coll. « Bibliothèque de droit public », 1997, t. 191, p. 481 ; P.-M. MURGUE-VAROCLIER, *Le critère organique en droit administratif français*, LGDJ, coll. « Bibliothèque de droit public », 2018, t. 306.

[3] V. D. THÉBAULT, *Les biens publics en droit anglais*, Société de Législation Comparée, coll. « Nouvelle Bibliothèque des thèses de droit comparé », à paraître.

implicitement en omettant, par exemple, d'apposer des signes explicites d'exclusion tels que des barrières ou des panneaux signalant une « propriété privée ».

Cette approche fonctionnelle fondée sur l'utilisation et l'affectation d'une chose en général, et en particulier, d'un espace, plutôt que sur la nature de la propriété contraste fortement avec la conception française où la séparation entre propriété publique et propriété privée est parfois rigide. Toutefois, cette fonctionnalisation typiquement anglo-saxonne du droit semble progressivement influencer d'autres systèmes européens, y compris le droit français. Le Conseil d'État, dans son avis Beligaud de 2010[1], a admis qu'une personne privée pouvait être propriétaire d'un ouvrage public dès lors qu'elle assure une mission de service public ou que cet ouvrage y est directement affecté. Le développement du concept de quasi-domanialité en France, notamment à la suite des privatisations de France Télécom et d'Aéroports de Paris, en est une autre manifestation.

Dans ce contexte, la notion de « privatisation » en droit anglais revêt elle aussi une forme exotique. L'*Oxford Dictionary of Law* définit la privatisation comme « un programme de dénationalisation – soustrayant la fourniture d'infrastructures d'utilité publique du secteur public au bénéfice du secteur privé sous l'égide d'entreprises à capitaux ouverts au public avec des actionnaires venant du public. Ces actionnaires peuvent faire partie du gouvernement, mais ils le sont de moins en moins »[2] (certains ministères bénéficiant en droit anglais de la personnalité morale). Ce phénomène peut être le résultat de processus explicites, tels que les vagues de privatisations entreprises dans les années 1980, ou plus implicites, comme la politique de la *Big Society*. Les vagues de privatisation des grandes entreprises nationales (télécommunications, transport aérien, automobile, énergie, etc.) ont été initiées par Margaret Thatcher à partir de 1979. Néanmoins, aucun des gouvernements suivants, pas même le travailliste Tony Blair en 1997, n'a contenu cette évolution. Ce dernier l'a même poursuivie à l'échelle

---

[1] CE avis, 29 avril 2010, *Beligaud*, n° 323179.

[2] En version originale : « *A programme of denationalization – removing the provision of public utility services from the public sector into the private sector under the auspices of public companies with public shareholders. The shareholders may or may not include the government, but increasingly do not* », J. Law, *s. v.* "*privatization*", Oxford Dictionary of Law, OUP, 9e éd., 2018.

locale avec la privatisation des hôpitaux, écoles et prisons. David Cameron a achevé cette évolution par le désengagement de l'État britannique au profit de l'initiative privée entendue au sens large de sa politique de *Big Society*, incluant bénévoles et institutions charitables, pour dessiner « une société avec des niveaux beaucoup plus élevés de responsabilités personnelle, professionnelle, civique et entrepreneuriale ; une société dans laquelle les individus s'unissent pour résoudre les problèmes et améliorer la vie pour eux-mêmes et leurs communautés ; une société dans laquelle la principale force de progrès est la responsabilité sociale et non le contrôle de l'État »[1].

La privatisation des espaces publics s'inscrit dans cette suite logique. Toutefois, la combinaison des précédents éléments nous permet d'exclure du champ de cette étude un certain nombre d'espaces tels que les communs, lesquels demeurent plutôt ruraux et encore préservés des privatisations, les espaces littoraux ou fluviaux, car un mouvement inverse de « publicisation » s'est opéré pour démocratiser l'accès au littoral ou la circulation fluviale des Britanniques et, enfin, les *greens* (dérivé des communs et généralement situés en milieux urbains) puisque c'est une partie du public lui-même qui, dans cette hypothèse, s'approprie par usucapion, au détriment d'un propriétaire, un morceau de foncier pour y pratiquer ses activités sportives ou récréatives.

Le phénomène de privatisation des espaces publics affecte les parcs, jardins publics et a abouti à l'émergence du concept récent des « POPS » pour *Private-Owned Public Spaces* (littéralement les espaces publics détenus par des personnes privées) (I). Ces évolutions urbaines soulèvent des enjeux juridiques comme la protection des libertés d'accès et de circulation du public, mais aussi des libertés d'expression ou de réunion, qui se trouvent inéluctablement restreintes par la primauté absolue du droit de propriété (II).

---

[1] En version originale : « [...] *a society with much higher levels of personal, professional, civic and corporate responsibility; a society where people come together to solve problems and improve life for themselves and their communities; a society where the leading force for progress is social responsibility, not state control* », Conservative Party, *Invitation to Join the Government of Britain : The Conservative Manifesto 2010,* Londres, Conservative Party, p. 37.

## I. La privatisation des espaces publics, derniers bastions des vagues de privatisation

Les témoins récents les plus manifestes de la privatisation des espaces dits publics au Royaume-Uni sont sans aucun doute les jardins et parcs publics qui, motivés par la bonne gestion financière et sécuritaire de ces espaces, ont été cédés par les autorités publiques locales à des entreprises privées (A). Au-delà même des modestes jardins et parcs publics, l'évolution de la privatisation des espaces publics s'est traduite par l'émergence du concept urbanistique contemporain de « POPS », désignant les espaces publics globaux comprenant centres commerciaux, restaurants, banques et autres services, bibliothèques, centres sportifs et logements, et entièrement détenus et gérés par des propriétaires privés (B).

### A. La cession des jardins et parcs publics à des entreprises privées par des autorités publiques locales en grandes difficultés financières

Est-il nécessaire de rappeler qu'en droit anglais, les autorités publiques locales bénéficient de la personnalité morale de droit commun et sont, par conséquent, soumises au droit commun ? Ces autorités publiques locales sont créées par le législateur, lequel leur attribue leurs compétences, et sont ensuite régies par le droit commun (des contrats, des sociétés, etc.). Elles poursuivent essentiellement des missions d'intérêt public. La privatisation des jardins et parcs publics détenus par ces autorités publiques locales doit donc s'entendre du transfert de ces jardins et parcs publics à des personnes privées créées suivant les règles du droit commun (et non le législateur lui-même), et poursuivant essentiellement leurs intérêts propres tels que définis par leurs administrateurs.

Un certain nombre de jardins et de parcs publics, notamment à Londres, sont désormais détenus par des entreprises privées. C'est le cas du Paternoster Square, situé en face des bâtiments de la Bourse de Londres, qui est entièrement détenu et géré par Mitsubishi, ou encore du Bishop Square, dans le quartier de Shoreditch, qui appartient depuis 2010 à la société JP Morgan.

Ces parcs ont été cédés à des entreprises privées par les autorités locales londoniennes, sous l'empire des dispositions du Localism Act de 2011 qui leur attribue une clause de compétence générale leur permettant de « faire tout ce qu'un individu en pleine capacité peut faire »[1], dans les limites autorisées par la loi. Cette loi est entrée en vigueur en 2012 et est la traduction directe de la *Big Society* promue par David Cameron, dont la philosophie consiste à renvoyer aux individus et aux différentes communautés et collectivités le soin de « se prendre en charge » elles-mêmes. Cette même loi a par ailleurs abrogé les stratégies régionales de développement urbain[2] et confié cette compétence aux collectivités locales, en renforçant néanmoins la transparence des procédures.

Coïncidence de planning, en juin 2016, le peuple britannique a voté pour le Brexit à 51,9 %. En 2019, le Gouvernement annonçait la baisse de 50 % des subventions de l'État aux collectivités locales – conduisant nécessairement ces dernières à faire des choix drastiques, en commençant par l'abandon des services publics locaux (ou ce qu'il en restait). En 2020 s'est ajoutée la crise sanitaire rendue complexe par l'insularité du Royaume-Uni, et en 2022, la guerre en Ukraine a conduit à une hausse considérable des prix de l'énergie. Cet enchaînement malheureux d'événements tragiques n'a pas permis aux collectivités d'augmenter leurs ressources. Dans ce contexte affligeant de paupérisation du Royaume-Uni, il était impensable pour les collectivités d'augmenter les impôts locaux sur le foncier ou les entreprises. Les collectivités ont donc profité de leur pouvoir de compétence générale pour dilapider leurs biens : elles ont ainsi vendu, depuis 2019 en particulier, les centres communaux, les espaces récréatifs, les bibliothèques, et les espaces publics, à des entreprises privées qui ont les capacités financières de les assumer. L'association Locality estime que la moitié des biens appartenant à des autorités publiques ont été vendus depuis les années 1970 et qu'environ 4 000 sont vendus chaque année sur le seul territoire anglais[3]. Ce contexte a stimulé, notamment depuis 2019, la privatisation des espaces publics par la cession de ces jardins et parcs publics aux entreprises privées. Mais plus encore, il a accéléré le développement des POPS qui sont en train d'émerger partout sur le territoire anglais.

[1] Localism Act 2011, art. 1.
[2] Localism Act 2011, art. 109.
[3] Rapport disponible à partir de l'adresse : https://locality.org.uk/assets/images/The-Great-British-Sell-Off-FINAL-1.pdf (1er octobre 2024).

### B. L'importation du concept américain de « POPS » sur le sol britannique

L'aboutissement de la privatisation des espaces publics se manifeste par l'importation des États-Unis du concept contemporain de « POPS » désignant les espaces publics détenus par des personnes privées. Le terme de « POPS » a été conceptualisé par l'américain Jerold S. Kayden, professeur d'urbanisme et de design à l'Université d'Harvard dans son ouvrage *Privately Owned Public Space : The New York City Experience*, paru en 2000. Ce concept s'est ensuite rapidement exporté dans l'ensemble des États dont la *common law* est le support, à savoir Singapour, l'Australie, le Canada et le Royaume-Uni. Son exportation prospèrera sans aucun doute vers des États de tradition juridique civiliste comme la France. Malgré une apparente aversion pour la confusion des notions de propriétés publique et privée en France, l'État se désengage lui aussi de ses missions au profit du secteur privé, ce qui conduira nécessairement les régimes de propriété à se fonctionnaliser encore davantage pour encadrer ces nouveaux espaces.

Au Royaume-Uni, les autorités publiques locales et/ou nationales ont cédé des hectares entiers de leurs propriétés à des entreprises privées pour y construire et gérer des complexes globaux, incluant centres commerciaux, bureaux, banques, logements, cafés, cinémas, restaurants, magasins et espaces publics extérieurs arborés. Les « POPS » les plus connus à Londres sont[1] :

• **L'Elephant Park (**4,5 hectares), l'un des plus grands parcs londoniens. Il est détenu et géré par Lendlease, une entreprise australienne ;

• **Nine Elms Park,** au sud de Londres, était le centre opérationnel historique du tri postal autrefois détenu par Royal Mail (elle-même privatisée en 2013) ;

• **Canary Wharf** (39 hectares), détenu par le fonds d'investissement souverain du Qatar et l'entreprise bermudienne Brookfield Property Partners et ;

• **More London,** sur les bords de la Tamise, appartient à un fonds souverain du Koweït. Pour l'anecdote, l'ancien hôtel de ville se trouvant dans le périmètre de propriété privée du fonds souverain

[1] GLA a rendu publique la liste des POPS londoniens. Le fichier peut être téléchargé à l'adresse suivante : https://www.gigl.org.uk/our-data-holdings/open-spaces/privately-owned-public-space/ (1er octobre 2024).

koweïtien, les élus locaux londoniens ont dû obtenir l'autorisation du Fonds pour répondre aux interviews des journalistes à l'issue des conseils municipaux, avant de finalement déménager à Newham (*The Crystal*) en janvier 2022.

La privatisation de ces espaces publics peut présenter quelques avantages. D'abord, en ce qui concerne les finances publiques, les autorités publiques n'ont plus à financer la rénovation de ces quartiers, ni la construction, l'entretien ou la maintenance de ces sites ni les ressources humaines dédiées à leur gestion. Ensuite, en matière de sécurité, ces entreprises privées, comme tout propriétaire ordinaire de droit commun, peuvent exclure tout individu de leur propriété. En l'occurrence, elles emploient des agents privés en nombre, chargés d'exécuter un cahier des charges relativement strict pour éviter tout trouble et garantir la sécurité des lieux.

En revanche, la privatisation de ces espaces publics engendre un certain nombre de désagréments, en commençant par les enjeux de souveraineté dès lors que la très grande majorité de ces espaces ont été cédés à des entreprises ou des fonds souverains étrangers. Ensuite, bien qu'appartenant à des entreprises privées, ces espaces demeurent ouverts au public et sont régis, depuis 2021, par une charte adoptée par la *Greater London Authority* (Autorité du Grand Londres) sur le fondement de laquelle les propriétaires s'engagent à offrir un accès gratuit au public qui ne peut être restreint que pour des motifs essentiels tenant à la sécurité des lieux. Toutefois, les propriétaires privés conservent une grande latitude dans l'établissement des dispositions de leur règlement intérieur, qu'ils ne sont d'ailleurs pas obligés de rendre public, créant des réglementations plus opaques et restrictives que celles des espaces publics traditionnels (II).

## II. L'inflexible primauté du droit de propriété sur les libertés publiques

Dans la plupart des pays de *common law*, le principe suivant lequel le droit de propriété est inviolable et sacré souffre de peu d'exceptions. Le lecteur aura sûrement déjà immédiatement pensé aux États-Unis où les quartiers résidentiels fermés se développent[1]. Aussi surprenant que

[1] M. LAPORTE, « Les quartiers résidentiels fermés aux États-Unis », *in* T. CARVALHO, P. DELAIGUE et C. GAZEAU (dir.), *Penser et administrer le territoire sans l'État,* Mare et Martin, 2023, p. 233.

cela puisse paraître, le droit de propriété aux États-Unis est à l'édulcorant ce que le droit de propriété au Royaume-Uni est au sucre. En effet, les juridictions britanniques ont toujours appliqué une conception très stricte, voire inflexible, de la primauté du droit de propriété. Il en découle une instrumentalisation manifeste de ces espaces publics par des propriétaires privés, visant à instaurer une forme de régulation sociale[1] : les libertés d'accès et de circulation du public (A) ainsi que les libertés d'expression et de réunion dans ces espaces publics privatisés peuvent être restreintes, voire réduites à néant sur le fondement du sacro-saint droit de propriété (B).

### A. La primauté du droit de propriété sur les libertés d'accès et de circulation

Les libertés d'accès et de circulation sont une problématique intrinsèque au droit anglais qui ne connaît qu'un seul concept de propriété. Nous évoquions en introduction la politique de démocratisation de l'accès au littoral, qui est une autre illustration de l'enjeu du monoconcept anglais de propriété puisque la quasi-majorité des côtes littorales sont bordées par des propriétés privées empêchant les individus d'accéder, par exemple, aux plages.

Pour mieux appréhender les difficultés engendrées par la privatisation des espaces publics en matière de libertés d'accès et de circulation, il est nécessaire de présenter en quelques mots le concept de propriété en droit anglais. Ce dernier s'appuie sur la notion médiévale de saisine « considérée comme le point de départ de la théorie de la propriété coutumière »[2]. Cette notion importée du continent sur le territoire anglais par Guillaume le Conquérant définit celui qui a la saisine d'une terre comme « celui qui la possède, la moissonne, la laboure, en perçoit les fruits et les produits »[3]. Le droit foncier contemporain anglais repose toujours sur cet édifice médiéval puisqu'il n'a jamais été révolutionné, mais modernisé. Ainsi, nul sujet ne détient la propriété absolue, exclusive et perpétuelle à la fois, le Roi étant *in fine* le propriétaire souverain. Le principe fondateur est,

---

[1] F. ROLIN, « Le zonage en droit de l'urbanisme : instrument de gestion de l'espace ou de régulation sociale ? », *Droit et Philosophie,* 2015, vol. 7.
[2] O. MARTIN, *Histoire de la coutume de la prévôté et vicomté de Paris*, Ernest Leroux, 2 vol., 1926, vol. 2, fasc. 1, p. 2.
[3] Cité par J.-P. LÉVY, *Histoire de la propriété,* PUF, 1972, p. 51.

contrairement au caractère exclusif du droit français qui consiste dans « l'attribution de la jouissance d'une chose à une personne déterminée à l'exclusion de toutes les autres »[1], la « propriété simultanée »[2] ou mieux encore, le « démembrement »[3] de l'exclusivité de la propriété sur une période déterminée. Ainsi, en Angleterre, nul ne sera jamais propriétaire, aux sens exclusif et absolu du concept français, d'un bien, mais chacun détiendra un ou plusieurs intérêts sur ce bien[4] en *common law* ou en équité, sur une période déterminée. Les deux titres modernes de propriété – qui sont en cours de révisions au Parlement – sont le *freehold* et le *leasehold*. Le titre de *freehold* est le plus proche du concept de propriété français défini à l'article 544 du Code civil : il est illimité, et porte non seulement sur le bien immeuble *stricto sensu*, mais aussi sur le terrain sur lequel il est assis. Le titre de *leasehold* n'accorde la propriété que du bien immobilier stricto sensu, et non du foncier sur lequel il est assis, et ce, pour un temps limité. Dans le cas des espaces publics, les entreprises privées ont acquis le *freehold*. Elles sont donc non seulement propriétaires des biens immobiliers, mais aussi du foncier sur lequel ces immeubles sont assis.

Blackstone nous éclaire en rappelant que « le droit [anglais] de la propriété a écarté les nécessités publiques au profit des droits sacrés et inviolables de propriété privée »[5]. En d'autres termes, un propriétaire jouit de la « prérogative absolue de déterminer, de manière arbitraire, sélective, voire capricieuse, les individus qui peuvent entrer ou rester dans leur propriété »,[6] et ce, quel que soit le titre de propriété qu'il détient. Dans l'arrêt *Entick v Carrington* de 1765, la Cour du Banc du Roi a posé le principe suivant lequel « selon les lois de l'Angleterre,

---

[1] J. GILISSEN, *Introduction historique au droit*, Bruylant, 1979, p. 568.

[2] A.-M. PATAULT, *Introduction historique au droit des biens, op. cit.*, p. 15.

[3] Ce principe de démembrement de la propriété ne peut être comparé au principe de l'indivision comme entendu par le droit français. En effet, suivant la définition de l'indivision en droit français, le principe de démembrement du droit anglais n'est pas le partage d'une chose entre ceux qui ont sur cette chose un droit de *même* nature.

[4] R. DAVID, *English Law and French Law. A comparison in substance*, Londres, Stevens and Sons, 1980, p. 86-87.

[5] « *The law of the land has postponed even public necessity to the sacred and inviolable rights of private property* », *in* W. BLACKSTONE, *Commentaries on the Laws of England. Book the First. Of the Rights of Persons*, Oxford, Clarendon Press, 1765, p. 136.

[6] K. GRAY and S. F. GRAY, « Civil Rights, Civil Wrongs and Quasi-Public Space », *European Human Rights Law Review*, vol. 4, 1999, p. 46.

toute invasion d'une propriété, soit-elle d'une minute, est une violation de propriété. Aucun homme ne peut poser son pied sur mon terrain sans mon autorisation »[1]. La violation de propriété est un délit (le délit de « *trespass* ») sanctionnant tout individu pénétrant physiquement une propriété privée sans autorisation ni excuse légitime. La qualification de ce délit s'applique même si cette violation n'a provoqué aucun dommage[2], et elle s'étend même aux hypothèses où un individu, sans pénétrer lui-même physiquement sur le terrain de son voisin par exemple, y introduit une chose, comme un ballon de football.

Ces fondements ont conduit les juges à appliquer cette conception stricte du droit de propriété dans l'arrêt *CIN Properties Ltd v. Rawlins* de 1995[3]. Dans cette affaire, l'entreprise privée *CIN Properties Ltd* était propriétaire d'un centre commercial et s'était engagée auprès de la ville de Wellingborough à permettre un « accès complet aux piétons aux parties communes des locaux de 7 h à 23 h tous les jours ». Toutefois, un groupe de jeunes individus, pour la plupart chômeurs, avait commencé à fréquenter de plus en plus souvent le centre commercial, dont la sécurité était assurée par des agents privés. À la suite d'un incident survenu dans le centre commercial, dix des jeunes individus furent poursuivis pénalement pour troubles à l'ordre public. L'entreprise CIN profita de cette opportunité pour notifier à chacun des membres du groupe l'interdiction formelle de pénétrer dans le centre commercial « jusqu'à nouvel ordre ». Le procès pénal s'étant soldé par un non-lieu, l'entreprise déposa alors une requête en injonction auprès du tribunal compétent pour renforcer sa mesure d'exclusion. La question posée en appel était de savoir si un propriétaire privé avait le droit d'exclure arbitrairement des individus de sa propriété sur le fondement du délit de *trespass* et de leur interdire l'accès en raison des nuisances qu'ils auraient été susceptibles de créer. Rappelant les implications du concept de propriété en droit anglais, la cour d'appel donna raison à l'entreprise privée, le juge Balcombe considérant que « le délit de *trespass* ne peut, sous aucun prétexte, créer de droits en faveur du public ». Par conséquent, la mesure d'exclusion du groupe d'individus adoptée par l'entreprise privée propriétaire et gestionnaire du centre commercial était valablement fondée.

---

[1] *Entick v Carrington* [1765] EWHC KB J98.
[2] *Star Energy Weald Basin Ltd v Bocardo SA* [2010] UKSC 35.
[3] *CIN Properties Ltd v. Rawlins* [1995] 2 EGLR 130 ; [1995] 69 P. & C.R. D36 (CA).

La cour d'appel aurait pu tout à fait statuer différemment puisque, d'une part, elle mentionne expressément l'arrêt *Uston v Resorts International Hôtel Inc.* rendue par la Cour du New Jersey (aux États-Unis) instaurant la doctrine jurisprudentielle de « l'accès raisonnable » à un espace public, en l'occurrence d'un casino. Néanmoins, la cour rejette expressément l'importation du concept américain en droit anglais et balaie l'argument du revers de la main en indiquant que cet accès raisonnable se fonde sur le premier amendement de la Constitution américaine qui garantit « le droit du peuple de se réunir paisiblement » et qui ne trouve aucune traduction en droit anglais (la CEDH n'ayant par ailleurs pas encore été transposée). Les juridictions américaines ont depuis étendu la doctrine de « l'accès raisonnable » aux centres commerciaux, qualifiés de « propriété privée au caractère essentiellement public » aux États-Unis[1].

Sans traverser l'Atlantique, la cour aurait pu également s'appuyer sur le concept domestique de « l'accès juste et raisonnable » développé par Lord Denning dans l'arrêt *Cinnamond v. British Airports Authority*[2]. Dans cet arrêt, l'autorité aéroportuaire avait interdit à six chauffeurs de taxi d'entrer sur le périmètre de la propriété de l'aéroport, et ce, « jusqu'à nouvel ordre », au motif que ces chauffeurs de taxi racolaient les passagers aux arrivées avec des pancartes mensongères et facturaient 4 à 12 fois le prix standard d'une course jusqu'à Londres, malgré les contraventions répétées prises à leur égard. Lord Denning avait estimé que « l'autorité aéroportuaire peut interdire l'accès à sa propriété si les circonstances justes et raisonnables le justifient »[3], ce qui était le cas en l'espèce.

En dépit de l'exemple des juridictions américaines et de la pression d'une partie de la doctrine universitaire, aucune juridiction britannique n'a encore sanctionné l'exclusion injustifiée d'individus d'un espace public détenu par une personne privée. Probablement parce que ces exclusions étaient, jusqu'à présent, raisonnablement justifiées. En revanche, étant donnée l'externalisation croissante de la gestion de ces espaces publics par des sociétés privées étrangères, il n'est pas impossible que celles-ci ne partagent pas le même « flegme » britannique et que l'une d'entre elles prenne une mesure d'exclusion

[1] "*Private property having an essential public character*", *R. v. Layton* [1988] 38 C.C.C. (3d) 550 at 568.
[2] *Cinnamond v. British Airports Authority* [1980] 1 W.L.R. 582.
[3] *Ibid.* at 588.

qui soit fondamentalement irraisonnable ou injustifiée, conduisant les juges britanniques à revenir sur plus de 10 siècles de jurisprudences.

### B. La primauté du droit de propriété sur les libertés d'expression et de réunion

Nous serons plus rapides sur les libertés d'expression et de réunion, non pas qu'elles soient moins importantes, mais contrairement au droit de propriété, elles ne sont pas absolues et souffrent déjà d'un nombre certain de tempéraments. Ces libertés constituent une « fondation essentielle d'une société démocratique et l'une des conditions de son progrès et de l'épanouissement de chaque individu »[1]. Elles sont garanties par l'article 1(1)(a) du Human Rights Act de 1998 transposant notamment les articles 10 et 11 de la Convention européenne de sauvegarde des Droits de l'Homme et des libertés fondamentales dans l'ordonnancement juridique britannique.

De manière analogue aux premières libertés, les propriétaires privés des espaces publics sont libres de restreindre ces dernières en cas de nuisances ou de risques pour la sécurité. Dans l'affaire *Appleby*[2], portée devant la Cour européenne des droits de l'Homme, des militants écologistes avaient sollicité auprès de la direction du centre commercial de la ville de Washington (près de Newcastle, au nord-est de l'Angleterre) l'autorisation d'installer un stand pour diffuser et faire signer leur pétition contre la construction par la ville d'un stade. Or, ce centre commercial s'inscrivait dans un complexe global. En effet, le nouveau centre-ville comprenait non seulement un centre commercial, mais aussi plusieurs services publics, dont une bibliothèque, et des immeubles (bureaux et logements). Le tout était la propriété de l'entreprise privée Postel depuis 1987. La direction du centre commercial refusa la demande des militants au motif que l'entreprise tenait à rester strictement neutre sur les questions politiques. Le demandeur avait fourni une liste d'organisations autorisées à organiser des collectes, installer des stands et des expositions dans le centre commercial, telles que l'Armée du Salut (collecte avant Noël), les chorales scolaires locales (chants de Noël et collecte avant Noël) ou encore Stop Smoking Campaign (affichage publicitaire distribuant des

---

[1] *Steel v UK* [2005] 41 EHRR 223, aff. n° 68416/01.

[2] *Appleby v UK* [2003] 37 EHRR 38. V. W. Norcup-Brown, « Expressional activity and access to privately owned », *King's Law Journal* 2024, p. 1-25.

patchs de nicotine). La Cour européenne des droits de l'Homme a conclu à l'absence de violation des articles 10 et 11 de la Convention au motif que "la restriction imposée à la possibilité pour les requérants de communiquer leurs opinions se limitait aux entrées et voies de passage des Galeries. Elle n'empêchait pas les intéressés d'obtenir une autorisation individuelle de la part des commerces se trouvant dans l'enceinte des Galeries [...] ni de distribuer des tracts sur les voies publiques d'accès au secteur. Il était également loisible aux requérants de faire campagne dans l'ancien centre-ville et d'avoir recours à d'autres modes de communication, comme le porte-à-porte ou la presse, la radio et la télévision locales »[1].

Depuis *Appleby*, les juridictions britanniques n'ont cessé de réaffirmer la primauté de la protection du droit de propriété sur les libertés d'expression et de réunion[2]. Ainsi, la Haute Cour, statuant en urgence à juge unique, a délivré à l'Université SOAS de Londres un « *possession order* » permettant à cette dernière d'expulser *manu militari* les étudiants occupant l'un de ses bâtiments, « le campus étant une propriété privée, il s'ensuit qu'en vertu du droit de propriété le plus élémentaire, les seules personnes susceptibles de pénétrer sur le campus sont celles qui en ont obtenu l'autorisation préalable ou le consentement préalable de l'Université »[3]. Excluant expressément l'application de la CEDH, le juge Henderson poursuivit en affirmant qu' « il [lui] semble fantaisiste de prétendre que le fait d'empêcher les étudiants de SOAS d'exercer leurs droits au titre de l'article 10 porterait une quelconque atteinte à l'exercice effectif de leur droit à la liberté d'expression [...]. Le moyen suivant lequel l'article 10 primerait sur le droit de propriété de la SOAS est indéfendable [...]. Pour les mêmes raisons, il serait tout aussi fantaisiste de supposer que l'article 11 relatif à la liberté de réunion pacifique l'emporte sur le droit de propriété de la SOAS dans ses propres locaux »[4].

Les juridictions britanniques ont réitéré cette position à plusieurs occasions pour des faits analogues[5], le juge Sales affirmant que « la poursuite de la manifestation, qui prive l'Université de son droit de

---

[1] *Ibid.* at §38.
[2] V. *SOAS v. Persons Unknown* [2010] EWHC 3977.
[3] *Ibid.* at §5.
[4] *Ibid.* at §§25-26.
[5] *Manchester Ship Canal Investments* [2014] EWHC 645 (Ch) ; *University of Birmingham v Persons Unknown* [2015] EWHC 544 (Ch).

propriété, constituerait une violation flagrante du droit interne »[1]. Plus récemment, le conflit israélo-palestinien fut l'occasion pour la Haute Cour de délivrer un « *possession order* » à l'Université de Birmingham lui permettant d'expulser des étudiants pro-palestiniens qui y avaient établi un campement[2], la cour excluant par la même occasion le moyen soulevé (et prévisible) par les manifestants du caractère discriminatoire de la mesure.

Si les exemples cités peuvent surprendre les universitaires français, notamment quant à l'affirmation par les juridictions de la primauté du droit de propriété des Universités sur la liberté de manifester des étudiants, ils révèlent tout l'exotisme du droit anglais évoqué en introduction. D'abord, en dépit des modes et tendances en matière d'urbanisme, le droit anglais demeure inflexible et continue de protéger indistinctement le droit de propriété. Ensuite, le droit anglais repose sur un modèle culturel juridique situé aux antipodes du nôtre, où la conception propriétariste l'emporte sur la conception individualiste voire égocentrique de l'usager, versatile par nature. Ces caractéristiques assurent au droit anglais sa longévité et sa pérennité dont le droit français devrait s'inspirer.

---

[1] *University of Sussex v. Persons Unknown* [2013] EWHC 862 (Ch).

[2] *University of Birmingham v. Persons Unknown, Mariyah Ali* [2024] EWHC 1770 (KB).

## L'AFFECTATION PERPÉTUELLE ET GRATUITE DES ÉDIFICES DE CULTE ANTÉRIEURS À 1905, UNE PRIVATISATION INDIRECTE DU DOMAINE PUBLIC ?

*Ellie-May Farha, Doctorante à l'Université Paris Nanterre*

Proudhon affirmait que « les églises sont [...] placées hors des règles de la propriété ordinaire, parce qu'elles sont indispensables pour satisfaire aux nécessités du culte public »[1]. La propriété publique des édifices du culte catholique a été élaborée pour garantir aux fidèles la libre disposition des lieux de culte en l'absence d'associations cultuelles représentantes du culte catholique alors même que la loi du 9 décembre 1905 prévoyait le transfert de propriété à ces associations. Toujours est-il que l'ouverture de ces édifices dépend grandement, si ce n'est intégralement de l'attributaire. Tantôt qualifié de desservant, tantôt d'affectataire, l'objet de cette étude sera de démontrer que le ministre du Culte qui dispose de l'édifice est et demeure le maître exclusif de la gestion de celui-ci. Il est plus qu'un simple occupant dans la mesure où, comme nous tâcherons de l'établir dans les développements, l'affectation légale des édifices au culte lui garantit des droits particuliers sur l'édifice dont il dispose, qui lui permettent d'agir comme s'il en était propriétaire.

Tous les édifices de culte ne sont pas soumis au même régime de propriété. Ceux appartenant aux personnes privées – généralement les associations cultuelles relevant du régime de propriété privée – ne seront pas abordés dans cette étude, car ils ne relèvent pas du régime d'affectation légale. Parmi les édifices appartenant à une personne publique, on distingue deux catégories. Les premiers sont ceux « mis à disposition de la Nation » par décret du 2 novembre 1789 qui dispose en son article 1er « que tous les biens ecclésiastiques sont à la disposition de la Nation [qui] a la charge de pourvoir d'une manière convenable aux frais du culte, à l'entretien de ses Ministres et au soulagement des pauvres ». Les seconds sont ceux devenus propriété d'une personne publique à la suite de l'adoption de la loi du 9 décembre

[1] J-B. PROUDHON, *Traité du domaine public, ou De la distinction des biens considérés principalement par rapport au domaine public*, t. 2, Chapitre XXV. Des choses sacrées, Victor Lagier, 1833, p. 15.

1905 dite loi de Séparation. Bien que l'intention initiale du législateur fût de transférer la propriété des édifices appartenant aux établissements publics du culte supprimés par la loi de Séparation, le refus de l'Église catholique de s'organiser en association l'obligea à faire autrement. Conformément aux propos tenus par le ministre des Cultes de l'époque, Aristide Briand, en l'absence d'adaptation de l'organisation du culte catholique aux prescriptions légales, l'occupation des édifices se faisait « sans titre juridique »[1]. L'article 5 de la loi du 2 janvier 1907 concernant l'exercice public des cultes a subséquemment prévu qu'« à défaut d'associations cultuelles, les édifices affectés à l'exercice du culte, ainsi que les meubles les garnissant, continueront [...] à être laissés à la disposition des fidèles et des ministres du Culte pour la pratique de leur religion ». Ce n'est que plus d'un an après, à l'issue d'un long débat parlementaire, en l'absence d'associations cultuelles « formées pour subvenir aux frais, à l'entretien et à l'exercice public d'un culte »[2] et répondant aux prescriptions du Titre IV de la loi de 1905 que la propriété des édifices catholiques non réclamés fut transférée aux communes avec l'adoption de l'article 1er de la loi du 13 avril 1908 modifiant la loi de Séparation des Églises et de l'État[3].

Ce transfert de propriété des églises catholiques aux personnes publiques était dénoncé comme une « loi d'expropriation de tous les droits d'ordre cultuel »[4] et perçu comme la « spoliation universelle du patrimoine de l'Église »[5]. La crainte des députés et sénateurs était que les nouveaux propriétaires publics s'exemptent des charges cultuelles les grevant. Nonobstant ces craintes, « la libre disposition des biens nécessaires à l'exercice d'un culte » est aujourd'hui consacrée comme composante de la liberté fondamentale de culte[6]. Cette libre disposition

[1] A. BRIAND, *Présentation d'un projet de loi concernant l'exercice public des cultes*, Chambre des députés, 2e Séance du 15 décembre 1906, p. 3299.

[2] Article 18 de la loi du 9 décembre 1905 concernant la séparation des Églises et de l''État.

[3] « Les édifices affectés au culte lors de la promulgation de la loi du 9 décembre 1905 et les meubles les garnissant deviendront propriété de la commune sur le territoire desquelles ils sont situés ».

[4] L. DE CASTELNAU, *1re délibération sur le projet de loi tendant à modifier la loi sur la séparation des églises et de l'État*, Chambre des députés, Séance du 24 octobre 1907, p. 1903.

[5] H-C. GROUSSAU, *1re délibération sur le projet de loi tendant à modifier la loi sur la séparation des églises et de l'État*, Chambre des députés, Séance du 24 octobre 1907, p. 1910.

[6] CE ord., 25 août 2005, *Commune de Massat*, n° 284307, Rec. 386.

peut être invoquée devant le juge administratif à l'occasion d'un référé-liberté.

La présente réflexion sera volontairement circonscrite aux édifices du culte construits avant 1905 et appartenant à une personne publique, car ils sont l'illustration d'une déconnexion entre droit de propriété et capacité de gestion de l'édifice. Ce choix s'explique par le fait que seuls les édifices appartenant à une personne publique à l'adoption de la loi de 1905, complétée par les dispositions des lois de 1907 et 1908, relèvent du domaine public cultuel. Conformément à une décision relative à l'église Sainte-Euverte d'Orléans rendue par le Conseil d'État en 1990[1], un édifice qui n'appartenait pas à une personne publique lors de l'intervention des lois susmentionnées relève du domaine privé de la personne publique. Un tempérament est toutefois possible, et une appartenance au domaine public reste concevable dans l'hypothèse où l'édifice serait affecté à l'usage direct du public. Cette hypothèse ne trouve cependant, jusqu'à ce jour, aucune illustration pratique.

L'édifice de culte est défini comme « tout endroit, aménagé ou non, où se pratiquent de manière régulière des activités religieuses collectives, telles que prières, communions, rites, célébrations »[2]. Il est en somme le lieu dans lequel s'exerce un culte, c'est-à-dire, « la célébration de cérémonies organisées en vue de l'accomplissement par des personnes réunies par une même croyance religieuse, de certains rites ou de certaines pratiques »[3]. Le droit canonique définit l'église comme « l'édifice sacré destiné au culte divin où les fidèles ont le droit d'entrer pour l'exercice du culte divin, surtout lorsqu'il est public »[4]. On peut en déduire qu'ils sont des lieux de réunions, collectifs, ouverts au public et affectés au culte de sorte à garantir le libre exercice de celui-ci. Ils sont par essence publics.

Plus récemment, les édifices du culte ont expressément été reconnus comme des espaces publics avec l'adoption de l'article 2 de la loi du 11 octobre 2010 interdisant la dissimulation du visage dans l'espace public

---

[1] CE sect., 19 octobre 1990, *Association Saint-Pie V et Saint-Pie X de l'Orléannais*, n° 90346, Rec. 285.

[2] F. MESSNER, P-H. PRÉLOT, J-M. WOEHRLING, *Traité de droit français des religions* (2e édition), Lexisnexis, Traités Litec, 2013, p. 898.

[3] CE ass. avis, 24 octobre 1997, *Association locale pour le culte des témoins de Jéhovah de Riom*, n°187122, Rec. 372.

[4] Canon 1214, Chapitre I : Les Églises, Titre I : Les lieux sacrés, code du droit canonique.

qui dispose que l'espace public est « constitué des voies publiques ainsi que des lieux ouverts au public ou affectés à un service public ». De fait, les édifices étant des lieux ouverts au public, ils sont des espaces publics. Pour autant, la singularité de ces espaces a été soulignée dans la décision du Conseil constitutionnel qui reconnaît la constitutionnalité d'une telle interdiction sous réserve qu'elle ne soit pas étendue dans « les lieux de culte ouverts au public »[1] afin de ne pas porter une atteinte excessive à la liberté religieuse garantie à l'article 10 de la Déclaration des droits de 1789. Les édifices du culte sont donc des espaces publics au statut particulier. Cette particularité s'illustre également sur les régimes de propriété et de domanialité qui les encadrent.

Selon la définition donnée par Proudhon « la propriété consiste dans ce qui nous appartient [...] parce qu'elle est ce qui nous est propre en particulier» et constitue « le droit de jouir et disposer des choses de la manière la plus absolue »[2]. Cette définition s'applique difficilement à la propriété publique des édifices de culte dans la mesure où l'affectation cultuelle légale prive le propriétaire de la libre disposition de ses biens.

La combinaison des dispositions des lois de 1905, 1907 et 1908 prévoit une affectation perpétuelle et gratuite au culte des édifices devenus propriété des personnes publiques. Ces lois font de l'affectataire cultuel la clé de voûte de l'ouverture des édifices de culte au public constitué de croyants. C'est pourquoi on peut dire que la déconnexion entre propriété et droits de jouissance de l'édifice entraîne une privatisation indirecte de la gestion des édifices du culte catholique. Bien que le régime légal institue une propriété publique des édifices, la disposition et la gestion de l'édifice sont entièrement déléguées à l'affectataire cultuel qui dispose des attributs de propriété.

L'objet de la présente réflexion sera de démontrer que, malgré la consécration d'une appartenance des édifices au patrimoine des personnes publiques, ces dernières n'ont que peu, voire pas de pouvoir sur la gestion de ceux-ci. En dehors de la faculté d'entretenir les édifices, car ils relèvent du domaine public cultuel, les personnes publiques propriétaires ne disposent d'aucune prérogative liée à leur

---

[1] Cons. const., 7 oct. 2010, *Loi interdisant la dissimulation du visage dans l'espace public*, n° 2010-613 DC, §5.

[2] J-B. PROUDHON, *op. cit.*, t. 1, 1833, p. 62.

qualité. Ce régime, élaboré pour résoudre une crise politique entre la République française et l'Église catholique, entraîne une protection particulière de l'affectation cultuelle en confiant aux desservants, les capacités relevant, en principe, du propriétaire. Qu'il s'agisse de la perpétuité, de l'affectation, de l'impossibilité de choisir librement l'affectataire ou de la privation du pouvoir de gestion de la personne publique sur son domaine public, le droit de disposer librement du propriétaire ne s'applique pas aux édifices du culte.

Cette réflexion conduira à l'analyse de l'originalité du statut de propriétés publiques des édifices affectés au culte, dans la mesure où la personne publique propriétaire est dans l'incapacité de disposer librement de son bien (I) et à la mise en lumière de la nature particulière d'un régime de domanialité publique qui prive la personne publique de tout droit de gestion et de jouissance de son bien (II).

## I. Les édifices du culte affectés perpétuellement et gratuitement : des propriétés publiques au statut original

La consécration de la propriété publique des édifices catholiques s'est accompagnée d'une protection particulière liée à la reconnaissance d'une servitude d'affectation cultuelle perpétuelle et gratuite (A). Cette servitude n'a pas empêché la jurisprudence de juger, bien que tardivement, que ce patrimoine cultuel relevait du régime de domanialité publique de sorte à garantir une protection supplémentaire (B).

### A. Des propriétés publiques grevées d'une servitude d'affectation cultuelle perpétuelle et gratuite

L'affectation cultuelle des édifices comme établie par l'article 13 de la loi de 1905 prévoit que « les édifices servant à l'exercice public du culte, ainsi que les objets mobiliers les garnissant seront laissés gratuitement à la disposition […] des associations […] auxquelles les biens […] auront été attribués ». Elle est donc perpétuelle et gratuite (1). Néanmoins, le refus catégorique du culte catholique de s'organiser en association cultuelle conduisit le législateur à adopter les dispositions de l'article 1^er^ de la loi de 1907 qui prévoyaient que « dès la promulgation de la présente loi, l'État, les départements et les communes recouvreront à titre définitif la libre disposition des archevêchés, évêchés, presbytères et séminaires qui sont leur propriété et dont la jouissance n'a pas été réclamée par une association constituée dans l'année qui a suivi la promulgation de la loi du 9 décembre 1905 ». De plus, la personne publique propriétaire est privée du choix de l'affectataire (2). Pour autant, la consécration définitive de la propriété publique s'articulait avec la servitude passive d'affectation cultuelle destinée à protéger l'usage cultuel des édifices. Le propriétaire public est ainsi contraint par la loi (3).

### 1. Une affectation perpétuelle et gratuite destinée à protéger l'usage cultuel des fidèles

Dès 1906, une circulaire ministérielle édictée par Aristide Briand établit un principe clair, toujours en vigueur, en vertu duquel « il n'appartiendra pas à l'État et aux communes, sous prétexte qu'ils ont recouvré la possession des cathédrales, églises et chapelles, de disposer de ces édifices comme ils l'entendront et de les fermer à leur gré ». Il y était précisé que ces édifices « devront rester ouverts et l'accès continuera nécessairement à en être permis [...] tant aux fidèles, qu'aux membres du clergé pour y exercer le culte »[1]. À l'occasion des débats parlementaires préalables à l'adoption de la loi du 2 janvier 1907, Briand, souligne cette spécificité énonçant que les édifices sont marqués « d'une affectation, d'une servitude particulière »[2]. Par conséquent, les édifices du culte doivent demeurer affectés au culte catholique et rester ouverts malgré la non-constitution d'association cultuelle.

Dans ses conclusions sur l'arrêt *Abbé Déliard*, Pierre Chardenet énonçait qu'il n'y avait aucune hésitation « à admettre que tous les fidèles de la commune et les ministres du Culte, auquel l'église est affectée, ont qualité pour déférer pour excès de pouvoir un arrêté par lequel le maire a fermé l'église »[3]. L'affectataire peut contester les décisions adoptées par la commune propriétaire si elles ont pour effet de porter atteinte à l'usage cultuel des édifices et du mobilier les garnissant. Pour les édifices du culte, ce sont les affectataires qui ont la

---

[1] Circulaire du 1er décembre 1906, relative aux conditions d'exercice du culte à défaut d'associations cultuelles, *JO* du 2 décembre 1906, II.

[2] A. BRIAND, *Discussion du projet de loi concernant l'exercice public des cultes*, Débats parlementaires, Sénat, Séance du 28 décembre 1906, p. 1231.

[3] P. CHARDENET, conclusions sur CE, 8 février 1908, *Abbé Déliard*, n° 30383, Rec. 132.

charge de veiller à l'intégrité et au respect de l'affectation cultuelle et qui exercent les droits et libertés nécessaires à la garantie de cette intégrité.

De même, dans ses conclusions sur l'arrêt *Vital Pichon*, Corneille rappelait que « le législateur a entendu garantir aux catholiques le droit de pratiquer leur religion et surtout le droit de la pratiquer dans les églises existantes. Et, dès lors, s'il remettait aux communes la propriété de ces édifices, il ne leur remettait pas une propriété complète, absolue, mais seulement [...] une propriété démembrée, grevée d'une servitude [...] d'affectation cultuelle ». Il précisait que « la commune est bien seule propriétaire de l'église, mais [qu'] elle n'est pas seule à avoir des droits sur l'église » en soulignant que « les droits de jouissance exclusive des fidèles [...] sont constitués par la loi »[1]. On peut, dès à présent, souligner l'originalité par laquelle les fidèles et les desservants agissent comme propriétaires des édifices affectés. L'un des attributs fondamentaux de la propriété est notamment la possession des clés, car, en principe, chaque propriétaire dispose des clés lui permettant d'accéder à son bien. Or, concernant les édifices du culte affectés, ce n'est pas le cas. Les clés de l'édifice doivent être exclusivement en possession de l'affectataire[2] et le juge administratif s'est prononcé dans le sens de l'illégalité d'un arrêté municipal imposant que des clés soient mises à la disposition de la mairie[3].

Concernant la gratuité de l'affectation, elle paraît contradictoire avec l'occupation d'un bien appartenant à autrui, qui est en principe subordonnée au versement d'un loyer ou d'une redevance d'occupation. Néanmoins, elle fut consacrée dès l'adoption de la loi de Séparation dans sa version initiale et n'a jamais été remise en cause. De fait, même si l'édifice est considéré comme appartenant à une personne publique, il n'en est pas moins « grevé indéfiniment d'une servitude spéciale, qui doit être laissé gratuitement à la disposition des catholiques et de leur prêtre »[4].

Afin de comprendre les enjeux de la gratuité de l'affectation, on peut examiner ce principe au regard des fondements légaux contemporains. Malgré l'adage selon lequel « la gratuité est un mythe », l'affectation

---

[1] L. CORNEILLE, conclusions sur CE, 14 juin 1914, *Vital Pichon*, n° 46135, Rec. 722.

[2] CE, 24 février 2012, *Abbé Sarralongue*, Rec. 250.

[3] CE, 20 juin 1913, *Abbé Arnaud*, Rec. 717.

[4] A. BRIAND, *Discussion du projet de loi concernant l'exercice public des cultes*, Débats parlementaires, Sénat, Séance du 28 décembre 1906, p. 1232.

légale des édifices cultuels constitue une illustration de ce mythe. Conformément aux dispositions de l'article L. 2125-1 du code général de la propriété des personnes publiques (CG3P), « toute occupation ou utilisation du domaine public d'une personne publique [...] donne lieu au paiement d'une redevance ». Toutefois, dès le deuxième alinéa de l'article, des dérogations sont introduites parmi lesquelles on retrouve le tempérament en vertu duquel « l'autorisation d'occupation ou d'utilisation du domaine public peut être délivrée gratuitement aux associations à but non lucratif qui concourent à la satisfaction d'un intérêt général ». À ce titre, on peut conclure que l'affectation aux associations diocésaines des édifices du culte concourt au libre exercice du culte et constitue un intérêt général justifiant la gratuité. La personne publique propriétaire n'est donc ni en mesure de choisir d'affecter ou non sa possession, ni de la valoriser. Elle est également contrainte dans son choix de l'affectataire.

### 2. Une personne publique propriétaire privée du choix de l'affectataire

Les personnes publiques propriétaires n'ont pas la possibilité de choisir l'affectataire. Elles sont liées par le choix opéré par la hiérarchie du culte catholique. C'est précisément la portée de la décision rendue par le Conseil d'État en date du 28 juillet 1911, *Rougegré*, qui prononce l'illégalité d'un décret affectant un édifice du culte à une association cultuelle formée par un prêtre qui ne reconnaissait pas la hiérarchie catholique. Pierre Chardenet, dans ses conclusions sur cette affaire, expose le principe selon lequel « les biens ecclésiastiques ne peuvent être attribués qu'à des associations se conformant aux règles d'organisation générale du culte, dont elles se proposent d'assurer l'exercice »[1], sans quoi l'attribution est illégale.

La personne publique propriétaire est contrainte de tirer les conséquences du choix opéré par la hiérarchie catholique et ne peut s'en détacher pour attribuer la jouissance d'un édifice à un prêtre qui ne s'y conformerait pas. Cette condition d'attribution a été régulièrement réaffirmée par la jurisprudence, qu'il s'agisse d'un refus d'affecter un

[1] P. CHARDENET, conclusions sur CE, 28 juillet 1911, *Sieur Rougegré et a.*, n° 38012, p. 908-917.

édifice à un abbé[1] ou de l'obligation de l'affecter conformément à la volonté de la hiérarchie catholique[2].

Cette nécessité de tirer les conséquences de la hiérarchie catholique est qualifiée de « "légitimisme religieux" de l'autorité administrative et du juge étatique »[3] par Frédéric Dieu. En tout état de cause, la personne publique propriétaire de l'édifice est soumise au choix opéré par la hiérarchie catholique et ne peut librement choisir de l'affecter à un desservant autre que celui désigné par l'Église. Bien qu'en 1924, les accords Poincaré-Cerretti aient permis de reconnaître le caractère d'association cultuelle aux associations diocésaines, le régime de propriété publique grevée d'une servitude d'affectation n'a jamais été remis en cause et la propriété des édifices n'a pas été transférée aux nouvelles associations cultuelles. Les personnes publiques sont demeurées propriétaires des édifices et restent contraintes par cette affectation.

### 3. Un propriétaire public contraint par l'affectation légale

Compte tenu du fait que le régime de l'affectation cultuelle des édifices catholiques est légalement garanti, le régime de la désaffectation a également été légalement consacré avant même la reconnaissance de la domanialité publique des édifices de culte appartenant à une personne publique. La désaffectation d'un édifice cultuel a été strictement encadrée et doit, en principe, être prononcée par la loi ou par décret, mais ne peut en aucun cas résulter d'une situation de fait. L'article 13 de la loi du 9 décembre 1905 circonscrit la faculté de désaffecter à cinq cas dont trois sont des motifs liés à des carences de l'association cultuelle affectataire tels que la dissolution de l'association, l'hypothèse où celle-ci cesserait de remplir son objet ou encore le cas où elle n'assumerait pas le passif des édifices ou ne satisferait plus aux exigences relatives aux monuments historiques. Les deux autres cas sont la cessation de célébration du culte et le défaut d'entretien de l'édifice.

Un décret du 17 mars 1970 vient tempérer ce strict encadrement de la désaffectation en prévoyant qu'elle peut être prononcée par arrêté

---

[1] CE, 14 février 1913, *Abbé Guitton et a.*, n° 33639, conclusions Corneille, Rec. 205.

[2] CE, 23 janvier 1920, *Abbé Barraud,* Rec. 75.

[3] F. DIEU, « Les prérogatives de l'affectataire cultuel : étendue et limites », *Revue du droit des religions*, 2016.

préfectoral à la condition que la personne publique propriétaire ait préalablement obtenu l'accord de l'affectataire cultuel.

Contrairement aux autres biens appartenant à une personne publique, les édifices du culte, alors même qu'ils ne répondraient plus à une quelconque utilité publique et ne seraient plus affectés à l'usage direct du public constitué de fidèles, ne peuvent être librement désaffectés par un simple acte administratif. La personne publique propriétaire, généralement la commune, est privée de sa compétence, car seul l'État peut désaffecter un édifice du culte. Il faut donc nécessairement un arrêté préfectoral de désaffectation. On peut assimiler l'affectation cultuelle à servitude d'utilité publique liée à l'obligation pesant sur les organes de la République de garantir le libre exercice des cultes.

On constate que la servitude d'affectation cultuelle détrousse le propriétaire public de son choix d'affecter ou non l'édifice à un culte, mais également de sa liberté dans le choix de l'affectataire. Ce constat permet d'affirmer que la propriété publique des édifices cultuels représente un régime particulier d'occupation du domaine public. Si en principe, le droit commun de la domanialité publique ne reconnaît que l'affectation à l'usage du public ou à un service public, l'affectation cultuelle des édifices appartenant à une personne publique peut être considérée comme une affectation *sui generis* faisant de l'affectataire un occupant au statut spécial. Ainsi, si l'occupation du domaine public ne peut, en principe, qu'être temporaire[1], précaire et révocable[2] et soumise à redevance[3], l'affectation légale des édifices du culte appartenant à une personne publique présente une exception notable l'ensemble de ces principes.

### B. Des propriétés publiques reconnues tardivement comme appartenant au domaine public

La reconnaissance de l'appartenance au domaine public des personnes publiques des édifices du culte n'a pas été directement déduite des dispositions législatives. Elle s'est faite progressivement, en commençant par la caractérisation d'ouvrages publics des travaux d'entretien d'une église appartenant à une commune (1) pour déboucher

---

[1] Art. L. 2122-2, CG3P.
[2] Art. L.2122-3 du même code.
[3] Art. L. 2125-1 du même code.

sur une reconnaissance explicite de la domanialité des édifices (2) par qualification légale (3).

### 1. Des travaux publics obligatoirement financés par la personne publique propriétaire

S'il est acquis que la servitude d'affectation cultuelle limite considérablement la capacité du propriétaire à disposer librement de son bien au profit des droits de l'affectataire, l'identification du régime de domanialité duquel relèvent les édifices n'a pourtant pas été une évidence. D'autant que, comme démontré préalablement, l'occupation des édifices déroge à tous les principes relatifs à l'occupation privative du domaine public.

L'article 13, alinéa 7 de la loi de 1905 dispose que « l'État, les départements, les communes et les établissements publics de coopération intercommunale pourront engager les dépenses nécessaires pour l'entretien et la conservation des édifices du culte dont la propriété leur est reconnue par la présente loi ». Ces dispositions laissent supposer que les personnes publiques ont une simple faculté d'engager les dépenses liées à l'entretien et à la conservation. Bien que la rédaction de cet article et notamment l'emploi du verbe "pouvoir" induisent l'absence d'obligation, une décision jurisprudentielle fait dégénérer cette faculté en obligation.

Dans la célèbre décision du 10 juin 1921, *Commune de Monségur*, le Conseil d'État retient la qualification de travaux publics pour les travaux entrepris dans le but d'entretenir une église appartenant à une personne publique. Ces travaux étant réalisés pour le compte d'une personne publique dans un objectif d'utilité générale, ils sont qualifiés de travaux publics. On peut alors considérer que les personnes publiques propriétaires sont, dans une certaine mesure, contraintes de financer l'entretien des édifices du culte dans la mesure où les dommages nés du défaut d'entretien d'un ouvrage public seront imputés à la commune propriétaire qui devra réparer pécuniairement les dommages[1].

Néanmoins, le Conseil ne trancha pas la question de la domanialité dans le litige d'espèce. L'apport majeur de cette décision réside davantage dans les conclusions du commissaire du gouvernement,

[1] CE, 24 décembre 1926, *Sieur Empereur*, Rec. 1138.

Corneille, qui plaide en faveur de la reconnaissance de la domanialité publique en adoptant un raisonnement *a contrario* soulignant la particularité de la propriété publique des édifices du culte. Il énonce que « pour une propriété quelconque, en quoi se résume le droit de propriété. En trois attributs : le droit d'user ; le droit de jouir, le droit de disposer. La commune a-t-elle pour l'église le droit d'user ? Non. Affectation perpétuelle aux fidèles. – Le droit de jouir ? Non. Elle ne peut la louer. – Le droit de disposer ? Encore moins. Il faut un décret de désaffectation »[1]. Bien que cette décision renforce le caractère exorbitant de la propriété des édifices du culte, elle ne préjuge en rien de leur appartenance ou non au domaine public des communes. La reconnaissance de la domanialité publique des édifices étant uniquement défendue dans les conclusions.

Dans un article de 1929 sur la notion de travail public, René Capitant[2] aborde à de nombreuses reprises le statut des églises. Il défend l'idée selon laquelle les travaux publics réalisés sur les églises sont, une notion active, en tant que service public entrepris dans un but d'intérêt général de préservation du domaine public de la personne publique et, une notion passive, dans la mesure où les travaux publics sont entrepris dans un objectif de conservation d'un ouvrage public immeuble relevant du domaine public. Ainsi, on constate que la doctrine défendait l'appartenance des églises au domaine public des personnes publiques avant même que le droit positif ne s'y intéresse et ne la reconnaisse explicitement.

### 2. La reconnaissance tardive de l'appartenance des édifices du culte au domaine public

En principe, et si l'on s'en tient à la conception d'Yves Gaudemet, le régime de domanialité publique des édifices appartenant à une personne publique et affectés au culte est critiquable dans la mesure où « la domanialité publique exige [...] une pleine et entière propriété publique sur le bien en cause » et qu'« un droit démembré du droit de propriété

---

[1] L. Corneille, conclusions sur CE, 10 juin 1921, *Commune de Monségur*, n° 45681, Sirey, III, p. 51.

[2] R. Capitant, « La double notion de travail public », *RDP*, 1929, p. 507-547.

ne suffirait pas »[1]. Pourtant, cette domanialité publique a bien été consacrée de longue date par la jurisprudence.

Le mouvement semble avoir été amorcé par un arrêt de 1932, *Commune de Barran* dans lequel le Conseil d'État sanctionne la décision d'un maire de procéder à la vente de stalles d'une église dès lors qu'elles faisaient partie des meubles affectés au culte en vertu des dispositions de la loi de 1907. Si ni les conclusions du commissaire du gouvernement ni la décision en elle-même n'évoquent la question de la domanialité, le commentaire de la décision délivré par Henri Capitant[2] assimile l'illégalité de la vente à une volonté de protéger le principe d'inaliénabilité du domaine public.

Cette interprétation est étayée par une disposition de la loi du 20 février 1932 complétant la loi du 17 avril 1919 sur le remploi des indemnités de dommages de guerre qui dispose que « Lorsque les travaux relatifs à la reconstruction d'un édifice civil ou cultuel sont terminés [...] la collectivité bénéficiaire pourra affecter le solde inutilisé [...] pour la reconstruction d'autres immeubles de son domaine public »[3]. C'est finalement en 1949, à l'occasion d'un litige au cours duquel des photographies de la cathédrale de Chartres réalisées par un architecte avaient été saisies sur ordre du préfet d'Eure-et-Loir, que le Conseil d'État reconnaît qu'il appartenait à l'administration de concilier le respect de l'affectation cultuelle des édifices dont elle a la charge « avec le respect de la faculté qu'a tout usager d'utiliser les dépendances du domaine public »[4].

Les églises pouvaient être qualifiées de biens du domaine public, car elles répondaient à la double condition posée par la jurisprudence d'appartenir à une personne publique et d'être affectées à l'usage direct du public, dans la mesure où les fidèles auxquels sont affectées les églises, constituent un public large et indéterminé que Corneille définissait comme la « collectivité des fidèles indéfinie, générale [...] susceptible, en fait, de correspondre à la presque totalité des habitants

---

[1] Y. GAUDEMET, *Droit administratif des biens : La propriété publique, les domaines, l'expropriation, la réquisition, les travaux publics*, LGDJ, Lextenso éditions, 15e édition, 2014, p. 74.

[2] H. CAPITANT, note sur CE, 17 février 1932, *Commune de Barran*, n° 4011 ; *D.*, III, 1933, p. 49.

[3] *JOFR*, 24 février 1932, p. 2018.

[4] CE ass., 18 novembre 1949, *Sieur Carlier*, n° 77441, Rec. 491.

de la commune »[1]. Aujourd'hui, la question refait surface dans la mesure où les fidèles ne constituent plus un large public et des oppositions naissent autour de la qualification jurisprudentielle ou légale de la domanialité publique des édifices du culte.

### 3. Un domaine public cultuel légal

Selon une définition traditionnelle issue de la jurisprudence et consacrée à l'article L. 2111-1 du CG3P, le domaine public regroupe les biens appartenant à une personne publique affectés à l'usage direct du public ou à un service public. Or, la loi de 1905 a eu pour effet de mettre fin au service public des cultes et la loi de 1907 a affecté les édifices aux fidèles et ministres des Cultes qui ne sont plus considérés comme représentant le public, notamment du fait de la baisse de fréquentation des églises.

Aussi, contrairement à ce qu'affirment Norbert Foulquier[2] et Elise Untermaier[3], l'appartenance des édifices du culte au domaine public des personnes publiques ne peut être fondée sur les critères traditionnels d'identification du domaine public. L'argument qu'ils mobilisent, tiré de la non-consécration d'une section relative aux édifices de culte dans le chapitre 1 du titre 1 sur la consistance du domaine public immobilier ne peut suffire à disqualifier l'existence d'un domaine public cultuel légal.

La vision opposée consiste à reconnaître que le domaine public cultuel repose sur une qualification légale issue de la combinaison des dispositions des lois de 1905, de 1907 et de 1908 comme le démontrent Yves Gaudemet[4] et Christian Lavialle[5]. De sorte que, le domaine public cultuel regrouperait uniquement les édifices appartenant à une personne publique (généralement les établissements publics du culte) antérieurement aux lois de Séparation et non dévolus à des associations cultuelles.

---

[1] L. CORNEILLE, *op. cit.*

[2] N. FOULQUIER, *Droit administratif des biens*, Lexis Nexis, 6e édition, 2023, p. 50.

[3] E. UNTERMAIER-KERLÉO, « Les églises et le code général de la propriété des personnes publiques – À propos de l'article L. 2124-31 », *AJDA*, 2006, p. 2210-2213.

[4] Y. GAUDEMET, *Droit administratif des biens*, *op. cit.* , p. 117.

[5] C. LAVIALLE, « Le code général de la propriété des personnes publiques, Les édifices affectés aux cultes », *RFDA*, 2006, p. 949.

Cette interprétation est accréditée par la décision du Conseil d'État du 19 octobre 1990, *Association Saint-Pie V et Saint-Pie X de l'Orléanais* qui rejette la domanialité publique d'un édifice acquis par la commune d'Orléans en 1977. L'édifice ayant rejoint la propriété publique postérieurement à l'adoption des lois de 1905, 1907 et 1908, il n'a pas été considéré qu'il était grevé de l'affectation cultuelle. Or, si l'appartenance au domaine public reposait sur les critères d'identification dégagés par la jurisprudence, alors, la date d'acquisition du bien par la personne publique n'aurait aucun effet sur sa domanialité.

Par conséquent, bien qu'il s'agisse d'un domaine public cultuel défini, les droits découlant de la propriété sont assurés par l'affectataire cultuel qui est maître de la gestion du bien dont il est attributaire. Les prérogatives de l'affectataire supplantent celles du propriétaire public qui est dépourvu des attributs de sa propriété et par extension de toute capacité de gestion de son domaine public.

## II. Les édifices relevant du domaine public cultuel : une domanialité publique amputée de toute capacité de la personne publique propriétaire

Le régime de domanialité publique des édifices du culte est particulier dans la mesure où il implique effectivement une propriété publique, mais celle-ci est grevée d'une servitude passive d'affectation cultuelle qui a pour conséquence de transférer perpétuellement le pouvoir de gestion de l'édifice à l'affectataire cultuel (A) et de priver le propriétaire public de tout usage culturel de son bien (B) en l'absence d'accord préalable du ministre du culte affectataire.

### A. Des personnes publiques propriétaires dépourvues de pouvoir de gestion sur leur domaine public

En 2012, Yves Gaudemet affirmait que « la conception propriétariste du droit des biens publics s'impose comme une donnée constitutionnelle acquise, sans qu'il y ait lieu de distinguer entre les catégories ou la nature des biens, sans distinction non plus selon l'identité du propriétaire public »[1]. Il semble pourtant que cette conception propriétariste du domaine public trouve pour limite la

[1] Y. GAUDEMET, « Constitution et biens publics », *Nouveaux Cahiers de Conseil constitutionnel*, n° 37, Le Conseil constitutionnel et le droit administratif, 2012.

domanialité publique des édifices du culte. En effet, la personne publique propriétaire est non seulement dépouillée de sa capacité à attribuer ou ne pas attribuer le bien à l'affectataire de son choix comme nous l'avons démontré précédemment, mais elle est également dépourvue de tout pouvoir de gestion sur ces édifices.

La notion de gestion s'entend ici comme la faculté d'administrer un bien ou encore comme « la faculté d'orienter, de réglementer les utilisations du domaine public »[1]. Suivant la caractérisation du pouvoir de gestion proposée par Aurélien Camus dans sa thèse, la gestion s'articule autour de trois prérogatives, celle de réglementation, celle de contrôle et celle d'exclusion. Or, concernant le domaine cultuel, la personne publique est dépouillée de compétences dans la mesure où ces biens sont affectés par la loi et qu'elle est privée de la faculté de décider de l'usage non cultuel qu'il en sera fait. De ce fait, les attributs du pouvoir de gestion ont été confiés au desservant, qu'il s'agisse de la gestion-réglementation (1) ou de la gestion-contrôle (2), toutes deux relèvent de la compétence exclusive de l'affectataire cultuel de l'édifice. Néanmoins, le pouvoir de gestion-exclusion est exercé conjointement par l'affectataire et la commune propriétaire (3).

### 1. Un pouvoir de gestion-réglementation appartenant à l'affectataire

Le pouvoir de gestion du propriétaire public s'illustre par sa capacité à réglementer l'usage de son domaine public. Qu'il s'agisse de la détermination des obligations qui pèsent sur l'occupant ou encore des « conditions individuelles d'utilisation du domaine public »[2], le gestionnaire public dispose, en principe, d'un pouvoir normatif tendant à réglementer les « utilisations et les activités se déroulant sur le domaine »[3] de sorte à protéger la bonne utilisation de celui-ci.

Les pouvoirs de gestion de l'affectataire sur l'édifice du culte sont consacrés depuis le concordat[4] et la loi de Séparation n'a pas eu pour effet de revenir sur ce principe. On entend souvent parler de pouvoir de police sacerdotale pour qualifier les prérogatives de l'affectataire

---

[1] A. CAMUS, *Le pouvoir de gestion du domaine public*, thèse dactylographiée, Université Paris Nanterre, 2013.
[2] *Ibid.*, p. 573.
[3] *Ibid.*, p. 576.
[4] TC, 2 avril 1881, *Beaupertuis contre Carme*, conclusions GOMEL, *Sirey*, 1882, III, p. 80.

gestionnaire. Néanmoins, ce pouvoir est à distinguer de la police administrative, procédé de puissance publique. La police sacerdotale implique que le curé affectataire est compétent « pour définir les modalités d'organisation et fonctionnement »[1] de l'édifice qui lui est affecté. Différentes illustrations viennent démontrer que ce pouvoir de gestion appartient bien à l'autorité cultuelle.

À titre d'exemple, « c'est le prêtre occupant de l'église d'une commune […] qui est chargé […] de régler les heures d'ouverture de l'église en vue d'assurer aux fidèles la pratique de leur religion »[2] dès lors « il n'appartient pas au maire de se servir des pouvoirs de police […] pour réglementer l'usage de l'église par les fidèles »[3].

Dans ses conclusions sur l'arrêt *Abbé Arnaud*, Louis Corneille déclare que « c'est au ministre du Culte représentant les fidèles qu'appartient exclusivement le droit de réglementation intérieure du lieu du culte ».[4] Il ajoute que « l'église est juridiquement à sa disposition exclusive, il a sur elle un droit personnel de jouissance »[5] et enfin qu' « ayant la responsabilité de tous les objets mobiliers renfermés dans l'église et ayant seul la police intérieure de cette église comme il en a la garde exclusive, c'est à lui seul, naturellement, qu'il appartient d'en avoir la clé »[6].

En somme, sitôt qu'un édifice de culte est affecté, le curé affectataire en est le gardien. Il lui appartient d'en régler l'usage, et aucune décision administrative ne peut avoir directement ou indirectement pour effet de priver le ministre du culte affectataire de cette compétence. Il a conséquemment la charge de la prérogative de réglementation et sa volonté prime.

À l'inverse, il existe très peu d'illustrations jurisprudentielles dans lesquelles le propriétaire poursuit l'affectataire pour mauvais usage de l'édifice. Malgré les recherches réalisées, seul un exemple ressort. En 1912, la chambre civile de la Cour de cassation[7] a eu à connaître d'une

---

[1] Ministère de l'Intérieur, ministère de la Culture et de la Communication, Fiche n° 11, La police des cultes dans les cathédrales.
[2] CE, 11 avril 1913, *Abbé Sommé*, Rec. 392.
[3] *Ibidem*.
[4] L. CORNEILLE, conclusions sur CE, 20 juin 1913, *Abbé Arnaud,* Rec. 718.
[5] *Ibid.*, p. 722.
[6] *Ibid.*, p. 724.
[7] Cass. civ., 15 juillet 1912, *Abbé Bigounet c. Cne Sainte-Ozenne* ; S., III, p. 3.

affaire dans laquelle le maire propriétaire poursuivit l'affectataire pour atteinte à son droit de propriété. L'abbé affectataire avait perçu des sommes d'argent en instaurant des redevances sur la location des bancs et chaises de l'édifice. Ayant contrevenu au principe d'affectation gratuite, il a été condamné à verser 5 francs de dommages et intérêts à la commune pour atteinte à son droit de propriété.

Dans une affaire similaire, le maire avait fait usage de ses prérogatives de police en adoptant un arrêté qui prévoyait une interdiction de perception de redevances. Le juge administratif annula l'arrêté pour excès de pouvoir en estimant qu'il n'appartenait pas au maire de faire usage de ses prérogatives de police au sein de l'édifice. Si le maire estimait qu'il y avait effectivement une atteinte à son droit de propriété, il lui appartenait d'introduire une action contre le curé affectataire devant les juridictions compétentes[1].

De même que pour la réglementation de l'usage de l'édifice, l'affectataire cultuel est compétent pour contrôler l'utilisation qui en est faite. S'il ne peut, certes, à lui seul contraindre le propriétaire, il dispose de l'intérêt à agir devant les juridictions administratives pour contester la légalité des décisions du propriétaire public.

### 2. Un pouvoir de gestion-contrôle conditionné par l'accord express de l'affectataire

Quoique certains auteurs assimilent le pouvoir de contrôle au pouvoir de réglementation, Aurélien Camus les distingue, assimilant le pouvoir de contrôle à la capacité de transférer des titres d'occupation domaniale et de conclure des sous-contrats d'occupation. En principe, l'occupant du domaine public est soumis à la « puissance tutélaire du pouvoir de gestion »[2]. Or, dans le cas particulier du domaine public cultuel, c'est bel et bien le propriétaire public qui est soumis à l'affectataire dans la mesure où le premier doit disposer de l'accord explicite du second préalablement à la conclusion d'un contrat.

L'installation des antennes-relais sur les édifices du culte témoigne de l'importance du rôle du desservant. Dans l'hypothèse où le maire d'une commune propriétaire de l'édifice souhaiterait faire procéder à une installation dans le cadre d'une convention de délégation de service public, l'accord préalable de l'affectataire est une condition de légalité.

---

[1] CE, 4 août 1916, *Abbé Prudhommeaux*, n°55573, Rec. 354.

[2] A. CAMUS, *op. cit.*, p. 593.

La particularité du régime apparaît dès maintenant. Il ne s'agit pas d'une hypothèse où l'occupant affectataire souhaite conclure un sous-contrat d'occupation domaniale, mais d'une hypothèse où le propriétaire public de l'édifice souhaite permettre à un tiers d'occuper le domaine public cultuel pour procéder à des installations dans un objectif d'intérêt général d'accès à internet.

Un contentieux précise la marche à suivre pour ces installations. À l'occasion d'un litige dans lequel le desservant s'opposait à la décision implicite de refus du maire de procéder à l'enlèvement de l'antenne-relai sur le clocher de l'église de Causse de La Selle, la cour administrative d'appel de Marseille se fondant sur une lecture combinée des dispositions des lois de 1905 et 1907 et de l'article L. 2124-31 du CG3P, rappelle « que si la commune est propriétaire d'un édifice affecté au culte, elle ne dispose pas pour autant de tous les droits attachés à cette qualité »[1] et statue en faveur de l'illégalité de l'installation, quand bien même le maire aurait préalablement informé l'affectataire. La régularité d'une telle décision est alors conditionnée par l'accord express de l'affectataire cultuel[2].

Lors d'un contentieux similaire introduit à la suite d'un renouvellement d'autorisation d'installation, les curés affectataires d'une église ont contesté la légalité de la décision de renouvellement par la voie de l'exception en arguant de l'illégalité de la décision initiale autorisant l'installation à laquelle ils n'avaient pas explicitement consenti. Là encore, la cour administrative d'appel de Nantes statue en faveur des desservants cultuels[3].

Plus récemment, la cour administrative d'appel de Lyon, a étonnamment nié l'intérêt à agir de certains membres actifs de la paroisse qui contestaient la légalité de la déclaration préalable de travaux d'implantation d'un relais de radio téléphonie mobile[4].

Par voie de conséquence, un permis de construire délivré au profit d'un opérateur téléphonique pour l'installation d'antennes sur un édifice de culte relevant du domaine public est illégal, dès lors que l'accord de l'affectataire n'a pas été préalablement recueilli, et ce, indépendamment de l'accord des fidèles. Aussi, seul le desservant

---

[1] CAA Marseille, 4 octobre 2013, n° 11MA04486, §7.
[2] *Ibid.*, §8.
[3] CAA Nantes, 29 novembre 2013, n° 12NT00939.
[4] CAA Lyon, 16 juin 2020, n° 18LY03045.

cultuel dispose du pouvoir de contrôle, et dans la mesure où ce dernier est perçu comme « corollaire de la maîtrise du domaine public »[1], on peut sans hésitation affirmer qu'il est seul maître de l'usage de l'édifice cultuel.

### 3. Un pouvoir de gestion-exclusion partagé

Ici, il conviendra de s'éloigner de la conception d'Aurélien Camus sur le pouvoir d'exclusion du gestionnaire. Si ce dernier l'assimile au pouvoir discrétionnaire du propriétaire du domaine public de mettre fin à l'occupation ou de ne pas renouveler le titre d'occupation, cette conception n'est pas applicable au domaine cultuel. Cette inapplicabilité s'explique non seulement par l'affectation perpétuelle, mais également l'impossibilité de désaffecter en l'absence de consentement explicite de l'affectataire cultuel. Le propriétaire public est, là encore, contraint par l'affectation et la « temporarité » de principe de l'occupation ne trouve pas à s'appliquer au domaine public cultuel. On peut affirmer que l'affectataire cultuel et les fidèles, contrairement aux autres occupants du domaine public, bénéficient d'un droit subjectif au domaine public. L'affectation cultuelle emporte donc des droits individualisés au profit des usagers cultuels des édifices. L'exercice de leur liberté de culte suppose un droit d'accès à l'édifice qui est garanti par l'affectation légale perpétuelle.

Néanmoins, le pouvoir de gestion-exclusion peut être analysé au prisme de l'expulsion des occupants irréguliers du domaine public cultuel. À ce titre, on peut s'intéresser à la célèbre affaire dite du *Mouvement des sans-papiers* ayant eu lieu à Paris en 1996, et qui témoigne d'un partage de la faculté d'exclusion entre affectataire et propriétaire. À la suite de la loi n° 93-1027 du 24 août 1993 relative à la maîtrise de l'immigration et aux conditions d'entrée, d'accueil et de séjour des étrangers en France, des occupations d'églises ont eu lieu pour protester contre ces réformes. Les occupations sans-titres ont d'abord débuté à l'église Saint-Ambroise dans le XIe arrondissement de Paris puis se sont poursuivies dans l'église Saint-Bernard dans le XVIIIe arrondissement. Concernant l'expulsion des occupants de l'église Saint-Ambroise ayant eu lieu le 22 mars 1996, elle fait suite à

[1] A. CAMUS, *op. cit.*, p. 618.

une demande écrite du curé desservant[1]. En revanche, l'expulsion des occupants de l'église Saint-Bernard, le 23 août 1996, a été ordonnée par Alain Juppé, Premier ministre de l'époque, après un avis du Conseil d'État du 22 août 1996[2] niant l'existence d'un droit à la régularisation. Dans ce cas, l'intervention des forces de l'ordre a eu lieu, sans l'accord de l'affectataire alors même qu'une messe était célébrée.

Par conséquent, le pouvoir de police sacerdotale ne prive pas les autorités de police de faire usage de leurs prérogatives, notamment lorsque l'ordre public est menacé conformément aux dispositions de l'article L. 2212-2 du code général des collectivités territoriales qui prévoit la compétence de la police municipale pour maintenir l'ordre « dans les endroits où il se fait de grands rassemblements d'hommes tels que les […] églises ». Il appartient alors aux autorités administratives de concilier ces prérogatives avec le respect du libre exercice des cultes[3], qui n'était pas en cause dans le cas de ces occupations. Cette compétence reste toutefois subordonnée à la démonstration de circonstances exceptionnelles, urgentes et à celle de l'absolue nécessité des mesures[4]. En tout état de cause, la personne publique propriétaire est dépourvue de sa faculté de gestion des édifices cultuels appartenant au domaine public. Elle est de surcroît dans l'impossibilité d'organiser librement des manifestations culturelles, quand bien même celles-ci seraient compatibles avec l'affectation, sans l'accord préalable de l'affectataire cultuel.

### B. Des personnes publiques propriétaires face à l'impossibilité de disposer librement de leur patrimoine pour un usage culturel

Pour terminer cette démonstration sur la privatisation indirecte des édifices du culte, il convient de s'intéresser aux activités culturelles pouvant avoir lieu dans un édifice cultuel. Outre l'impossibilité pour la personne publique d'user et de jouir de son bien cultuel (1), l'usage culturel de l'édifice doit préalablement être approuvé par l'affectataire (2). Toujours est-il qu'un tempérament a été introduit pour la visite culturelle des dépendances fonctionnellement dissociables de l'édifice et de l'activité purement cultuelle (3).

---

[1] « Il y a vingt ans, le Sans-papier libéré », *Plein droit,* 2016/2 n° 109, 2016. p. 32-35.

[2] CE sect. avis, 22 août 1996, *Étrangers non ressortissants de l'UE*, n° 359622.

[3] CE, 8 février 1908, *Abbé Déliard*, n° 30383, Rec. 133.

[4] CE, 7 mars 1913, *Abbé Lhuillier et a.*, n° 52759, Rec. 323 ; CE, 26 décembre 1913, *Abbé Deguille*, n° 38528, Rec. 1294.

### 1. Un propriétaire public, privé de tous droits d'usage et de jouissance

« L'affectataire cultuel est réellement au centre de ce système, étant souverain pour tout ce qui concerne l'organisation du culte et disposant d'un "droit de véto" à l'égard de toute utilisation à des fins non cultuelles de l'édifice dont il a la charge »[1]. Non seulement la personne publique propriétaire ne perçoit aucune redevance d'occupation de son domaine public cultuel et ne peut l'aliéner librement, mais en plus, elle n'est pas libre de l'usage qui en est fait. Sans l'accord de l'affectataire cultuel, la personne publique n'est pas en mesure de disposer de l'édifice. Malgré l'affirmation selon laquelle les églises constituent « le premier musée de France » ou encore « les plus grands musées de France », l'utilisation culturelle des édifices par les personnes publiques propriétaires est fortement encadrée par l'exclusivité de l'affectation au culte.

Dès 1994, le Conseil d'État a reconnu la particularité du domaine public cultuel et a rappelé que le propriétaire public était dépouillé de ses droits. En 1991, le conseil municipal de la commune de Baume-les-Messieurs adopte une délibération relative à l'instauration d'un service de visites soumises au paiement d'une redevance pour service rendu[2] de l'église abbatiale Saint-Pierre contenant des objets d'arts religieux et historiques. Cet édifice étant classé monument historique, il est soumis aux dispositions de la loi du 31 décembre 1913. Initialement, une convention avait été conclue entre l'évêque et la commune pour la réalisation d'un projet audiovisuel au sein de l'édifice. Les recettes dégagées par les visites payantes devaient financer non seulement le projet de spectacle, mais également les projets menés par l'association paroissiale d'éducation populaire. Toutefois, après la signature de la convention, le maire décida que les recettes serviraient au financement de l'association paroissiale et à l'entretien et la restauration de l'édifice. L'abbé affectataire, opposé à ce que les recettes soient inscrites au budget communal, porta l'affaire devant les tribunaux. Dans sa décision

---

[1] F. Dieu, *op. cit.*, p.140

[2] CE ass., 21 novembre 1958, *Syndicat national des transporteurs aériens*, Rec. 572 : « toute redevance demandée à des usagers en vue de couvrir les charges d'un service public déterminé ou les frais d'établissement et d'entretien d'un ouvrage public, et qui trouve sa contrepartie directe dans les prestations fournies par le service ou dans l'utilisation de l'ouvrage ».

du 4 novembre 1994[1], le Conseil d'État prononce l'illégalité de cette délibération, car le projet mené par la commune propriétaire ne recueillait pas l'accord de l'affectataire. Dans ses conclusions sur l'affaire, le commissaire du gouvernement Schwartz rappelle qu'en « conséquence de l'affectation exclusive, la commune est privée de tous droits d'usage et de jouissance au profit du desservant »[2] et ce, même lorsque l'édifice est classé monument historique. De fait, même en l'absence d'incompatibilité d'usage entre l'activité envisagée et l'affectation cultuelle, le maire ne peut se passer de l'accord express de l'affectataire pour organiser des manifestations culturelles au sein de l'édifice.

Cette jurisprudence a été confirmée par une ordonnance d'août 2005, dans laquelle le juge retient que le maire « commet une illégalité manifeste en autorisant une manifestation dans un édifice affecté à l'exercice d'un culte sans l'accord du ministre du culte chargé d'en régler l'usage »[3]. La liberté de culte fait obstacle à la libre disposition des édifices du culte par les personnes publiques propriétaires.

### 2. Un usage culturel compatible soumis à l'accord préalable de l'affectataire cultuel

L'article L. 2124-31 du CG3P[4] dispose que « lorsque la visite de parties d'édifices affectés au culte, notamment de celles où sont exposés des objets mobiliers classés ou inscrits, justifie des modalités particulières d'organisation, leur accès est subordonné à l'accord de l'affectataire. Il en va de même en cas d'utilisation de ces édifices pour des activités compatibles avec l'affectation cultuelle. L'accord précise les conditions et les modalités de cet accès ou de cette utilisation. Cet accès ou cette utilisation donne lieu, le cas échéant, au versement d'une redevance domaniale dont le produit peut être partagé entre la collectivité propriétaire et l'affectataire. ». L'article ne témoigne d'aucune innovation dans la mesure où il s'agit d'une codification à droit constant de la décision rendue par le Conseil d'État en 1994.

---

[1] CE sect., 4 novembre 1994, *Abbé Chalumey*, n° 135842 ; conclusions SCHWARTZ, *RFDA*, 1995, p. 986

[2] R. SCHWARTZ, *ibid.*

[3] CE ord., 25 août 2005, *Commune de Massat*, n° 284307.

[4] Codifié par l'ord. n° 2006-460 du 21 avril 2006 relative à la partie législative du code général de la propriété des personnes publiques.

Si certes, cette consécration a pour bienfait de reconnaître la spécificité du domaine cultuel du fait de son intronisation dans le chapitre relatif aux dispositions particulières du titre portant sur l'utilisation du domaine public, elle apparaît pour le moins lacunaire et ne résout pas tout l'enjeu de l'usage culturel des édifices cultuels dans la mesure où elle ne dit mot sur les modalités de l'accord. Cette disposition témoigne de ce que la réglementation et le contrôle des usages sont, en grande partie, entre les mains de l'affectataire : il lui appartient de déterminer quelles sont les activités compatibles avec l'affectation cultuelle et de consentir à l'organisation d'une manifestation culturelle dans son édifice.

L'apport principal de cette disposition se trouve au second alinéa relatif à la répartition du produit de la redevance qui « peut être partagé entre la collectivité propriétaire et l'affectataire ». Si la répartition du produit est prévue, l'article ne dit rien sur les modalités de celle-ci, qui devront probablement être définies par une convention entre le propriétaire et l'affectataire. Il est intéressant de souligner que même si l'affectataire occupe l'édifice gratuitement, il peut bénéficier des recettes liées aux visites culturelles organisées au sein de celui-ci.

De plus, si l'article tranche la question de la nécessité de l'accord préalable de l'affectataire lorsque des activités culturelles compatibles avec l'affectation sont organisées par le propriétaire, il reste muet sur un éventuel accord du propriétaire concernant les activités non cultuelles organisées sur l'initiative de l'affectataire. On constate, là encore, un déséquilibre entre les prérogatives de l'affectataire cultuel et celles du propriétaire public.

### 3. Un tempérament introduit pour les dépendances fonctionnellement dissociables de l'édifice

Avant 2012, l'accord de l'affectataire était indispensable à l'utilisation culturelle d'un édifice cultuel par une personne publique. Cependant, une décision est venue opérer une « division spatiale » permettant « une valorisation autonome des édifices cultuels par le propriétaire »[1]. Dans un arrêt de 2012, *Commune des Saintes-Maries-de-la-Mer* le Conseil d'État tempère les dispositions de l'article L. 2124-31 du CG3P en opérant une distinction entre les dépendances

[1] P.-H. PRÉLOT, « La valorisation patrimoniale des édifices religieux entre affectation cultuelle exclusive et contractualisation », *Revue du droit des religions*, 2017, p. 37.

fonctionnellement dissociables et celles fonctionnellement indissociables de l'édifice. Dans cette affaire, le juge retient que la commune propriétaire pouvait librement organiser des visites du toit-terrasse de l'édifice et juge que les prérogatives de l'affectataire sont circonscrites aux « dépendances nécessaires [et] fonctionnellement indissociables de l'édifice cultuel ».

La dissociabilité fonctionnelle s'analyse au regard de deux éléments. Le premier élément réside dans les caractéristiques propres de l'aménagement, le second élément est la possibilité ou non d'y accéder sans avoir à passer par l'intérieur de l'édifice. Pour que l'aménagement soit considéré comme fonctionnellement dissociable, la dissociabilité matérielle est requise. De la sorte, un aménagement qui n'est pas intrinsèquement essentiel à l'exercice du culte disposant d'un accès distinct de celui de l'édifice sera considéré comme fonctionnellement dissocié. Le propriétaire public pourra, dans ces conditions, y organiser les activités culturelles qu'il souhaite en étant dispensé de l'obligation de recueillir l'accord préalable de l'affectataire. En tout état de cause, dès lors que l'activité cultuelle n'est pas directement concernée, le propriétaire public retrouve sa compétence.

En conclusion, on ne peut que constater le caractère atypique de la propriété publique des édifices du culte relevant du domaine public compte tenu du fait que la jouissance et la gestion de l'immeuble relèvent entièrement de la compétence d'une personne privée. En dépit d'une propriété publique, le régime élaboré emporte bel et bien une privatisation de la gestion des espaces publics cultuels.

La servitude d'affectation cultuelle crée un transfert des attributs de propriété vers l'affectataire qui dispose de *l'usus* et d'une potentielle partie du *fructus* du bien laissé gratuitement et perpétuellement à sa disposition. Bien que l'affectataire ne dispose pas de *l'abusus*, son rôle dans la procédure de désaffectation démontre son importance face à la volonté de la commune propriétaire qui se retrouve, là encore, contrainte par l'accord du desservant.

Si la propriété publique des édifices a été élaborée pour résoudre une crise politique et contourner le refus de l'Église catholique de s'organiser en association cultuelle, la servitude d'affectation cultuelle telle que pensée par le législateur des lois de Séparation et telle qu'interprétée par la jurisprudence a eu pour conséquence de transférer les compétences liées à la qualité de propriétaire et de gestionnaire aux affectataires. La déconnexion entre propriétaire et affectataire gestionnaire permet ainsi une meilleure protection des édifices du culte dans la mesure où le propriétaire public est tenu de veiller à la conservation de l'édifice et où l'affectataire cultuel est tenu de veiller à la bonne marche de l'utilisation cultuelle de l'édifice. Pour autant, la soumission à la domanialité publique paraît peu pertinente si ce n'est pour reconnaître la particularité des édifices du culte, leur appliquer le principe d'inaliénabilité, et donc placer les biens mobiliers et immobiliers les garnissant hors du commerce. C'est alors, un domaine public à statut particulier, car il ne répond à aucun des principes applicables à la domanialité publique.

# Partie 2 : Perspectives françaises

# LA PRIVATISATION DE LA GESTION DES BIENS COLLECTIFS

*Ouiam Messadek, Doctorante à l'Université Paris Nanterre*

Au cours de l'année 2020, le Conseil d'État a eu l'occasion, par deux fois[1], de se prononcer, sur question préjudicielle du juge judiciaire, sur le régime des biens du domaine public compris dans le périmètre des associations syndicales de propriétaires. Par là même, il a énoncé l'incompatibilité de l'hypothèque légale caractérisant le régime de ces associations depuis l'entrée en vigueur de l'ordonnance du 1er juillet 2004 relative aux associations syndicales libres avec le principe d'inaliénabilité des biens du domaine public.

Les associations syndicales de propriétaires sont des organisations dotées de la personnalité juridique d'existence ancienne. Apparu au Moyen Âge afin de conjuguer les efforts des uns et des autres pour entreprendre des travaux fonciers conséquents, leur régime juridique en droit public a d'abord été issu de la loi du 21 juin 1865 relative aux associations syndicales pour ensuite être acclimaté en droit public par le Tribunal des conflits dans l'arrêt *Association syndicale du Canal de Gignac*[2] qui a reconnu la qualité d'établissement public de celles d'entre elles qui sont autorisées. La typologie de ces organismes inclut les associations syndicales libres[3], les associations syndicales autorisées et les associations syndicales constituées d'office – la première catégorie relevant de la personnalité morale de droit privé et les deux dernières catégories de la personnalité morale de droit public[4]. Schématiquement, elles ont pour objet l'entretien ou la gestion de biens collectifs ou la mise en œuvre d'intérêts communs entre propriétaires[5]. Leur régime actuel est issu de l'ordonnance n° 2004-632 du 1er juillet 2004 relative aux associations syndicales de propriétaires, laquelle vise notamment à

---

[1] CE, 23 janvier 2020, *SARL JV Immobilier*, n° 430192 ; CE, 10 mars 2020, *Association syndicale des propriétaires de la cité de Boigues*, n° 432555.

[2] TC, 9 décembre 1989, *Association syndicale du canal de Gignac*, n° 00515, Rec.

[3] Art. 1er, L. n° 2004-632 du 1er juillet 2004 relative aux associations syndicales de propriétaires ; en application de l'art. L. 332-1, c. urb., les associations foncières urbaines suivent le régime des associations syndicales de propriétaires.

[4] Art. 2, L. n° 2004-632 préc.

[5] Art. 1er, L. n° 2004-632 préc.

organiser leurs pérennité et stabilité, celles-ci poursuivant « par nature un but d'intérêt collectif[1] ».

La particularité desdites associations est de fonctionner selon une logique réelle : le champ matériel de l'association n'est pas déterminé par les propriétaires, mais par les biens inscrits au sein de son périmètre[2]. Cela a pour première conséquence que le bien demeure soumis au régime de l'association syndicale de propriétaires en quelque main qu'il passe au cours de son existence et pour seconde conséquence que la sortie du bien de l'association nécessite une réduction de son périmètre ; la seule volonté d'un membre ne l'autorise pas à extraire son bien de l'association. L'intérêt collectif des associations est donc particulièrement bien servi par ces mécanismes qui permettent une gestion collective fluide et pérenne.

La personnalité privée des associations syndicales de propriétaires ne préjuge pas de celle de leurs membres : ceux-ci sont fréquemment des personnes morales de droit public. Leurs biens, soumis à un régime de domanialité publique ou privée, se situent donc dans le périmètre de telles associations. Cette formule a présenté un intérêt pour les personnes publiques. D'une part, il existe un intérêt de gestion collective qui est identique à celui existant pour les personnes privées. D'autre part, il leur permet de contourner l'interdiction du recours au régime de la copropriété sur les biens de leur domaine public énoncé depuis 1994 et l'arrêt *Compagnie d'assurance Préservatrice Foncière*[3], en liant cela au procédé de la division en volumes, technique alternative à la copropriété qui permet de diviser des volumes adjacents les uns des autres afin de leur attribuer chacun un régime propre.

C'est à partir de cette réalité que le juge judiciaire a, notamment, posé au juge administratif la question de la compatibilité du régime de la domanialité publique avec celui des associations syndicales de propriétaires, lequel comprend une hypothèque légale au profit des associations sur les biens inclus dans leurs champs. L'hypothèque fait partie de la catégorie des sûretés, c'est-à-dire des techniques permettant au créancier de garantir le règlement de sa créance en cas de défaillance de son débiteur. Elle confère au créancier un droit de préférence et un

---

[1] Circulaire INT B 07 008 C du 11 juillet 2007 relative aux associations syndicales de propriétaires, Fiche n° 1.

[2] Art. 3 al. 1er, L. n° 2004-632 préc.

[3] CE sect., 11 février 1994, *Compagnie d'assurances Préservatrice Foncière*, n° 109564, Rec.

droit de suite sur un immeuble lui permettant d'en poursuivre la vente, de manière facilitée par rapport aux créanciers ne détenant pas ce droit, en quelque main que se trouve le bien. Elle est donc essentiellement attachée à l'immeuble.

À ce propos, et par deux arrêts rapprochés et remarqués, le Conseil d'État a posé trois choses : d'abord, le régime de l'hypothèque légale, prévu à l'article 6 de l'ordonnance du 1er juillet 2004, est incompatible avec la domanialité publique et notamment avec le principe d'inaliénabilité. Ensuite, un bien inclus dans le périmètre d'une association syndicale de propriétaires postérieurement à l'entrée en vigueur de ladite ordonnance ne peut pas intégrer le domaine public d'une personne publique. Enfin, un bien, inclus dans le périmètre d'une association syndicale de propriétaires antérieurement à l'entrée en vigueur de ladite ordonnance et remplissant les critères de la domanialité publique ne s'en trouve pas déclassé, voit paralysée à son encontre l'application de l'hypothèque[1].

Cette courte série jurisprudentielle a fait couler beaucoup d'encre. La pratique s'en est émue tant l'inclusion de biens publics dans les périmètres des associations syndicales de propriétaires relève d'une réalité fréquente pour ne pas dire banale. Le notariat avait trouvé dans la formule de l'association syndicale de propriétaires, couplée à celle de la division en volumes, un procédé permettant de dépasser efficacement l'interdiction de l'application de certains éléments du régime issu de la loi n° 65-557 du 10 juillet 1965 fixant le statut de la copropriété des immeubles bâtis aux biens du domaine public, ladite loi présentant dans une certaine mesure un caractère supplétif[2].

En effet, depuis l'arrêt *Compagnie d'assurance Préservatrice Foncière*, précité, il est acté que « les règles essentielles du régime de la copropriété […] et notamment la propriété indivise des parties communes […] la mitoyenneté présumée des cloisons et des murs séparant les parties privatives, l'interdiction faite aux copropriétaires de s'opposer à l'exécution, même à l'intérieur de leurs parties privatives, de certains travaux décidés par l'assemblée générale […], la garantie des créances du syndicat des copropriétaires à l'encontre d'un copropriétaire par une hypothèque légale sur son lot, sont incompatibles

---

[1] Il est intéressant de relever que ces idées étaient déjà présentes dans la circulaire du 11 juillet 2007 et, notamment, au sein de la fiche n° 8.

[2] Art.1er II de la loi n° 65-557 du 10 juillet 1965 fixant le statut de la copropriété des immeubles bâtis.

tant avec le régime de la domanialité publique qu'avec les caractères des ouvrages publics[1] ». À l'inverse, le régime des associations syndicales de propriétaires n'implique pas nécessairement le recours à l'indivision, caractéristique de la copropriété.

La doctrine s'est pareillement émue de ses deux arrêts. Elle a pris note de l'embarras opérationnel généré par la solution. Elle a également pointé une certaine incomplétude théorique : tout bien du domaine public étant nécessairement un bien de propriété publique, il est soumis au principe d'insaisissabilité qui embrasse la totalité des biens publics. Or, le régime des associations syndicales de propriétaires appelle, logiquement, l'application des voies d'exécution du droit privé parmi lesquelles des mesures de saisie des biens. La question de l'application du principe d'insaisissabilité des biens publics ne trouvait donc pas de réponse.

Dans le chef des biens publics inclus dans le périmètre des associations syndicales de propriétaires se rencontrent et s'achoppent donc un régime de droit privé et un régime de droit public se subdivisant en un sous-régime de domanialité publique et un sous-régime de domanialité privée.

S'il nous est dit que, à compter de la date d'entrée en vigueur de l'ordonnance du 1er juillet 2004, les biens inclus dans les périmètres des associations syndicales de propriétaires sont exclus de l'application de la domanialité publique et que nous savons, par ailleurs, que les règles de la propriété publique sont contraires au régime desdites associations, la solution suggérée à ce conflit de régimes est d'apparence simple : l'éviction par principe des règles de la domanialité publique et, plus largement, de la propriété publique dont la privatisation – au sens d'application des règles du droit privé – de la gestion de biens collectifs, le droit public étant jugé inadapté.

Ces solutions jurisprudentielles, au-delà du questionnement qu'elles peuvent poser sur le recours aux associations syndicales de propriétaires, marquent une privatisation de la gestion des biens collectifs et une tendance plus généralisée de privatisation du droit applicable aux propriétés publiques. Le mot privatisation n'est pas ici à entendre au sens habituel en droit administratif des biens, d'une utilisation privative, voire exclusive, mais au sens d'éviction des règles du droit public et notamment celles de la domanialité publique ; tout

---

[1] CE sect., 11 février 1994, préc.

comme les biens collectifs, par leur usage partagé entre différentes catégories, peuvent être compris dans la notion polysémique d'espace public.

En effet, si pour les nouvelles et futures associations syndicales de propriétaires, aucun bien public ne peut être intégré au domaine public, l'éviction des règles de la domanialité publique est automatique. Concomitamment, si pour les anciennes associations syndicales de propriétaires, l'hypothèque est paralysée, il y a là une tentation à provoquer une désaffectation et un déclassement des biens qui sont inclus dans leur périmètre afin que lesdites associations puissent fonctionner normalement. Cette approche tend à faire penser que la gestion, du moins la bonne gestion des biens collectifs, relève le moins possible des règles du droit public. Ce faisant donc, nous sommes ici en présence d'une sorte de priorisation d'une logique privée et non pas publique.

Le législateur a pris le soin de lever de manière particulièrement ciblée la difficulté. L'article 220 de la loi n° 2021-1104 du 22 août 2021 portant lutte contre le dérèglement climatique et renforcement de la résilience face à ses effets excepte purement et simplement l'application de l'hypothèque aux biens du domaine public dans le périmètre d'associations syndicales. Le problème des biens du domaine privé n'y a pas été abordé.

Sans surprise donc, au-delà de l'inapplication ponctuelle de tel ou tel principe, c'est la question de la compatibilité des règles de la gestion des biens collectifs avec la propriété publique qui se pose et donc de l'application des règles soit du droit public soit du droit privé. Dans ce domaine, nous naviguons à vue et la réponse n'est pas monolithique. Si l'incompatibilité entre domanialité et gestion collective des biens est acquise (I), son extension aux principes de la propriété publique interroge encore (II).

## I. Une incompatibilité acquise avec la domanialité publique : la privatisation du droit par l'éviction de principe d'inaliénabilité

S'il est acquis que la domanialité publique est incompatible avec tout principe d'aliénabilité des biens qui lui sont soumis, il est possible de trouver une voie médiane d'articulation entre propriété publique et hypothèque en adoptant une lecture circonscrite de cette dernière notion (A). Pareillement, il est concevable de se questionner sur la reconnaissance d'un principe d'insaisissabilité des biens du domaine public empreint d'une logique privatiste (B).

### A. La compatibilité possible de la propriété publique et de l'hypothèque

Dans les deux arrêts de 2020 *SARL JV Immobilier* et *Association syndicale des propriétaires de la cité Boigues*, le Conseil d'État est tout à fait explicite sur ce qu'il considère être l'incompatibilité du procédé de l'hypothèque avec les règles de la domanialité publique et spécifiquement l'inaliénabilité publique, le sort de l'imprescriptibilité n'étant pas réglé explicitement. Des biens publics intégrés *ab initio* dans le périmètre des associations syndicales de propriétaires ne peuvent ainsi pas appartenir à leur domaine public, quand bien même les conditions de la domanialité seraient, par ailleurs, remplies ; des biens déjà inclus dans le périmètre des associations syndicales de propriétaires voient l'application de l'hypothèque paralysée à leur endroit.

Cette vision des choses a nécessairement été adoptée par le législateur : en levant explicitement l'application de l'hypothèque légale aux biens du domaine public inclus dans le périmètre d'une association syndicale de propriétaires, il ne peut que considérer qu'elle constitue une incompatibilité avec le régime de la domanialité publique.

Toutefois, ainsi que certains auteurs l'ont relevé[1], la contradiction entre l'hypothèque en elle-même et l'inaliénabilité ne va pas de soi. L'inaliénabilité, principe de valeur législative[2], peut se définir, selon la formulation du Conseil constitutionnel, comme l'interdiction de « se défaire d'un bien du domaine public, de manière volontaire ou non, à titre onéreux ou gratuit »[3]. Une méconnaissance de cette interdiction nécessite donc un transfert de propriété d'un bien du domaine public hors du patrimoine de la personne publique. L'hypothèque serait donc interdite en ce qu'elle emporte, d'une manière ou d'une autre, transfert

---

[1] C. Gijsbers, « La prétendue allergie de la domanialité publique à l'hypothèque légale des associations syndicales de propriétaires », *Defrénois*, n° 48, 26 nov. 2020, n° 165v5, p. 33.

[2] Art. L. 3111-1, CG3P.

[3] Cons. const., 26 octobre 2018, *Société Brimo de Laroussilhe*, n° 2018-743 QPC.

de propriété d'un bien appartenant au domaine public d'une personne publique.

Néanmoins, l'article 2385 du Code civil dispose que l'hypothèque est l'affectation d'un immeuble en garantie d'une obligation sans dépossession de celui qui la constitue. L'hypothèque fait partie de la catégorie des sûretés, soit des outils permettant au créancier de garantir le règlement de sa créance en cas de défaillance de son débiteur. Elle est immobilière en tant qu'elle porte sur un immeuble ou un droit réel immobilier. Plus précisément, l'hypothèque, en tant que sûreté immobilière confère au créancier un droit de préférence et un droit de suite sur un immeuble lui permettant d'en poursuivre la vente, de manière facilitée par rapport aux créanciers ne détenant pas ce droit, en quelque main que se trouve le bien. Elle est donc essentiellement attachée à l'immeuble.

Dès lors, il est aisé de constater que, l'hypothèque en elle-même n'entraîne aucun transfert de propriété et ni même aucune dépossession du propriétaire. L'hypothèque est une vente non pas à l'état de promesse, mais de simple potentialité, car ce procédé a pour but non pas la vente du bien sur lequel elle porte, mais le paiement d'une dette dont l'existence est indépendante dudit bien et de l'hypothèque elle-même. L'hypothèque est le début d'un processus dont l'issue est incertaine dans son principe, car conditionnée à la réalisation d'événements incertains se succédant dans le temps. Elle est un rouage dans un mécanisme. L'hypothèque ne contredit donc pas directement le principe d'inaliénabilité des biens du domaine public.

### B. L'hypothèse d'un principe d'insaisissabilité des biens du domaine public teinté de droit privé

Ceci étant dit, si la rigueur juridique impose de considérer que l'hypothèque n'emporte pas en elle-même de transfert de propriété et donc de méconnaissance du principe d'inaliénabilité *stricto sensu*, la sagesse appelle à remarquer qu'il serait peu sensé de considérer que la première et indispensable étape d'un processus menant à un transfert de propriété ne présente pas, ne serait-ce qu'en germe, une incompatibilité avec l'inaliénabilité. En tout état de cause, comment expliquer au créancier d'une personne publique qu'il lui est loisible d'inscrire une hypothèque sur un bien du domaine public ou qu'il dispose d'une hypothèque légale, mais que, concomitamment, il lui est parfaitement impossible de procéder à sa réalisation ? Ce serait autoriser la constitution d'un droit dont l'efficacité factuelle demeurerait impossible.

Ce faisant, d'une part, on peut se demander si le juge administratif ne se rallie pas à la conception de l'inaliénabilité habituellement admise en droit privé – plus englobante que celle retenue par le Conseil constitutionnel – qui considère que ce qui est inaliénable est ce qui se trouve hors commerce, cette circonstance s'opposant à l'hypothèque[1]. C'est d'ailleurs à cette définition et à la jurisprudence de la Cour de cassation que le rapporteur public se réfère dans ses conclusions sur l'arrêt *SARL JV Immobilier* pour évoquer l'inaliénabilité. On pourrait se dire que nous sommes ici en présence d'une forme de privatisation des concepts du droit public. Cependant, l'hypothèque étant un outil avant tout de droit privé, il serait étrange de l'adapter différemment au droit public.

Ce faisant, d'autre part, on peut se demander si le juge administratif ne tranche pas, ne serait-ce qu'implicitement, la question qui peut se poser de savoir si, du point de vue du droit public, les sûretés se rattachent à l'aliénation des biens ou à leur saisie, ces procédés intervenant lors du passage d'un bien d'un patrimoine à un autre. Les relations à opérer entre sûretés, voies d'exécution, domanialité publique et propriété publique demeurent troubles sans que le droit positif ne les ait mises en ordre.

En tout état de cause, cette évolution rejoint la déjà ancienne incompatibilité entre la domanialité publique et les règles de la copropriété des immeubles bâtis inscrites dans la loi du 10 juillet 1965 et l'opposition entre propriété publique et saisissabilité[2].

L'éviction des règles de la domanialité publique s'inscrit dans un cadre plus large de méfiance envers celle-ci, initialement regardée comme un obstacle à la valorisation des propriétés publiques. Dès 2006, le code général de la propriété des personnes publiques a pris le parti de lutter contre l'inflation du domaine public en exigeant que parallèlement à l'affectation à l'usage direct du public, le critère de l'affectation à un service public nécessite un aménagement indispensable et non plus spécial à celui-ci[3]. La qualification domaniale publique par accessoire a également été retravaillée puisqu'il est

---

[1] Art. 2531, c. civ.

[2] Cass. civ. 1e, 21 décembre 1987, *Bureau de recherches géologiques et minières*, n° 86-114.167, Bull. civ. I, n° 348, p. 249.

[3] Art. L. 2111-1, CG3P.

désormais confirmé qu'un bien ne peut recevoir cette qualification qu'à la double condition d'un rattachement physique et d'un rattachement fonctionnel à un bien appartement *per se* au domaine public[1]. Son appréciation par le juge semble désormais devoir aujourd'hui être entendue de manière stricte, comme l'a illustré la décision *Société Var Auto*[2].

Parallèlement à l'impératif de valorisation des propriétés publiques, faudrait-il également considérer que la domanialité publique est un obstacle à la bonne gestion commune de biens publics et privés ? Faudrait-il également considérer la même chose pour les règles des propriétés publiques ?

## II. Une compatibilité interrogée avec la propriété publique : une privatisation du droit par une éviction possible de l'insaisissabilité

Procédant à une mise à l'écrit d'un principe préexistant[3], l'article L. 2311-1 du CG3P dispose que les biens des personnes publiques mentionnées à l'article L. 1 dudit code sont insaisissables. L'insaisissabilité a pour objet d'interdire la mise en œuvre à l'encontre des biens des personnes publiques, les voies d'exécution du droit commun[4] [5], et non pas leur cession forcée[6]. Leurs biens bénéficient ainsi d'une immunité d'exécution[7] [8], qu'ils relèvent du domaine public ou du domaine privé.

L'insaisissabilité étant un principe régissant la propriété publique et non pas seulement la domanialité publique, il doit logiquement être constaté que la question de la comptabilité du régime des associations syndicales de propriétaires avec la propriété publique, de manière

[1] Art. L. 2111-2, CG3P ; CE ass. avis, 19 juillet 2012, *Domaine national de Chambord*, n° 386715.

[2] CE, 26 janvier 2018, *Société Var Auto*, n° 409618.

[3] TC, 9 décembre 1989, préc. ; Cass. civ. 1e, 21 décembre 1987, *Bureau de recherches géologiques et minières*, n° 86-114.167, Bull. civ. I, n° 348, p. 249

[4] Essentiellement : la saisie-vente des meubles corporels, la saisie-appréhension, la saisie immobilière, la saisie-appréhension.

[5] L'application des voies d'exécution administratives est, en revanche, autorisée.

[6] V. par ex. Cass. com., 21 janvier 2014, *Département de Saône-et-Loire*, n° 12.29.475, Bull. 2014, IV, n° 10.

[7] Art. L. 111-1, CPCE.

[8] Art. L. 112-2 1°, CPCE.

générale, n'a été épuisée ni par les arrêts du Conseil d'État ni par le législateur. Or l'hypothèse de biens du domaine privé se trouvant dans le périmètre d'associations syndicales de propriétaires est loin de relever de la théorie. Il suffit qu'un critère de qualification de la domanialité publique manque pour que l'hypothèse se concrétise. Le bien concerné se trouverait alors susceptible d'être hypothéqué, mais jamais saisi, ce qui n'est pas pour arranger les associations syndicales de propriétaires.

De prime abord, il est tentant de penser que ce silence résulte d'un impensé à la fois de la part du juge et de celle du législateur. Un regard plus attentif autorise des lectures plus nuancées, une classique (A) et une autre plus spéculative (B).

### A. Une lecture raisonnable : maintien du *statu quo*

Une lecture stricte nécessite de rappeler que dans les deux arrêts *SARL JV Immobilier* et *Association syndicale des propriétaires de la cité Boigues* le juge administratif a été saisi sur question préjudicielle par le juge judiciaire, lui ayant été demandé dans la première affaire de se prononcer sur l'appartenance des biens au domaine public et dans la seconde affaire de se prononcer sur cette même question et, dans l'affirmative, de se prononcer sur la compatibilité de cette affectation avec le régime de l'association syndicale de propriétaires. Il ne lui a donc pas été demandé de se prononcer sur la compatibilité des règles de la propriété publique, largement entendues, avec le régime de l'association syndicale de propriétaires. Le silence du juge n'est par conséquent pas définitif, bien qu'il puisse être regardé comme regrettable.

À cela s'ajoute la possibilité qu'il soit apparu inutile au juge de s'exprimer spécifiquement sur l'insaisissabilité, l'impossibilité de constituer une hypothèque rendant impossible l'exercice d'une voie d'exécution sur un bien du domaine public, celui-ci seul faisant l'objet des questions qui lui ont été posées. Le principe d'insaisissabilité tel que traditionnellement pensé jouerait donc pleinement sans qu'il soit utile de s'y attarder. Néanmoins, il est facile d'imaginer que la problématique aurait pu incidemment être abordée à l'occasion d'un *obiter dictum*, ceci d'autant plus que le rapporteur public avait soulevé l'incompatibilité de la sûreté avec le principe d'insaisissabilité des biens publics[1].

Il demeure que si le silence du juge sur l'insaisissabilité peut recevoir une explication due à la procédure juridictionnelle, celui du législateur se comprend moins puisqu'il était libre d'apporter toute précision quant à cette difficulté largement mise en exergue par la doctrine et que la disposition introduite a pour objet de résoudre des conflits de régimes. Ceci est d'autant plus le cas que plus d'une année et demie s'est écoulée entre le premier arrêt, datant du 23 janvier 2020, et la loi du 22 août 2021. Ceci nous mène vers des lectures plus spéculatives, mais pas entièrement invraisemblables.

### B. Des lectures spéculatives : un abandon au moins partiel de l'insaisissabilité

Il était loisible au législateur d'apporter, à défaut qu'une réponse couvrant l'ensemble des propriétés publiques, une réponse à la compatibilité entre les procédures de saisies nécessairement rendues possibles par le régime des associations syndicales de propriétaires et l'insaisissabilité des propriétés publiques. Le tout est de connaître les motifs de son silence. Parmi les causes possibles, il y aurait un oubli ou une absence de prise en compte du contexte global de la problématique. Cela ne serait pas étonnant compte tenu de ce que l'objet de la disposition considérée a peu de lien avec l'objet général de la loi, ce qui laisse supposer une absence de réflexion globale et une volonté d'apporter une solution opérationnelle rapide.

Une explication plus audacieuse peut faire son chemin[2] et c'est celle de la disparition au moins partielle du principe d'insaisissabilité. Il serait exagéré de dire que l'insaisissabilité des biens des personnes publiques a aujourd'hui un champ résiduel, mais sa permanence en tant que principe général interroge ou, à tout le moins, la volonté de conserver le caractère général de ce principe.

---

[1] R. VICTOR, « La compatibilité des règles de la domanialité publique avec une association syndicale libre dont le périmètre comprend des parcelles appartenant à une personne publique - conclusions du rapporteur public », *Lexbase Public*, 26 mars 2020, n° 579.

[2] J. BOUSQUET, « La constitution de sûretés réelles sur le domaine privé », *JCP A*, 19 juin 2023, 2203.

Le principe d'insaisissabilité des biens publics est embarrassant. Comme le confirme la situation actuelle, il embarrasse dans les relations entre le droit public et le droit privé. Il embarrasse également dans les relations entre le droit interne et le droit européen, étant connu que la Commission européenne se méfie de ce principe en tant qu'il est systématiquement applicable aux établissements publics industriels et commerciaux, ce qui constituerait une garantie illimitée de nature à fausser la concurrence entre les agents économiques[1]. L'hypothèse d'une disparition du principe d'insaisissabilité n'est pas complètement déraisonnable si l'on observe que ce principe a été écorné maintes fois par le droit positif dans les récentes années sans que cela soit d'ailleurs clairement dit[2].

Par ailleurs, et en ce qui concerne les biens du domaine public, cette lecture peut être confortée par l'idée que l'inaliénabilité du domaine public constitue un obstacle, à un stade anticipé, à toute saisie. Cet obstacle est d'autant plus solide si l'on rattache l'interdiction des sûretés à l'inaliénabilité. De ce point de vue, la mobilisation ultérieure d'un principe d'insaisissabilité serait redondante et inutile. Cette vision milite donc, dans un premier temps, pour une application fonctionnelle[3] et non plus organique de l'insaisissabilité, celle-ci suivant l'affectation voire, dans un second temps et consécutivement, une éventuelle dilution du principe d'insaisissabilité dans celui de l'inaliénabilité.

La question de l'inapplication partielle ou totale de ce principe reste toutefois entière sans intervention législative apportant une clarification ou organisant des procédures d'exécution ou de désintéressement des débiteurs satisfaisantes pour ces derniers et compatible avec le droit

---

[1] Communication de la Commission sur l'application des articles 87 et 88 du Traité CE aux aides d'État sous forme de garanties, *JOUE*, 20 juin 2008, C 155/10.

[2] Ainsi, sur les établissements publics que sont Pôle emploi (Art. L. 5312-13 et R. 5312-24, c. travail) et l'Agence nationale pour la formation professionnelle des adultes (Art. L. 5315-7 et R. 5315-12, c. travail) l'État dispose d'un droit de contrôle et d'opposition sur la constitution de sûretés grevant les biens de leur domaine privé nécessaires à l'exercice de leurs missions, bien que le principe de l'insaisissabilité soit maintenu. Il en va similairement pour les offices publics de l'habitat, établissements publics industriels et commerciaux locaux qui peuvent « accorder des sûretés réelles immobilières dès lors que cela est susceptible de faciliter leur action (Art. L. 421-4-1, CCH).

[3] Logique qui emporte la faveur du notariat comme il ressort de la troisième proposition de la 3e commission du 109e congrès des notaires de France s'étant déroulé à Lyon du 16 au 19 juin 2013.

public[1]. Avec elle, reste entière la question de la pleine éviction ou non de l'application des règles du droit public à la gestion des biens collectifs ou leur banalisation complète.

À la faveur d'une intervention législative de circonstance, biens publics et associations syndicales de propriétaires peuvent aujourd'hui coexister dans une certaine mesure. Eu égard au flou existant sur l'application ou l'inapplication du principe de l'insaisissabilité, on peut se demander si cette coexistence n'est pas en sursis. Assurément, cette incertitude crée de l'insécurité juridique dans le régime des propriétés publiques et leur aptitude à pouvoir interagir sereinement en matière immobilière avec des acteurs privés et des propriétés privées tout en respectant les contraintes dues à leur nature publique, regardées comme de moins en moins compatibles avec un environnement non public. L'insécurité juridique est tout aussi présente du côté des associations syndicales de propriétaires. La stabilité pour laquelle celles-ci sont renommées est notamment due au caractère réel de la logique qui les régit - « elles regroupent moins des propriétaires que des propriétés[2] » - et à l'unité du régime applicable aux biens qu'elles comprennent. Ces deux aspects se trouvent à présent contrariés, les biens d'une même association pouvant relever de régimes distincts.

Le nouvel état du droit implique également un potentiel fractionnement dans le temps du régime des biens des associations au cas où un bien passerait du domaine public au domaine privé ou à une personne privée et inversement. Cette insécurité s'accentuera davantage si l'on conjecture que la pratique voudra essayer de trouver des voies de sécurisation des configurations existantes et à venir, cette volonté de sécurisation devant nécessairement prendre la forme d'une contractualisation accrue afin de développer des organisations *ad hoc* spécifiques à chaque ensemble de biens collectifs gérés par une association syndicale de propriétaires. La contractualisation, dans le

---

[1] CE sect., 18 novembre 2005, *Société fermière de Campoloro* et *Société de gestion du port de Campoloro*, n° 271898, Rec. Cet arrêt a bien créé de manière prétorienne une procédure administrative d'exécution, mais compte tenu de son champ d'application restreint et de sa lenteur, elle n'est pas substituable aux voies d'exécution de droit commun.

[2] R. VICTOR, « La compatibilité des règles de la domanialité publique avec une association syndicale libre dont le périmètre comprend des parcelles appartenant à une personne publique - conclusions du rapporteur public », art. préc.

seul but d'accommoder les règles tenant au critère organique de la propriété publique, implique un basculement vers une logique personnelle en une matière où elle a normalement peu de poids. « L'objectif [de la réforme de 2004 était] d'obtenir un régime juridique uniforme pour l'ensemble des ASP »[1]. Il faudra de nouveau s'atteler à la tâche pour l'atteindre.

[1] Circulaire INT B 07 008 C du 11 juillet 2007 relative aux associations syndicales de propriétaires, Fiche n° 8.

# LES PÉAGES URBAINS : LA PRIVATISATION DIFFICILE DE L'ACCÈS A LA VILLE

*Envel Favennec, ATER à l'Université Paris Nanterre*

Rendre onéreux l'accès ou l'utilisation de la voirie routière, infrastructure de transport privilégiée de tous, n'a pas terminé de susciter des interrogations. Cette onérosité des voies routières s'accompagne presque toujours d'une externalisation de leur construction, de leur gestion ou de leur entretien au point qu'il est presque possible d'identifier ces éléments comme liés. Aussi la présente contribution concernera-t-elle plus particulièrement le dispositif du « péage urbain ».

Un péage urbain demeure avant tout un péage. Pour comprendre la relation millénaire que péage et privatisation entretiennent ensemble, il faut regarder l'Histoire. Dès 725, le capitulaire de Vernon faisait mention du péage et de son mode de concession[1]. Déjà, péage et externalisation étaient liés[2]. Le péage concerne alors autant les routes que les fleuves. Concernant les villes, il existe l'octroi qui était la taxe à acquitter pour y faire entrer des marchandises. Considérant l'aubaine de taxer les nombreux passages sur les routes, les fleuves ou les ouvrages d'art, de nombreux péages sont créés en dehors de toute procédure ou autorisation. Cette situation conduit d'ailleurs souvent les monarques à devoir régulièrement purger le territoire des péages usurpés ou abusifs[3]. Durant toute cette période, le péage est déjà pensé comme un moyen de financer les routes. En pratique, il enrichit les acteurs chargés de sa gestion qui limitent, dans une certaine mesure, le

---

[1] Le péage peut alors être défini comme : « un droit que l'on paie pour emprunter une voie de communication et circuler sur un pont, un chemin, une rivière, *etc*. Le péage représentait le type de droit à l'état pur sur la circulation, car il taxait le simple fait de passer à un endroit. », P.-H. DERYCKE, *Le péage urbain, Histoire, Analyse, Politiques*, Economica, 1997.

[2] A. CONCHON, *Le péage en France au XVIII^e siècle. Les privilèges à l'épreuve de la réforme*, Institut de la gestion publique et du développement économique, Comité pour l'Histoire économique et financière de la France, 2002.

[3] En 1267, en 1430 par des lettres patentes reconfirmées en 1438 et 1448, édit du 29 mars 1515 de François I^er sur la révocation des péages établis sans permission sur la Loire depuis 100 ans. P.-H. DERYCKE, *Le péage urbain... op. cit.*

droit de circuler. Ainsi, une privatisation ou une proto-privatisation n'existerait-elle pas, ancrée aux origines même du péage ?

Pour le déterminer, il faut définir la privatisation. Étant donné qu'il est impossible d'en épuiser les aspects, deux significations sont ici retenues : celles qui semblent les plus intéressantes au regard du mécanisme de péage. D'abord, il y a la privatisation juridique, connue de tous, que Christian Dessouroux, chercheur en géographie, définit comme pouvant consister en un « transfert du droit d'exploitation ou d'usage d'un espace public, généralement à des fins commerciales »[1]. Ensuite, selon ce même chercheur, la privatisation peut prendre l'aspect d'une restriction d'accès dans le sens où l'espace public étant perçu comme un lieu ouvert à tous, « toute restriction d'accès à des individus ou à des groupes particuliers porte atteinte au principe démocratique de participation et d'accès égalitaire à l'espace public »[2]. Après la notion de privatisation, il est nécessaire de définir la notion de « péage urbain ». Une qualification juridique de « péage urbain » a bien existé en droit français à travers une expérimentation prévue dans la loi Grenelle 2[3], mais, n'ayant jamais été mise en œuvre, il convient d'élargir la définition pour recouvrir les sens qui lui ont été donnés par nombre d'économistes[4], de documents officiels[5] ou dans d'autres pays[6]. Il est donc possible de définir le péage urbain comme l'assujettissement au paiement d'une somme de toute personne utilisant un véhicule terrestre à moteur pour pénétrer une unité urbaine (péage dit « de zone »), circuler sur un axe routier (péage dit « d'axe ») en unité urbaine

[1] C. DESSOUROUX, « La diversité des processus de privatisation de l'espace public dans les villes européennes », *Belgeo - Revue Belge de Géographie*, 2003, p. 21-46.
[2] *Ibid.*
[3] L. n° 2010-788 du 12 juillet 2010 portant engagement national pour l'environnement.
[4] P.-H. DERYCKE, *Le péage urbain, Histoire, Analyse, Politiques*, Economica, 1997 ; C. RAUX et S. SOUCHE, « L'acceptabilité des changements tarifaires dans le secteur des transports : concilier efficacité et équité », *RERU*, 2001, n° 4, p. 539-558 ; D. BROUSSOLLE, « L'acceptabilité d'un péage urbain introduit simultanément à la création d'un contournement payant. Le cas de la rocade de Strasbourg », *RERU*, 2015, n° 3, p. 501-532.
[5] C. DUCHÈNE (dir.), *Notes sur l'Étude « Vivre et se déplacer en ville. Péage Urbain »*, Centre d'Étude des Transports Urbains (CETUr), Ministre de l'Équipement, des transports et du tourisme, 1994 ; D. AUVERLOT (coord.), *Péages urbains, principe pour une loi*, rapport du centre d'analyse stratégique au Premier ministre, n°17, avril 2009, La Documentation Française.
[6] À l'image de la Suède, du Royaume-Uni ou de l'Italie.

ou franchir un axe routier encerclant tout ou partie d'une unité urbaine (péage dit « cordon »)[1]. L'unité urbaine est, pour sa part, définie par l'Institut National de la Statistique et des Études Économiques (INSEE) comme « une commune ou un ensemble de communes présentant une zone de bâti continu (pas de coupure de plus de 200 mètres entre deux constructions) qui compte au moins 2 000 habitants »[2]. Les péages urbains existant en France suivent le régime juridique de droit commun des péages d'ouvrage d'art ou d'autoroute. Cependant, plusieurs constats liminaires tendent à montrer la spécificité du cas des péages urbains.

D'abord, quelles que soient ses modalités, le péage urbain, contrairement au péage ordinaire, concerne non seulement l'infrastructure sur laquelle il se situe, mais aussi toute la zone alentour : non seulement le cœur de l'unité urbaine auquel il restreint l'accès motorisé, mais aussi toutes les zones périphériques vis-à-vis desquelles il officie comme barrière. Partant, il est un facteur de privatisation de l'espace, car il restreint l'accès quotidien d'un centre d'attractivité culturelle, professionnelle, récréative, *etc.* à une population riveraine nombreuse. Celle-ci n'étant pas nécessairement homogène sur un plan socio-économique, l'instauration d'une frontière tarifaire ne peut être que difficilement perçue comme équitable[3]. Simultanément, la population riveraine devient une clientèle plus ou moins captive donc une source de profit favorisant la privatisation juridique. La population concernée représente aussi des citoyennes et des citoyens dont l'acceptabilité est devenue un enjeu majeur du péage urbain. Celle-ci est d'autant plus compliquée à obtenir quand un droit à la mobilité est consacré en droit[4].

---

[1] Classification notamment présente *in* C. DUCHÈNE (dir.), *Notes sur l'Étude « Vivre et se déplacer en ville. Péage Urbain. », op. cit.* ; P.-H. DERYCKE, *Le péage urbain… op. cit.*, Economica, 1997.

[2] INSEE, Définitions Unité urbaine / Agglomération / Agglomération multicommunale / Agglomération urbaine, https://www.insee.fr/fr/metadonnees/definition/c1501, décembre 2020 [consulté le 2 janvier 2024].

[3] R. NOGUELLOU, « Chapitre 5 : La mobilité urbaine », *in* D. RENDERS, J. MORAND-DEVILLER et W. SPANNOWSKY (dir.), *La mobilité urbaine,* Bruylant, 2020, p. 101.

[4] C'est le cas en France : art. L. 1111-1 à L. 1111-7, c. transports. C'est aussi le cas en Italie, v. art. 16 de la Constitution italienne.

Ensuite, le péage urbain a été pensé et mis en place avec succès hors de France, notamment à Singapour en 1975, à Londres et à Stockholm dans les années 2000. Ils sont alors pensés exclusivement comme des péages de décongestion dans des villes qui sont saturées par le trafic routier. La finalité est de réduire les temps de parcours et les nombreuses pollutions (sonores, atmosphériques, *etc.*) occasionnées par l'encombrement routier[1]. Force est de constater que cette vision entre en concurrence avec la vision française du péage, principalement conçu comme moyen de financement. Il devra donc y avoir un arbitrage entre ces fonctions concurrentes.

Ces observations faites, il convient de comprendre que la situation française rend la privatisation de l'accès à l'unité urbaine particulièrement complexe (I), d'autant plus que cette difficulté n'a pas été résolue par une tentative d'expérimentation d'un régime juridique spécifique au péage urbain (II).

## I. La privatisation complexe de l'accès à la ville par péage

La complexité de cette privatisation repose tant sur l'absence d'un régime juridique propre au péage urbain (A) que sur les difficultés posées par les spécificités des péages urbains (B).

### A. L'absence d'un régime propre au péage urbain

Les péages urbains sont aujourd'hui peu nombreux en France. Il n'y a guère que le tunnel du Prado à Marseille, le Boulevard Nord du Périphérique de Lyon (BNPL), la A14 et le tunnel duplex de la A86 en région parisienne qui semblent répondre à une telle définition[2]. Ce faible nombre s'explique par le fait que le péage est pensé comme une exception juridique qui prend tout son sens en contexte urbain (1) ce qui favorise le lien fort entre péage et privatisation (2).

---

[1] J. MORAND-DEVILLER, « Chapitre 5 ; La mobilité urbaine », *in* D. RENDERS, J. MORAND-DEVILLER et W. SPANNOWSKY (dir.), *La mobilité urbaine, op. cit.*, p. 114.

[2] D. AUVERLOT (coord.), *Péages urbains, principe pour une loi, op. cit.*

### 1. Le péage urbain, une réelle exception

Pour comprendre pleinement ce caractère exceptionnel, il faut revenir sur les arguments qui soutiennent l'existence d'un principe de gratuité de l'usage des voies routières.

D'abord, l'article L. 121-2 du code de la voirie routière mentionne « le droit d'usage qui appartient à tous »[1] de la voirie et renvoie à l'article L. 2122-2 du CG3P pour la nécessité d'obtenir une autorisation quand ce droit d'usage est dépassé. Une telle autorisation va de pair avec le paiement d'une redevance domaniale (article L. 2125-1 du CG3P). Or, il est difficile d'interpréter l'usage d'une route avec un véhicule terrestre à moteur comme dépassant le droit d'usage appartenant à tous étant donné que la voirie routière existe pour être affectée à la circulation routière. Selon Jean Dufau, l'usage commun du domaine public est « celui qui bénéficie à tous les citoyens dans les mêmes conditions (circulation des piétons, des automobiles sur les voies publiques, navigation sur les cours d'eau, promenades et baignades sur les rivages de la mer) »[2]. Dès lors que le droit d'usage appartenant à tous n'est pas dépassé, il n'entraîne pas d'onérosité. Le simple passage sur une voie routière d'un véhicule terrestre à moteur demeure donc gratuit en principe. En outre, pour Jean-Bernard Auby, Pierre Bon et Philippe Terneyre, la gratuité d'usage du domaine public, et notamment du domaine public routier, est le corollaire de plusieurs libertés comme la liberté d'aller et venir pour les individus ou la liberté du commerce et de l'industrie pour les transports de marchandises[3]. Toutes ces conceptions et celle de Christian Dessouroux qui voit, en tant que géographe, « un principe démocratique de participation et d'accès égalitaire à l'espace public »[4], convergent.

Dans ce contexte, instaurer un péage constitue une exception. Les articles L. 153-1 et L. 122-4 du code de la voirie routière sont les seuls à prévoir la possibilité de mettre en place des péages respectivement pour les ouvrages d'art et les autoroutes. Ils sont structurés de la même manière. Ils rappellent dans un premier temps le principe de l'usage gratuit de l'ouvrage ou de l'autoroute.

---

[1] Art. L. 121-2, c. voirie routière.

[2] J. DUFAU, *Le domaine public*, Le Moniteur, 5e éd., 2001.

[3] J.-B. AUBY, P. BON, P. TERNEYRE, *Droit Administratif des Biens*, Dalloz, 8e édition, 2020.

[4] C. DESSOUROUX, « La diversité des processus de privatisation de l'espace public dans les villes européennes », art. cité.

Ensuite, l'article L. 122-4 indique qu'un péage sur autoroute doit permettre « la couverture totale ou partielle des dépenses de toute nature liées à la construction, à l'exploitation, à l'entretien, à l'aménagement ou à l'extension de l'infrastructure » nonobstant son externalisation. L'article L. 153-1, quant à lui, énonce qu'un péage sur un ouvrage d'art doit permettre « la couverture totale ou partielle des dépenses de toute nature liées soit à la construction, soit, lorsque ces missions font l'objet d'une [externalisation], à la construction, à l'exploitation et à l'entretien de l'ouvrage d'art et de ses voies d'accès ou de dégagement ». Le troisième alinéa précise, dans les deux articles, qu'en cas d'externalisation, le péage intègre également « la rémunération et l'amortissement investis » par le concessionnaire ou le délégataire[1]. Ces articles représentent assez bien la vision française du péage comme péage de financement.

Ils n'ont donc finalement pas de régime juridique à part entière : un péage sur autoroute urbaine aura le même régime qu'un péage sur autoroute interurbaine. Cependant, là où l'exception de l'autoroute payante représente, dans les faits, la majorité des autoroutes[2], le péage urbain, quant à lui, est une exception juridique apparaissant en tant que telle dans les faits[3]. Cette particularité n'empêche pas le péage urbain d'aller de pair avec la privatisation.

## 2. Un lien fort entre péage urbain et privatisation

Les autoroutes étant des voies appartenant au domaine public routier national[4], l'État aura un bien plus grand rôle à jouer tandis que les ouvrages d'art qui appartiennent aux « voies à statuts particuliers » peuvent appartenir au domaine public routier national, départemental ou communal[5]. Il en résulte que la plupart des péages urbains se situeront dans la catégorie des ouvrages d'art. Ainsi, sauf la A14, le

---

[1] Art. L. 153-1 et L. 122-4, c. voirie routière.

[2] 9081 km en 2011 soit environ les 75% du réseau selon C. Comptes, *Rapport sur la relation entre l'État et les sociétés concessionnaires d'autoroutes*, juillet 2013.

[3] De manière similaire, en Suisse, la mise en place d'un cadre juridique permettant la construction de péages urbains questionnerait aussi le principe constitutionnel de gratuité des routes publiques d'où l'absence de volonté politique ou populaire de le rendre juridiquement possible : E. POLTIER, « Chapitre 11 : Suisse », *in* D. RENDERS, J. MORAND-DEVILLER, W. SPANNOWSKY (dir.), *La mobilité urbaine, op. cit.*, p. 309.

[4] Art. L. 121-1, c. voirie routière.

[5] Ils sont regroupés dans le chapitre III du titre V intitulé « Voies à statuts particuliers ».

BPNL, le tunnel de la A86 ou encore le tunnel du Prado, ils sont tous considérés comme des ouvrages d'art. Or, il est remarquable que l'article L. 153-1 du code de la voirie routière les encadrant envisage, beaucoup plus étroitement que l'article L. 122-4, le lien entre péage et externalisation. De fait, le BPNL est géré *via* un contrat de partenariat public-privé avec la société Léonord[1] regroupant notamment la Société des Autoroutes du Nord et de l'Est de la France (SANEF) et la société de BTP Fayat, le tunnel du Prado et le tunnel duplex A86 sont gérés *via* des concessions respectivement avec la Société Marseillaise du Tunnel Prado Carrénage (SMTPC) regroupant les groupes EIFFAGE et VINCI[2] et avec la société Cofiroute (filiale de VINCI autoroute)[3].

Outre ces privatisations juridiques, le péage urbain produit aussi, par définition, une privatisation au sens de la réduction de l'accessibilité à la voie routière. En effet, si l'onérosité est pensée comme une exception à la gratuité, le péage est alors pensé comme une exception à l'accessibilité universelle de la voie sur laquelle il se situe.

À ce stade, il est donc possible d'en déduire que malgré l'absence d'une législation propre au péage urbain pour répondre aux intérêts et enjeux particuliers que celui-ci peut représenter, le régime juridique ordinaire prévoit une privatisation des ouvrages. Cependant, la possibilité d'une privatisation juridique n'assure en rien le succès d'un péage urbain. Au regard des objectifs fixés ou attendus du péage urbain et de son acceptabilité sociale, le modèle juridique du péage de financement peut constituer une difficulté si ce n'est un obstacle important.

### B. La difficulté des spécificités du péage urbain en France

Cette difficulté se manifeste par la conciliation nécessaire des diverses finalités du péage urbain dans le contexte français (1), mais aussi par le besoin d'obtenir une acceptabilité sociale du péage urbain (2).

---

[1] CRC Auvergne-Rhône-Alpes, *Métropole de Lyon. Le boulevard périphérique de Lyon. Exercices 2014 et suivants.*, Rapport d'observations définitives et réponses, novembre 2020.

[2] SMPTC, *Rapport annuel 2022 remis à la Métropole Aix - Marseille Provence*, 2023.

[3] Association des Sociétés Française d'Autoroutes (ASFA), *Chiffres clés 2023*, juillet 2023.

### 1. Une confrontation des finalités

L'absence de régime spécifique au péage urbain a conduit à un paradoxe juridique : alors que les infrastructures ont été construites spécifiquement pour décongestionner le réseau existant, les péages, eux, sont demeurés institués et justifiés juridiquement par un objectif financier. Certes, il est toujours possible de tenter de concilier les deux finalités, mais dans certaines situations, cela signifiera privilégier l'une ou l'autre. Cette question se reflète beaucoup sur le tarif du péage. Pour fixer le bon tarif du péage, il est important de prendre en compte sa fonction (décongestionner, réduire l'usage de l'automobile ou financer). Entre autres paramètres économiques à prendre en compte, il y a le seuil de congestion. Une note du Centre d'études sur les transports urbains[1] explique qu'au-delà d'un certain seuil d'usagers simultanés sur l'ouvrage, un niveau de congestion est assez rapidement atteint conduisant à une saturation de la circulation et donc à des embouteillages. Il faudra donc fixer un tarif suffisamment bas pour attirer des usagers et décongestionner les itinéraires alternatifs, mais suffisamment haut pour éviter la congestion de l'axe construit sur lequel le péage se trouve. Si le tarif idéal pour financer la voirie ou l'ouvrage est inférieur au tarif idéal de décongestion, alors la logique française de financement ne posera pas de problème puisque l'objectif premier de financement sera atteint. C'est ce qui semble se produire pour le duplex A86 et la A14 qui ont des tarifs modulés en fonction des heures de pointe[2].

En revanche, si le prix idéal de financement est supérieur au tarif de régulation, alors il faudra arbitrer, car, en privilégiant le financement comme ce à quoi semblent inciter les textes législatifs, l'ouvrage risque d'être insuffisamment fréquenté au regard de l'objectif de décongestion des itinéraires alternatifs. *A contrario*, si le tarif de décongestion est privilégié, en dépit d'une accessibilité tarifaire augmentée, l'amortissement risque de ne pas être atteint dans les temps puisque le péage est avant tout pensé *ex-ante* comme un moyen de financement. Par conséquent, réduire le tarif du péage pour décongestionner pourrait entraîner une reconduction, si ce n'est du contrat d'externalisation, au

---

[1] C. Duchène (dir.), *Notes sur l'Étude « Vivre et se déplacer en ville. Péage Urbain. », op. cit.*

[2] F. Ricard, *Avis sur le bilan ex-post du tunnel autoroutier le Duplex (A86), Section Rueil-Malmaison à Vélizy*, Rapport n° 013762-01, Conseil général de l'environnement et du développement durable, Ministère de la Transition écologique, octobre 2021.

moins du péage. En un sens, atténuer ainsi la privatisation juridique pourrait conduire à la prolonger.

Le simple fait de payer peut en lui-même être source de problème du point de vue de l'acceptabilité sociale.

## 2. L'(in)acceptabilité sociale

Concevoir le péage uniquement comme une source de financement comporte un second risque : celui d'une baisse de l'acceptabilité sociale du péage. La littérature économique semblait avoir érigé cette acceptabilité en boussole de la mise en place d'un péage urbain[1]. En effet, en 1992, 85 % des Français étaient en désaccord avec la mise en place de péages urbains et 55 % préféraient la régulation par la queue, donc par les embouteillages[2]. Le temps ne semble pas avoir fait changer la population d'avis. Dans ce sens, les économistes Stéphanie Souche, Charles Raux et Yves Croissant ont conduit une enquête dans l'agglomération lyonnaise pour déterminer le mode de régulation de la circulation perçu comme le plus juste. Résultats : sur 6 principes de régulation proposés, 37 % des personnes interrogées étaient favorables au principe de pollueur-payeur, et en deuxième position, 35 % préféraient la « file d'attente », à savoir « il n'y a qu'à laisser la circulation automobile se développer, les gens vont s'adapter naturellement »[3].

Cette opposition n'est pas uniquement théorique. La première manière de refuser un axe avec péage est de l'éviter. Ainsi, il est assez fréquent que les évaluations des différentes voies urbaines comportant un péage constatent une fréquentation, certes en croissance, mais inférieure aux prévisions. En ce sens, l'étude précitée du CETUr note que le tunnel du Prado est sous-fréquenté par rapport aux prévisions,

---

[1] D. BROUSSOLLE, « Le péage urbain : une source de financement acceptable », *RFAP*, n° 144, 2012, p. 965-979 ; D. BROUSSOLLE, « L'acceptabilité d'un péage urbain introduit simultanément à la création d'un contournement payant. Le cas de la rocade de Strasbourg », art. cité ; Y. CROISSANT, C. RAUX et S. SOUCHE, « Péage urbain et (in)justice perçue : un obstacle à l'expérimentation en France », *Revue Française d'Économie*, 2011, n° 2, p. 149-176 ; L. CARNIS, « Le péage est-il la solution aux problèmes de congestion ? Une perspective critique », *RERU*, 2002, n° 2, p. 299-318.

[2] D. BROUSSOLLE, « L'acceptabilité d'un péage urbain introduit simultanément à la création d'un contournement payant. Le cas de la rocade de Strasbourg », art. cité.

[3] *Ibid.*

notamment en raison de son tarif élevé[1]. De même, un avis du Conseil Général des Ponts et Chaussées de 2005[2] remarque que le trafic journalier moyen de la A14 en 2000 était de 23 700 véhicules contre 35 300 pour l'estimation la plus pessimiste du concessionnaire…

L'opposition peut également être contentieuse et coûteuse. Ainsi, en 1991 lors de la création du BNPL, initialement baptisé TÉO, les procédures de publicité et de mise en concurrence avaient été jugées, par le Conseil d'État, incompatibles avec les objectifs de la directive n° 89-440 CEE du 18 juillet 1989 portant coordination des procédures de passation de marchés publics de travaux[3]. Par une décision du 6 février 1998, la juridiction annula la délibération autorisant la signature de la concession ainsi que le décret autorisant la perception d'une redevance. Par conséquent, la résiliation a coûté 1 milliard d'euros à la Communauté Urbaine de Lyon et au Département du Rhône qui avait co-financé le projet. Cette somme du rachat de l'ouvrage déjà construit fut remboursée à l'aide d'un emprunt dont les charges d'amortissement sont encore couvertes aujourd'hui… par le péage existant. Par ailleurs, malgré successivement une reprise en régie (1999-2006), une régie intéressée (2006-2015) et un marché de partenariat, le péage, lui, n'a jamais cessé d'exister depuis 2015. C'est la preuve qu'en dépit d'une forte corrélation entre péage et privatisation juridique, ce lien n'est pas exclusif.

Face aux nombreuses difficultés auxquelles ont dû faire face les péages urbains durant les années 1990 et 2000, il a été décidé de tenter d'instituer un régime juridique propre qui malheureusement était déjà mort dans l'œuf.

## II. Une expérimentation mort-née d'un régime spécifique au péage urbain

Cette expérimentation a disparu de notre ordre juridique au bout de près d'une décennie d'existence sans même avoir été mise en œuvre. Les raisons de cet échec se trouvent autant dans les conditions posées

[1] C. DUCHÈNE (dir.), *Notes sur l'Étude « Vivre et se déplacer en ville. Péage Urbain. », op. cit.*

[2] CGPC, *Avis du CGPC autoroute A14 bilan LOTI*, 21 novembre 2005.

[3] CE, 6 février 1998, *Tête et association de sauvegarde de l'Ouest lyonnais*, n° 138777 s. ; H. SAVOIE, comm., *RJDA*, 1998, n° 5, p. 383.

par l'expérimentation à sa naissance (A) que dans l'impossibilité d'en adapter le dispositif par la suite (B).

### A. Les conditions initiales de l'expérimentation

Les débats autour de l'introduction du péage urbain à vocation environnementale en France sont apparus au moment des années 2000. Ils ont abouti, avec le Grenelle de l'environnement, à une expérimentation. Celle-ci est créée par l'article 65 de la loi n° 2010-788 du 12 juillet 2010 portant engagement national pour l'environnement, dite « Grenelle 2 », qui introduit un article 1609 quater A au code général des impôts (CGI). Or, les nombreuses conditions posées par la loi (1) portent en elles des difficultés qui pointaient déjà dans les débats parlementaires et scientifiques préalables (2).

#### 1. Les conditions nombreuses de l'expérimentation

Première condition posée par l'article 1609 quater A : une agglomération de 300 000 habitants[1]. C'est un critère objectif. Il peut sembler pertinent de ne prendre que des agglomérations suffisamment importantes pour tester l'utilisation d'un péage urbain visant à « limiter la circulation automobile » et « à lutter contre la pollution et les nuisances environnementales ». Il serait toutefois possible de s'interroger sur le seuil de 300 000 qui semble être arbitraire. Ce seuil, introduit dès le début, n'a pas été contesté ou même débattu sur un plan technique par les parlementaires.

Par ailleurs, l'agglomération doit prévoir la réalisation de transports collectifs en site propre. Cela restreint encore un peu le nombre d'agglomérations susceptibles d'être concernées. Le site propre signifie une « emprise affectée exclusivement à l'exploitation de lignes de transport. »[2] Or, de tels aménagements sont particulièrement onéreux.

Ensuite, le péage urbain doit être demandé par l'autorité organisatrice des transports devenue par la suite Autorité Organisatrice de la Mobilité (AOM)[3]. Sauf en Île-de-France et pour la métropole lyonnaise, les AOM sont les intercommunalités ou les régions. Il est donc pertinent

---

[1] Art. 65 al. 1er, L. n° 2010 - 788 du 12 juillet 2010 portant engagement national pour l'environnement.

[2] Annexe I de l'arrêté du 21 septembre 1993 relatif à la terminologie des transports.

[3] L. n° 2015-995 du 7 août 2015 portant nouvelle organisation territoriale de la République.

qu'elles soient décisionnaires, car leurs ressorts territoriaux correspondent souvent aux unités urbaines.

Une quatrième condition porte sur le délai. L'article 1609 quater A limite l'expérimentation à 3 ans. Ce délai est très court. Les infrastructures nécessaires du péage peuvent ne pas être mises en place dans le délai imparti et il est impossible que l'investissement soit amorti au bout de 3 ans[1], que ce soit par l'externalisation du péage ou par une gestion en régie. Un contrat délégant la gestion d'une nouvelle infrastructure comme celle-ci ne pourrait qu'excéder les 3 ans.

Deux autres conditions sont ajoutées : le produit du péage est fléché puisqu'il est « affecté à cette même autorité organisatrice des transports et sert à financer les actions mentionnées au plan de déplacements urbains »[2], d'une part, et le tarif du péage est fixé par l'AOM « dans la limite d'un seuil fixé par décret en Conseil d'État »[3], d'autre part. Le but est d'inscrire le péage urbain dans la transition écologique, que son produit soit affecté au développement des transports en commun et aux actions prévues pour diminuer les émissions de gaz à effet de serre dans le plan de mobilité est logique.

L'article 1609 quater A prévoit également une autre condition autrement plus délicate : « le péage urbain ne peut être instauré qu'après la mise en place d'infrastructures et de services de transport collectif susceptibles d'accueillir le report de trafic lié à l'instauration du péage »[4]. Cela semble indispensable puisque le public qui va être touché le plus vigoureusement et même exclu de la voirie par le péage urbain sera un public modeste comme l'a notamment démontré l'économiste Damien Broussolle[5]. Ce public rejoindra alors une population encore plus modeste utilisant déjà les transports en commun. Une solution parallèle à l'itinéraire concerné par le péage et en capacité d'absorber un regain de passager doit donc exister. Néanmoins, c'est l'une des

---

[1] F. JOURDAN, « Aménagement du territoire - Le péage urbain : un nouvel outil plus séduisant ? - Libre propos », *JCP A*, 2018, n° 47, act. 861 ; F. GOLIARD, « Un outil financier de régulation du trafic automobile en agglomération : le péage urbain », *JT*, n° 221, 2019.

[2] Art. 65, al. 5, L. n° 2010 - 788 du 12 juillet 2010 portant engagement national pour l'environnement.

[3] Art. 65, al. 4, L. n° 2010 - 788 préc.

[4] Art. 65, al. 7, L. n° 2010 - 788 préc.

[5] D. BROUSSOLLE, « Le péage urbain : une source de financement acceptable », art. cité.

conditions posées les plus contraignantes pour les agglomérations, fussent-elles dotées d'un réseau de transport important.

Enfin, l'article prévoit les conditions classiques d'une expérimentation, en particulier par l'article 37-1 de la Constitution : la nécessité d'une autorisation par décret en Conseil d'État, d'une étude d'impact public préalable et d'un rapport d'étape annuel à remettre au gouvernement.

L'absence de mention concernant la modulation des tarifs ou la gratuité est notable. En comparaison, l'article L. 153-4 du code de la voirie routière prévoit explicitement la possibilité de prévoir des tarifs différents ou la gratuité[1]. Au total, pas moins de dix conditions doivent être remplies pour avoir le droit de demander à expérimenter le péage urbain en tant qu'AOM. Parmi toutes ces conditions, certaines sont assez objectives ou banales, mais d'autres posent plus de difficultés. Les débats préalables à la loi en montraient déjà certaines comme l'obligation de prévoir un réseau de transports en commun en site propre, le renvoi à l'autorité organisatrice de transports pour fixer librement le tarif dans la limite d'un plafond fixé par décret ou encore la nécessité pour la collectivité d'être préalablement dotée d'un service de transport pouvant assumer le report modal.

## 2. Des difficultés connues ab initio

Cette loi est certes issue du Grenelle de l'environnement, mais elle transforme surtout en acte le vœu d'un rapport du Centre d'Analyse Stratégique (CAS) en 2009 qui entendait poser les « principes pour une loi » concernant les péages urbains[2]. Force est de constater que nombre d'éléments ont été repris dans le projet de loi. Ainsi, la définition du péage urbain comme « taxation des véhicules terrestres à moteur pour l'usage de tout ou partie du réseau de la voirie délimitée à l'intérieur de la zone de compétence » d'une AOM ou le fléchage du produit des péages sont issus de ce rapport[3]. D'autres éléments sont présents dans la loi, mais absents de la question de l'image de l'exigence de planification d'un transport en commun en site propre qui ajoute une complexité à l'expérimentation sans être réellement justifiée. D'autres éléments du rapport sont, eux, ignorés comme l'énonciation directement dans le texte législatif de l'encadrement du tarif, dont le

---

[1] Art. L. 153-4, c. voirie routière.

[2] D. AUVERLOT (coord.), *Péages urbains, principe pour une loi, op. cit.*

[3] *Ibid.*

plafonnement, et les nombreuses possibilités de modulations tarifaires. C'est un élément important puisque le décret prévu pour plafonner les tarifs des péages n'a jamais été publié.

Durant les débats parlementaires, un certain nombre de députés et de sénateurs s'opposaient à la mise en place de péages urbains vus comme un risque de discrimination sociale, inefficace dans la lutte contre l'environnement. Le choix de l'expérimentation et de la restriction à quelques agglomérations seulement a été un argument utilisé à de multiples reprises dans les débats pour convaincre les parlementaires réticents[1]. La majorité parlementaire UMP a alors préféré une expérimentation *a minima* plutôt qu'une absence d'expérimentation. Cependant, en posant un nombre important de conditions, le Parlement a cantonné le péage urbain à un effet d'annonce en instrumentalisant la loi.

Dans le débat, la sénatrice Mireille Schurch s'était opposée à la proposition en pointant l'insuffisant développement des transports en commun urbains. Elle semblait ainsi reprocher en substance à la proposition de loi de poser la question des péages urbains avant celle du développement suffisant des transports en commun[2]. Là apparaît clairement le cercle vicieux de cette expérimentation. Les péages urbains sont proposés notamment pour aider à financer la transition écologique et les transports en commun. Cependant, il ne pouvait qu'être inéquitable d'instaurer un péage sans alternative en transports en commun, d'où la condition préalable de l'existence des transports en commun. Demeure alors sans réponse une question à laquelle prétendait répondre la proposition : le financement d'un développement des réseaux de transports en commun.

Excessivement encadrée, l'expérimentation a fait l'objet d'une tentative de transformation qui a été avortée.

---

[1] Sénat, Compte-rendu intégral des débats de la séance du 28 septembre 2009, https://www.senat.fr/seances/s200909/s20090928/s20090928012.html, 2009 [consulté le 10 janvier 2022].

[2] Sénat, compte-rendu intégral des débats de la séance du 28 septembre 2009, https://www.senat.fr/seances/s200909/s20090928/s20090928012.html, 2009 [consulté le 10 janvier 2022].

### B. Une tentative de transformation avortée

Pour comprendre en quoi ce désir de transformation s'est mué *in fine* en abrogation du texte de l'expérimentation, il faut d'abord étudier la modification qui était à l'œuvre ainsi que son abandon (1) avant de comprendre les raisons de ce rejet (2).

#### 1. Un assouplissement du régime juridique abandonné

Saisi le 13 août 2018 par le gouvernement du projet de loi d'orientation des mobilités, le Conseil d'État a rendu un avis le 15 novembre 2018 qui n'est pas passé sous le radar de la doctrine[1]. Le projet de loi prévoyait de substituer à l'expérimentation de la loi Grenelle 2 une réécriture de l'article 1609 quater A du CGI permettant l'instauration d'une taxe dénommée « tarif de congestion » dans les agglomérations de 100 000 habitants (non plus 300 000). Le Conseil d'État qualifie ce nouveau tarif « d'impôt ». Il considère aussi que l'encadrement qu'en fait la loi « permet au législateur d'exercer pleinement la compétence en matière d'impôts qu'il tient de l'article 34 de la Constitution »[2] puisque les « dispositions proposées encadrent les conditions de la détermination du tarif de congestion par l'autorité organisatrice en fixant le maximum du tarif de base, en définissant de façon limitative et précise les hypothèses dans lesquelles il peut être augmenté et les situations dans lesquelles il peut être modulé, ou les redevables au profit desquels de telles modulations ou des exonérations peuvent être décidées »[3]. Enfin, le projet de loi s'intéresse aussi aux modalités techniques du péage. Tous ces points sont autant de zones d'ombre que l'expérimentation avait laissées de côté, mais qui avaient déjà été abordées par le rapport du Centre d'analyse stratégique. En dépit d'un avis positif du Conseil d'État, le projet de loi est déposé au Sénat le 26 novembre 2018 sans son article relatif au tarif de congestion. Modifié uniquement en 2015 par la loi NOTRe pour changer les mots « autorité organisatrice des transports urbains » en « autorité organisatrice de la mobilité », l'article 1609 quater A est abrogé par l'article 98 de la loi n° 2021-1900 du 30 décembre 2021 de finances

---

[1] F. GOLIARD, « Un outil financier de régulation du trafic automobile en agglomération : le péage urbain », art. cité.
[2] CE avis, 15 novembre 2018, *projet de loi d'orientation des mobilités*, n° 395539.
[3] *Ibid.*

pour 2022 avec d'autres dispositions fiscales considérées comme pas ou trop peu productives[1]. Comment expliquer un tel revirement ?

### 2. Les raisons politiques de l'abandon du péage urbain

Pour le comprendre, il faut revenir au contexte de 2018. Le 17 novembre 2018, 9 jours avant le dépôt de la loi au Sénat, le mouvement des gilets jaunes contre la hausse de la taxe intérieure de consommation sur les produits énergétiques commençait. Il est vraisemblable de croire que le gouvernement a retiré un article qui aurait pu faire office d'étincelle dans ce contexte politique déjà explosif.

Lors de la discussion de la loi de finances pour 2022 ayant supprimé l'expérimentation, un ultime amendement a été porté par la députée Anne Brugnera qui visait à introduire un « tarif de transit ». Reprenant partiellement les dispositions du projet de loi d'orientation des mobilités, elle demeurait dans le cadre d'une expérimentation de l'article 37-1 de la Constitution autorisée par décret en Conseil d'État. Le seuil de population de l'agglomération était fixé à 100 000. L'amendement, pourtant proposé par des députés de la majorité parlementaire, a été rejeté par l'Assemblée nationale après deux avis négatifs de la Commission des finances et du Gouvernement. Le Président de la Commission des finances avait alors argué que le débat avait été tranché lors de la loi LOM et qu'entre le péage urbain et les Zones à Faibles Émissions (ZFE), il avait été décidé de conserver les ZFE. Le Gouvernement n'avait pas argumenté. Les raisons de l'abandon du tarif de congestion restent floues, mais il est raisonnable de penser que le mouvement des gilets jaunes a eu raison de ce dispositif[2].

En conclusion, il est possible d'affirmer que le péage urbain en France est aujourd'hui synonyme de financement et de privatisation tout comme la plupart des autres péages avec lesquels il a en commun un régime juridique. L'unique tentative d'instaurer un régime juridique spécifique du péage urbain à finalité environnementale s'est soldée par un échec. Par ailleurs, la mise en place rapide et controversée des ZFE

---

[1] Gouvernement de la République Française, *Évaluations préalables des articles du PLF 2022*, septembre 2021.

[2] F. GOLIARD, « Un outil financier de régulation du trafic automobile en agglomération : le péage urbain », art. cité.

semble déjà poser un sérieux problème d'équité et de restriction d'accès motorisé à la ville. En témoignent les moratoires ou dérogations de portée générale décidés par les collectivités[1]. Sans barrière visible ou fiscale certes, mais en excluant tout autant les populations les plus modestes, ces zones sont, à leur manière, elles aussi, facteur de privatisation de l'espace public – au sens d'exclusion d'une partie de la société – sans pour autant garantir un développement des transports en commun.

[1] Au 30 octobre 2024, la commune de Reims vient de voter un moratoire sur l'application de la ZFE jusqu'en 2029 (la délibération n'est pas encore publiée en ligne) : https://www.ouest–france.fr/grand–est/reims–51100/voici–pourquoi–reims–reporte–la–mise–en–place–de–sa–zone–a–faibles–emissions–zfe–60e215ec–9516–11ef–9584–d56c57ed8897 [consulté le 30 octobre 2024] ; la métropole de Rouen a émis le 11 juin 2024 un arrêté prévoyant des dérogations individuelles temporaires pour des véhicules normalement interdits dans les ZFE : article 7 de l'arrêté du Président de la Métropole de Rouen n°24.060_EPMD.

# EXISTE-T-IL DES LIMITES À LA PRIVATISATION DES ESPACES PUBLICS ? RÉFLEXION SUR LES ENJEUX DE LA PUBLICISATION DES ESPACES

*Hugo Avvenire, Maître de conférences à l'Université de Poitiers*

*« Celui qui n'échapperait à l'arbitraire de l'État que pour tomber sous la domination des puissances privées ne ferait que changer de servitude », J. RIVERO, « La protection des droits de l'homme dans les rapports entre personnes privées », René Cassin,* Maicorum disciplulorumque Liber, *tome III, Pedone, 1971, p. 312.*

Les Jeux olympiques et paralympiques de l'été 2024 ont constitué un laboratoire de la privatisation des espaces publics[1] d'une intensité inédite : conception, fabrication, aménagement, animation festive, contrôle des flux, surveillance des espaces[2]. Pendant une courte période, les espaces publics olympiques (sites des compétitions et leurs abords) ont constitué des *espaces d'exception*[3] cogérés par la puissance publique (particulièrement le ministère de l'Intérieur) et la puissance privée (le COJOP et ses prestataires). Cette cogestion publique-privée des espaces publics, ici hissée à une nouvelle dimension dans certaines portions des villes françaises (Paris, mais également Saint-Denis,

[1] Les espaces publics sont des espaces ouverts à tous indépendamment de leur régime de propriété. Ce sont les rues, les places, les marchés, les commerces, etc. L'observation du droit positif révèle que les juges mobilisent une combinaison complexe de critères physiques, sociaux et normatifs pour identifier les espaces publics. Il faut par ailleurs se garder d'une confusion courante entre l'espace public et certaines notions pour lesquels elle sert de métaphore : la *sphère publique* ou l'*espace numérique*. Pour plus d'éléments sur l'identité de ce concept voire notre recherche doctorale : H. AVVENIRE, *Le concept d'espace public. Contribution à une théorie de la spatialisation des libertés*, thèse dactylographiée, thèse Université de Toulouse, 2022.

[2] X. DUPRÉ DE BOULOIS, « Déroulement - Droits fondamentaux et Jeux olympiques », *RFDA*, 2024, p. 446.

[3] Autrement dit, une « assise spatiale au sein de laquelle l'exception est devenue la règle », C. KLIPFEL, *Les espaces d'exception en droit international public*, thèse dactylographiée, thèse Université Paris Panthéon-Sorbonne, 2022, p. 22.

Nanterre, Marseillais, Nice, Saint-Étienne ou Bordeaux), n'est toutefois pas complètement nouvelle.

Dès le XVIIe siècle, le renforcement de l'État modifie l'appréhension par les pouvoirs publics des espaces urbains : ils s'inscrivent dans un projet plus global pour la ville et pour l'État. Pour les premières, l'accroissement démographique érige l'hygiène, la lutte contre les incendies et la congestion, l'adduction de l'eau et la régulation des activités économiques[1] en problème politique. Le second entreprend de remodeler et cartographier les villes afin de les rendre plus lisibles. L'objectif est de favoriser la circulation des personnes et des biens[2], d'en faciliter le contrôle et de maintenir l'ordre plus aisément dans les rues[3]. La construction de la ville comme objet politique explique que la puissance publique soit vue encore aujourd'hui comme l'autorité « naturelle » de réglementation des espaces publics [4].

Ainsi présentée, la puissance privée – i.e. les personnes de droit privé exerçant des prérogatives de commandement[5] – semble étrangère à la gestion des espaces publics. Ce serait mal connaître l'histoire de ces espaces. Les lieux ouverts au public, mais détenus par des personnes privées, qui forment de larges pans des espaces publics, existent dès le XIXe siècle : petits commerces et grands magasins, jardins privés

---

[1] D. DELBAERE, *La fabrique de l'espace public, Ville, paysage et démocratie*, Ellipses, 2010, p. 35.

[2] P. KOROSEC-SERFATY, « Le public et ses domaines. Contribution de l'histoire des mentalités à l'étude de la sociabilité publique et privée », *Espaces et Sociétés*, n° 2-3, 1990, p. 51.

[3] J. C. SCOTT, *L'œil de l'État. Moderniser, uniformiser, détruire*, La Découverte, 2021, p. 92.

[4] F. ROLIN, « L'espace public en droit administratif », *in* O. BUI-XUAN (dir.), *Droit et espace(s) public(s)*, Institut Universitaire Varenne, 2012, p. 60-61.

[5] Celle-ci trouve son identité conceptuelle par opposition tant à la puissance publique à laquelle elle ne saurait être assimilée qu'à l'action privée dépourvue de puissance (V. CHAMPEIL-DESPLATS, « Puissances privées et droits de l'homme : approche de théorie et de philosophie du droit », *in* J. ANDRIANTSIMBAZOVINA (dir.), *Puissance privée et droits de l'homme. Essai d'analyse juridique*, Mare et Martin, 2024, p. 40). Force est de reconnaître toutefois qu'il n'existe pas un concept *du* droit de puissance privée (cf X. DUPRÉ DE BOULOIS, « Puissance publique, puissance privée », *La puissance publique*, AFDA, 2012, p. 57-75). Ici, nous désignons donc par « *puissance privée* » l'ensemble des personnes privées – physiques ou morales - qui sont en position de prescrire des mesures restrictives de la liberté d'aller et venir dans les espaces publics.

ouverts au public, hôpitaux ou écoles privées. Au XXe siècle, les premiers stades et centres commerciaux donnent encore une autre dimension aux espaces publics de propriété privée. À partir des années 1980, les acteurs privés sont impliqués dans la gestion des espaces publics sans nécessairement en être propriétaires. Les politiques d'aménagement de la ville se focalisent sur la revalorisation et la requalification des espaces publics[1]. Cette ambition s'accompagne d'une emprise de plus en plus forte du secteur privé sur la production et la gestion des espaces publics, un « secteur économique entier est né de cette mise en concession commerciale » de ces espaces[2]. « L'idéologie de la privatisation »[3], pour laquelle le privé permettrait de produire des services de haute qualité au coût le plus bas possible, a renforcé cette emprise. De ce fait, les acteurs privés se sont retrouvés intégrés dans le processus d'élaboration, de fabrication et de gestion des espaces publics[4] notamment par la diffusion des partenariats public-privé ou autre « projet urbain partenarial »[5].

La privatisation des espaces publics suscite dans la littérature scientifique inquiétudes et interrogations[6]. Dans le champ du droit des libertés, la privatisation soulève la question des garanties de l'ouverture[7] de ces espaces considérés comme nécessaires à l'exercice

---

[1] A. FLEURY, *Les espaces publics dans les politiques métropolitaines. Réflexions au croisement de trois expériences : de Paris aux quartiers centraux de Berlin et d'Istanbul*, thèse Université Panthéon-Sorbonne – Paris I, 2007, p. 18.

[2] C. ORILLARD, « Gérer l'espace public », *Labyrinthe*, 2008, p. 72

[3] M. CIROTTEAU, *Le pouvoir administratif des personnes privées*, thèse Université Paris-Panthéon-Assas, 2022, p. 17.

[4] G. PINSON, *Gouverner la ville par projet. Urbanisme et gouvernance des villes européennes,* Paris, Presses de Sciences Po, 2009, p. 282-295.

[5] J.-B. AUBY, *Droit de la Ville : du fonctionnement juridique des villes au droit à la ville*, LexisNexis, 2e éd., 2016, p. 253.

[6] F. J. BASTIDA FREIJEDO, « El concepto de " espacio pùblico iusfundamental" », *in* B. ALAEZ CORRAL (dir.), *Complejdad del espacio publico, democracia y regulacion de derechos fundamentales*, CEPC, 2016, p. 13-36 ; S. HENNETTE-VAUCHEZ, « The Mall », *RFDA*, 2020, p. 833 ; T. PERROUD, « Privatisation, contrats administratifs et droits fondamentaux. L'exemple du marché public du stationnement payant à Paris », *RDLF*, 2020, chron. n° 82 ; P. YOLKA, « Les espaces publics. Libres propos au temps du Covid », *RDLF*, 2022, chron. n° 01 ; J.-B. AUBY, « Les defis auxquels sont confrontés nos droits administratifs », *RFDA*, 2024, p. 241.

[7] Comme l'indique l'historienne du droit administratif des biens Aurelle Levasseur, au bas Moyen Âge, ce qui caractérisait déjà la rue dite « publique » dans le langage juridique c'est la « liberté de transiter », A. LEVASSEUR, *Définir la rue publique du*

des libertés fondamentales. En effet, l'ouverture des espaces publics est directement liée à la liberté de déplacement des personnes permise par les configurations physiques, sociales et normatives des lieux qui déterminent le *répertoire de comportements juridiquement protégé* [1]. Chaque espace public se caractérise donc par « une configuration spécifique du rapport clôture/ouverture »[2] qui est le fruit d'un pouvoir qui s'inscrit dans une certaine configuration des rapports politiques ou économiques de notre société[3]. Or, notamment par l'édiction de règlements intérieurs, la puissance privée tend à organiser une sélectivité de l'accès et multiplier les interdictions[4].

Le *pouvoir*[5] qui permet de définir les conditions d'accès et le comportement à adopter dans ces espaces constitue un « pouvoir de contrôle »[6]. Il peut être analysé comme l'ensemble des mesures unilatérales d'aménagement de la liberté d'aller et venir dans les espaces publics[7]. Ces mesures peuvent être juridiques (règlement

---

*bas Moyen Âge, Contribution à l'histoire du droit administratif des biens*, Presses universitaires de Franche-Comté, 2017, p. 33.

[1] J. WALDRON, « Homeless and the issue of freedom », *The University of Toronto Law Journal*, 1991-1992, vol. 295, p. 39.

[2] D. LOCHAK, « Espace et contrôle social », *Centre, périphérie, territoire,* CURAPP, PUF, 1978, p.168.

[3] P. SCHLAG, « How To Do Things With Hohfeld », *Law and Contemporary Problems*, 2015, vol. 78, n° 1. 216.

[4] S. HENNETTE-VAUCHEZ, art. cit.

[5] Au sens technique que lui donne Hohfeld, un pouvoir désigne « la possibilité pour une personne d'altérer les relations juridiques d'une autre personne » : W. N. HOHFELD, « Some Fundamental Legal Conceptions as Applied in Judicial Reasoning », *Yale Law Journal*, n° 23, 1913, p. 45.

[6] Le choix de ce terme permet de s'émanciper des notions de *pouvoir de police* et *pouvoir de gestion* dont le pouvoir de contrôle, qui est évoqué ici, se distingue. La description du droit positif proposée par ces taxinomies est dépendante « des types de rapports juridiques que l'on veut mettre en valeur » (V. CHAMPEIL-DESPLATS, *Théorie générale des droits et libertés. Perspectives analytiques*, Dalloz, 2019, p. 236) : les prérogatives de protections de l'ordre public (*pouvoir de police*) ou les actes de valorisation du domaine (*pouvoir de gestion*).

[7] Sur le plan factuel, le contrôle consiste à instaurer des dispositifs qui permettent d'interrompre un déplacement, de le ralentir, de spécialiser l'utilisation de certaines portions de l'espace, de filtrer certaines choses ou personnes, ou au contraire de fluidifier les déplacements (P. LANDAUER, *L'architecte, la ville et la sécurité*, PUF, 2009, p. 9). Cette fonction peut se traduire par des normes de police et de gestion produites par la puissance publique, mais également par tout dispositif déployé par la puissance privée à cette fin.

intérieur), humaines (vigiles), technologiques (logiciels) ou bâties (mobilier « anti »).

Or, qui détient ce pouvoir ? Traditionnellement la puissance publique, on l'a vu. Cependant, il peut arriver que les individus soient soumis à des mesures restrictives de libertés édictées par une personne privée (on peut alors la qualifier de *puissance privée*). L'édiction d'un règlement intérieur dans un commerce « pour l'espace dont ils ont la gestion afin, notamment, d'en restreindre l'accès »[1] en est une illustration. Il est également possible que la personne privée participe à la définition des conditions d'accès sans qu'elle édicte elle-même les mesures restrictives de liberté (on parlerait alors de *collaborateur privé*). Tel est le cas de l'agence de conseil en sécurité ou l'entreprise qui conçoit un logiciel permettant de traiter et croiser une masse de données à des fins de surveillance publique. Dans les deux cas nous pouvons parler de « privatisation des espaces publics »,[2] car la configuration d'accès à ces espaces dépend pour tout ou partie de la volonté des acteurs privés. Toutefois, pour ne pas diluer le propos et multiplier les problèmes juridiques à résoudre, nous n'entendons traiter ici que de la publicisation du pouvoir de la puissance privée.

Confrontée à la privatisation du contrôle des espaces publics, la particularité de l'analyse en droit des libertés est de prioriser certaines questions : quelles justifications à l'appui de ce pouvoir ? Quelles limites ? Quelles limites aux limites ?

Lorsque le pouvoir de contrôle, public ou privé, a des limites fragiles (ou fragilisées), nous pouvons alors parler de « discrétionnarisation » : la puissance privée a alors une grande liberté pour définir les conditions d'accès. En revanche, le renforcement de cet encadrement témoigne de ce que nous appellerons « publicisation »[3]. Pour la professeure

---

[1] C. ORILLARD, art. cit., p. 68.

[2] O. BUI-XUAN, « Propos introductifs », in O. BUI-XUAN (dir.), op. cit., p. 15 ; C. DESSOUROUX, « La diversité des processus de privatisation de l'espace public dans les villes européennes », *Belgeo*, 2003, n° 1, p. 4.

[3] L'expression « publicisation » a pu être utilisée par la doctrine, mais ce de manière marginale et dans un sens différent de celui retenu ici. V. notamment O. BUI-XUAN, « Propos introductifs », in O. BUI-XUAN (dir.), op. cit., p. 15 ; S. HENNETTE-VAUCHEZ, art. cit., J.-B. AUBY, « L'espace public comme notion émergente du droit administratif », *AJDA*, 2021, p. 2565.

américaine Sarah B. Schindler, la « publicisation » désigne les règles conçues afin de favoriser l'utilisation des espaces publics[1]. Elles peuvent donc jouer un rôle au moment de l'élaboration ou l'édiction des mesures d'accès à ces espaces. Ainsi entendu, le concept de « publicisation » appelle trois remarques générales. Premièrement, la « publicisation » n'est pas antinomique de la « privatisation » d'un espace, mais s'oppose à sa « discrétionnarisation ». Par exemple, une gare peut être soumise au pouvoir de contrôle de la puissance privée qui est elle-même tenue à certaines règles imposées par la puissance publique dans l'exercice de ce pouvoir. Deuxièmement, la « publicisation » concerne toutes les personnes privées ou publiques qui exercent ce pouvoir sur un espace public (la période d'état d'urgence constitue une situation de discrétionnarisation du pouvoir public de contrôle en ce sens). Troisièmement, la « publicisation » souligne que les espaces publics ne sont pas naturellement « public ». Ils sont rendus publics par les pratiques sociales, notamment normatives[2].

Dès lors, traiter de la « publicisation des espaces publics » renvoie à un certain ordre de limite à la privatisation. Il ne s'agit pas d'identifier les limites au transfert du pouvoir de contrôle sur ces espaces, mais plutôt d'analyser, une fois ce pouvoir exercé par une personne privée, quelles sont les règles entourant son exercice[3]. La question évoque des enjeux particuliers en droit des libertés pour des raisons pratiques (effectivité) et théoriques (fondement) intéressant les droits fondamentaux. En effet, penser la « publicisation » c'est s'interroger sur l'effet horizontal des droits fondamentaux, autrement dit de leur opposabilité entre personnes privées (et non plus seulement entre la puissance publique et les individus).

Aux conceptions classiques du concept de liberté[4], l'effet horizontal peut suggérer une révision de la théorie des droits fondamentaux. Cette

---

[1] S. B. Schindler, « The "Publicization" of Private Space », *Iowa Law Review*, vol. 103, 2018, p. 1100.

[2] M. Lussault, « Propositions pour l'analyse générale des espaces d'actes », *in* C. *Ghorra-Gobin (dir.), Réinventer le sens de la ville : les espaces publics à l'heure globale*, L'Harmattan, 2001, p. 38.

[3] Dans la théorie allemande, on distingue ainsi privatisation d'organisation et privatisation matérielle. J. Masing, « Droits fondamentaux et privatisations - une perspective allemande », *Constitutions écrites dans l'histoire*, Jus politicum, 2013.

[4] Les interprétations et reconstructions du concept sont encore aujourd'hui enfermées dans la dichotomie introduite par Isaiah Berlin entre liberté positive et liberté négative,

dernière ne peut plus être conçue seulement comme une défense contre l'ingérence de l'État, mais également contre celle des personnes privées. Étendre la signification des droits fondamentaux aux personnes privées nécessite d'accepter que les droits fondamentaux soient conçus comme un outil de protection contre les situations où un individu est exposé à une puissance (publique ou privée) arbitraire[1]. Cette garantie, c'est ce que le philosophe irlandais Philip Pettit nomme « la liberté non-domination »[2]. Cette théorie ne propose pas d'interdire toute ingérence privée dans les libertés d'autrui, mais seulement les ingérences arbitraires, celles qui échappent à un contrôle dans l'intérêt de tous[3]. Si l'on accepte cette théorie des libertés, il devient alors possible d'envisager l'effet horizontal comme conceptuellement indissociable de la fonction des droits fondamentaux[4]. Dans cette perspective, la « privatisation des espaces publics » doit rencontrer des limites (« publicisation »), afin de garantir les libertés fondamentales qui trouvent à s'exercer dans les espaces publics.

L'exercice du pouvoir de contrôle des espaces publics par la puissance privée est aujourd'hui un champ « *sous exploré* »[5] du droit des libertés. La question des limites à l'exercice de ce pouvoir lorsqu'il est privatisé n'a pas fait l'objet d'études particulières. Notre contribution entend jeter les linéaments d'une telle recherche. C'est dans ce cadre que nous tenterons dans un premier temps d'identifier les règles qui s'imposent à la puissance privée qui contrôle les espaces publics (I) avant d'évoquer dans un second temps les limites à cette publicisation (II).

---

qui nous semble imparfaitement rendre compte de la conception de la liberté mise en œuvre en droit positif (I. BERLIN, *Éloge de la liberté*, Calmann-Lévy, 1988, p. 167-218).

[1] J.-F. LAFAIX, « L'effet horizontal des droits fondamentaux et la théorie républicaine de la liberté », *in* T. HOCHMANN et J. REINHARDT (dir.), *L'effet horizontal des droits fondamentaux*, Pedone, 2018, p. 27

[2] P. PETTIT, *Républicanisme. Une théorie de la liberté et du gouvernement*, Gallimard, 2004.

[3] J.-F. SPITZ, *Philip Pettit, Le républicanisme*, Michalon, 2010, p. 87 s.

[4] J.-F. LAFAIX, *op. cit.*, p. 24.

[5] S. HENNETTE-VAUCHEZ, *op. cit.*, p. 836.

## I. Les limites à la privatisation des espaces publics

Les limites opposées au pouvoir de contrôle privatisé interrogent l'existence d'un *droit général d'accès aux espaces publics.* Or, l'adoption de mesures restrictives de libertés qui limitent l'ouverture d'un espace remettent en question la consistance d'un tel droit. En revanche, ces mesures ne peuvent pas revêtir n'importe quelles formes et être mises en œuvre pour n'importe quelles raisons. La publicisation des espaces publics veille à en protéger l'ouverture (A) et participe d'un effet horizontal de la liberté d'aller et venir dans ces espaces (B).

### A. La publicisation des espaces publics : protéger l'ouverture des espaces

L'encadrement du pouvoir de contrôle des espaces publics connaît déjà une formalisation lorsqu'il est exercé par la puissance publique. Ainsi, la puissance publique ne peut exercer arbitrairement son pouvoir de contrôle (*effet vertical* de la publicisation). L'exercice de ce pouvoir doit être motivé et les motivations admises garantissent la liberté et l'égal accès aux espaces publics[1]. Cette limitation se justifie non seulement par l'existence d'un déséquilibre entre le titulaire de ce pouvoir et celui qui y est soumis, mais surtout du fait de la fonction des espaces publics : participer à la vie sociale.

Le libre accès suppose que l'ouverture est le principe, la fermeture l'exception. La puissance publique est soumise à ce titre à des exigences particulières : elle ne doit pas soumettre à autorisation l'utilisation collective de son domaine[2] et doit respecter le principe de proportionnalité lorsqu'elle exerce ses pouvoirs de police pour réglementer l'accès à ces espaces[3]. L'égal accès interdit à la puissance publique de limiter l'accès des espaces publics de manière inégalitaire et, *a fortiori*, en se fondant sur un motif discriminatoire[4]. Elle ne doit

---

[1] En s'appuyant sur le principe d'égalité, la Cour constitutionnelle allemande est arrivée à cette conclusion par exemple : Cour constitutionnelle allemande, 11 avril 2018, n° 1 BvR 3080/09.

[2] CE, 13 mai 1927, *Carrier et a.*, Rec.

[3] CE, 19 mai 1933, *Benjamin*, n° 17413. Cette exigence s'appliquer pour la Cour européenne y compris durant les périodes d'exception : CEDH, 15 mars 2022, *CGAS c. Suisse*, n° 21881/20, §85.

[4] Ainsi, en 2018, lorsque le Conseil constitutionnel a eu à contrôler le dispositif de « *périmètre de protection* » il a alors précisé que de telles mesures « *ne sauraient*

pas mettre en place un accès libre pour les « citoyens ordinaires » et un accès restreint pour les « citoyens de seconde zone »[1].

L'existence de ces limites montre que le droit d'accès aux espaces publics n'est jamais absolu. Il est possible de soumettre l'ouverture à des conditions pour la protection des lieux (interdiction des dégradations ou de la pollution), la bonne organisation du service (horaire d'ouverture et de fermeture), la protection de l'ordre public (sécurité des biens ou des personnes) voir pour des raisons tenant à l'ordre moral (interdiction de signes religieux). L'égal accès connaît lui aussi de nombreuses exceptions. Il est toujours loisible à la puissance publique d'organiser un accès différentiel dès lors que celui-ci se justifie par la différence de situation ou un motif d'intérêt général et qu'en tout état de cause elle ne se fonde pas sur un critère de distinction prohibé (discrimination directe). Tel est le cas lorsqu'elle décide de conditionner l'accès à une portion de l'espace public à la détention d'un passe justifié pour des raisons de sécurité : passe sanitaire ou passe jeux[2].

Il est en ce sens douteux qu'il existe un droit général d'accès aux espaces publics. Le droit d'accéder à cet espace n'est que ponctuellement consolidé : par un acte juridique unilatéral (autorisation d'occupation) ou contractuel (achat d'un billet d'entrée) ou encore lorsque l'exercice de certaines libertés fondamentales est en jeu (droit de propriété du riverain, liberté d'expression, liberté de réunion, liberté syndicale et liberté de culte[3]).

Les règles de publicisation sont ainsi facilement identifiables pour la puissance publique. En revanche, même en ayant admis qu'il est conceptuellement possible de dériver des libertés fondamentales un

---

*s'opérer, conformément aux droits et libertés [...], qu'en se fondant sur des critères excluant toute discrimination de quelque nature que ce soit entre les personnes »* (Cons. const., 29 mars 2018, *M. Rouchdi B. et a.*, n° 2017-695 QPC, §33).

[1] D. MOECKLI, *Exclusion from Public Space, A Comparative Constitutional Analysis*, Cambridge University Press, 2016, p. 376.

[2] Lors des Jeux olympiques et paralympiques de 2024, l'accès à certaines zones aux abords des lieux de grand rassemblement était soumis à la détention d'un passe. Ce dispositif de passe d'accès a également été mis en place pour la cérémonie parisienne du 14 juillet 2024.

[3] M. LE ROUX, « Le maire ne peut pas refuser de louer une salle communale pour une fête religieuse », *AJDA*, 2013, p. 694.

effet horizontal, il n'est pas acquis que les obligations qui en seraient tirées soient nécessairement équivalentes pour la puissance privée. Par exemple, cette dernière n'est pas soumise à un contrôle de proportionnalité, mais de l'abus de droit ou du trouble du voisinage[1]. Par ailleurs, contrairement à la puissance publique qui est soumise au principe d'égalité, la puissance privée ne sera assujettie qu'exceptionnellement à ce principe (notamment en présence d'un service public ou à la suite de l'intervention du législateur).

La publicisation du pouvoir de contrôle détenu par la puissance privée est indubitablement plus faible que pour la puissance publique. Mais la liberté n'est pas la licence. La puissance privée est soumise à diverses interdictions d'entraver notre accès aux espaces publics, qui est l'objet d'une réglementation administrative et pénale (interdiction de l'embarras ou de l'entrave sur les voies publiques, l'infraction de séquestration, interdiction du refus d'accès sans motif légitime[2], etc.). Par ailleurs, la puissance privée est contrainte de ne pas organiser un accès purement arbitraire (refus de vente)[3] ou, a fortiori, fondé sur un critère discriminatoire[4].

Éparses, peu structurées, il est aujourd'hui difficile de déterminer a priori une liste exhaustive des règles opposables à la puissance privée. L'intérêt de fonder l'encadrement de ce type de pouvoir émerge à peine. En Allemagne, une décision récente s'est appuyée sur le principe d'égalité : en décidant des conditions pour entrer dans les espaces publics, la personne privée décide de *qui* peut participer à la vie sociale[5]. Il n'existe aucune justification aussi claire en France. Néanmoins, bien que lourdes d'incertitudes sur leurs contenus, il existe des règles qui garantissent la liberté de déplacement dans les espaces publics et

---

[1] P.-J. DELAGE, « Le bruit et l'odeur sur quelques formes nouvelles de la répulsion envers l'altérité humaine », *Archives de politique criminelle*, 2010, n° 32, p. 219-227.

[2] Art. R. 132-1, c. pénal.

[3] L'art. L. 121-11, c. consommation et l'art. R. 132-1, c. pénal répriment d'une amende de 5e classe le refus de vente. Cette infraction se définit comme « le fait de refuser à un consommateur la vente d'un produit ou la prestation d'un service, sauf motif légitime ».

[4] Cons. const., 21 janvier 2022, *Loi renforçant les outils de gestion de la crise sanitaire et modifiant le code de la santé publique*, n° 2022-835 DC, §46.

[5] Cour constitutionnelle allemande, 11 avril 2018, n° 1 BvR 3080/09 ; T. HOCHMANN et J. REINHARDT, « L'effet horizontal, la théorie de l'État et la dogmatique des droits fondamentaux », *in* T. HOCHMANN et J. REINHARDT (dir.), *op. cit.*, p. 9.

certaines d'entre elles s'adressent à la puissance privée. Reste alors à déterminer leur opposabilité.

### B. La publicisation des espaces publics : quel effet horizontal ?

L'effet horizontal désigne le cas où une liberté fondamentale est opposable à une personne privée. Lorsque cette opposabilité ne nécessite pas la médiatisation d'une autorité publique, l'effet est « direct ». L'effet horizontal direct implique que les limites normatives aux atteintes aux libertés fondamentales s'adressent non seulement à la puissance publique, mais également à la puissance privée. Si l'on peut identifier ces limites et leur accorder une justification cohérente avec notre système de protection (liberté non-domination), leur opposabilité directe demeure sujette à caution.

D'une part, on peut trouver depuis longtemps dans la jurisprudence de la Cour de cassation la mise en œuvre de l'effet direct des droits fondamentaux[1]. Par ailleurs, une interprétation actualisée de la DDHC souligne que certaines de ces dispositions ne s'adressent pas *spécifiquement* à la puissance publique[2]. Les articles 4, 7 et 10 de la Déclaration peuvent être interprétés comme interdisant à « quiconque » de restreindre les droits d'autrui sans loi. D'autre part, force est de constater que l'effet horizontal direct pâtit de l'inopposabilité des normes de la CEDH[3] et de l'injusticiabilité des obligations

---

[1] Très tôt la Cour de cassation a retenu la Convention comme source justifiant la responsabilité d'un particulier à l'égard de la violation du droit au respect de la vie privée d'un autre particulier tel que garanti par l'article 8 de la Convention : par ex. Cass. civ. 3e, 6 mars 1996, *Mel Yedei*, Bull. civ. III, n° 60. Il semble néanmoins qu'en droit positif la question soit cantonnée aux relations familiales, patronales ou de consommation. V. en ce sens C. RADÉ « Droits de l'homme et "puissances privées" dans la jurisprudence de la Cour de cassation », *in* J. ANDRIANTSIMBAZOVINA (dir.), *op. cit.*, p. 239 s.

[2] T. HOCHMANN, « Typologie des effets », *in* T. HOCHMANN et J. REINHARDT (dir.), *op. cit.*, p. 141.

[3] La CEDH n'est en effet compétente *intuitu personae* que pour les États partis : Comm. EDH, 12 janvier 1994, *Durini c. Italie*, n° 19217/91.

constitutionnelles[1] faites aux personnes privées[2]. Tel qu'il est structuré, notre système de protection des libertés fondamentales fait peser plus fortement et directement les normes de publicisation sur des autorités publiques (*effet vertical direct*).

Il semble donc que c'est par l'intermédiaire de l'intervention de la puissance publique – sous la forme d'un *effet vertical indirect* ou de l'*effet horizontal indirect* – que des règles de publicisation des espaces publics pourraient être opposées à la puissance privée. L'effet vertical indirect désigne la situation où la puissance privée s'exerce sur les espaces publics pour le compte de la personne publique. C'est alors le fait que la personne privée exerce des « *attributs publics* » qui justifie de la soumettre à des obligations similaires à la puissance publique[3]. En France, la prise en charge d'un service public[4] ou la gestion d'une dépendance du domaine public par la puissance privée soumet cette dernière à des exigences exorbitantes, notamment d'égalité de traitement. Du fait de l'externalisation des missions et des moyens de la puissance publique, l'hypothèse est loin d'être anecdotique : la surveillance des espaces publics[5] en est une bonne illustration.

L'effet horizontal indirect renvoie au cas où la puissance privée est soumise à la publicisation à la suite de l'intervention de la puissance publique. Cette dernière peut utiliser pour ce faire un instrument unilatéral (réglementation des horaires d'ouverture par un arrêté municipal) ou contractuel (convention d'ouverture des espaces publics naturels). De plus, l'effet horizontal peut revêtir deux intensités soit que la puissance publique refuse son concours à la puissance privée (effet faible) soit qu'elle impose à la puissance privée une obligation de protection (effet fort).

---

[1] La Charte de l'environnement est une exception notable puisque le Conseil constitutionnel a explicité la dimension horizontale de ces normes qui s'imposent « à la fois aux pouvoirs publics et aux autorités administratives dans leur domaine de compétence respectif et à l'ensemble des personnes » (Cons. const., 8 avril 2011, *M. Michel Z. et a.*, n° 2011-116 QPC, §5).

[2] T. HOCHMANN, » Typologie des effets », art. cit., p. 144 ; O. BEAUD « Les obligations imposées aux personnes privées par les droits fondamentaux », *Un regard français sur la conception allemande*, Jus politicum, 2014.

[3] T. HOCHMANN, art. cit., p. 123.

[4] CE, 16 mars 1998, *Fédération française de sport automobile*, n° 169743.

[5] L. VANIER, « L'article 12 de la DDHC, boussole pour l'externalisation en matière de police », *AJDA*, 2022, p. 1153.

Dans la première hypothèse, « l'État ne peut assurer l'application d'un acte privé qu'un droit fondamental lui aurait interdit d'adopter lui-même »[1]. Dans le cas contraire, il serait tenu responsable de la violation. Le contentieux du concours de la force publique à l'expulsion d'un occupant illicite en offre une illustration[2]. Cette hypothèse est aujourd'hui résiduelle et emporte d'importantes difficultés théoriques. L'effet fort semble, en revanche, requis par divers systèmes de protection internationaux[3] afin de protéger la liberté d'aller et venir dans les espaces publics. La CEDH est particulièrement attentive au rôle de l'État dans la lutte contre les violences raciales[4] et de genre[5] entre personnes privées. Durant la crise de la Covid-19, le Conseil constitutionnel a affirmé pour sa part que lorsque les autorités publiques entendent transférer des pouvoirs supplémentaires sur l'accès aux espaces publics aux personnes privées (en l'occurrence le contrôle des passes sanitaires), elles doivent s'assurer que ces pouvoirs ne pourront pas être exercés de manière discriminatoire[6]. Toutefois, l'effet horizontal indirect dans son sens fort dépend l'initiative des pouvoirs publics qui se voient reconnaître par la Cour et le Conseil constitutionnel une large marge d'appréciation en dehors des situations qui relèvent du droit de la non-discrimination.

Il existe donc peu de garanties structurées en faveur de l'ouverture des espaces publics lorsqu'ils sont contrôlés par la puissance privée. L'effet horizontal direct de la publicisation est théorique, tandis que l'effet horizontal indirect est suspendu à l'initiative de la puissance publique. Ce qui apparaît alors c'est une certaine configuration des relations juridiques entourant l'ouverture aux espaces publics. Cette configuration est le résultat de l'exercice par la puissance publique de

---

[1] T. HOCHMANN, « Typologie des effets », *op.cit., p.* 126

[2] Lorsque la puissance publique prête son concours à l'expulsion, le juge administratif doit contrôler l'existence d'une potentielle erreur d'appréciation de l'administration en mettant en balance droit à l'exécution d'une décision de justice, droit de propriété d'une part et dignité humaine d'autre part. CEDH, 11 juillet 2013, *Sofiran et Bda c. France*, n° 63684/09 ; CE, 11 octobre 2023, n° 474491.

[3] V. en ce sens le §28 du rapport sur protocole n° 12 de la Convention européenne ou l'observation n° 27 du CDH concernant le PIDCP.

[4] CEDH, 14 janvier 2020, *Beizaras et Levickas c. Lituanie,* n° 41288/15.

[5] CEDH, 9 juin 2009, *Opuz c. Turquie*, n° 33401/02.

[6] Cons. const., 5 août 2021, *Loi relative à la gestion de la crise sanitaire*, n° 2021-824 DC, §54.

son pouvoir de déterminer les règles enserrant le pouvoir privé[1]. Cette situation révèle l'existence de limites aux limites à la privatisation.

## II. Les limites à la publicisation des espaces publics

La publicisation du pouvoir de contrôle des espaces publics exercé par la puissance privée existe. Il est simplement aujourd'hui délicat de lui donner des contours précis en dehors du noyau dur que nous avons identifié. La concrétisation de ces limites dépend « tant des présupposés théoriques de leurs différents interprètes [...] que des contextes juridiques, politiques ou institutionnels dans lesquels ces interprètes agissent et décident »[2]. À cet égard, la faiblesse de la publicisation tient à deux causes principales : l'immunité accordée par la propriété privée (A) et la logique marchande à l'œuvre dans les espaces publics (B).

### A. L'immunité accordée à la puissance privée propriétaire

Le droit de propriété joue un rôle essentiel dans la détermination du régime d'ouverture des espaces. La particularité du pouvoir de contrôle des espaces publics, c'est qu'il se traduit en « actes unilatéraux dotés d'un territoire, d'un espace pour champ de validité »[3]. Autrement dit, ces normes seraient opposables aux personnes parce qu'elles seraient présentes dans un lieu et non en vertu d'un lien contractuel ou personnel comme c'est habituellement le cas entre personnes privées.

Or, le droit de propriété est justement un faisceau de relations juridiques complexes[4] qui porte sur une chose matérielle[5] — le plus souvent foncière — et sur le pouvoir d'exclusion *erga omnes* des tiers[6] de cette chose. Ce pouvoir d'exclusion était physique avant d'être

---

[1] Elinor Ostrom et Edella Schlager ont montré dans un article célèbre l'importance d'une régulation de l'exercice du pouvoir permettant l'accès à certaines ressources essentielles pour les individus : « Property-Rights Regimes and Natural Resources : A Conceptual Analysis », *Land Economics*, 1992, n° 68, p. 249-262.

[2] V. CHAMPEIL-DESPLATS, *Théorie générale des droits et libertés. Perspectives analytiques*, Dalloz, 2019, p. 257.

[3] X. DUPRÉ DE BOULOIS, *Le pouvoir de décision unilatérale. Étude de droit comparé interne*, LGDJ, 2006, p. 347.

[4] M. BRENET, « Le droit et l'analyse philosophique des droits selon W. N. Hohfeld », *Klesis*, 2011, p. 148.

[5] W. DROSS, « Une approche structurale de la propriété », *RTD civ.*, 2012, p. 419.

[6] M. XIFARAS, *La propriété. Étude de philosophie du droit*, Paris, PUF, 2004, p. 144.

juridique[1]. Ce sont là des marqueurs forts de la propriété ; comme le souligne Demolombe « sous ce rapport, on peut dire que ces deux caractères essentiels de la propriété, d'être absolue et exclusive, se tiennent de très près et se confondent en quelque sorte »[2]. La première manifestation de ce caractère exclusif, c'est le pouvoir donné au propriétaire d'édifier une clôture[3] et, plus largement, de fermer l'espace qui lui appartient[4] (l'espace devient alors privé). La clôture peut ainsi avoir vocation à barrer le passage ou à délimiter (et donc séparer) les espaces[5].

C'est également du droit de propriété que la puissance privée détiendrait le pouvoir de réglementer les comportements sur la propriété. Le tribunal civil de Besançon a ainsi pu affirmer en 1886 que le propriétaire d'un établissement a « comme tout propriétaire, le droit incontestable de disposer librement de sa chose, de prendre, pour réglementer le service intérieur de son établissement, en assurer le bon fonctionnement, la stricte surveillance, toutes les mesures qu'il juge convenables »[6] ou de modifier ces règlements d'ordre intérieur. Plus récemment, le Conseil d'État a affirmé qu' « il appartient [au propriétaire] [...] d'interdire au public l'usage des chemins dont [il] est propriétaire ou d'en déterminer les modalités d'accès »[7]. C'est dans le même sens, que la Cour EDH a considéré que le pouvoir de réglementation de l'accès à un centre commercial est fondé sur le droit de propriété[8].

La propriété n'a pas pour seul effet de fonder le pouvoir de contrôle de la puissance privée, elle lui confère une protection forte. Celle-ci est justifiée par la valeur accordée à la propriété privée dans notre système juridique. Cette valeur est particulièrement claire à la lecture de la

---

[1] D. MOECKLI, *Exclusion from Public Space*, *op. cit.*, p. 74

[2] *Ibid.*, p. 134.

[3] Cons. const., 18 octobre 2024, *Groupement forestier Forêt de Teillay et a.*, n° 2024-1109 QPC, §15.

[4] W. DROSS, « Que l'article 544 du code civil nous dit-il de la propriété ? », *RTD civ.*, 2015, p. 27.

[5] M. CIROTTEAU, « La clôture et le passage », *Droit rural*, 2024, p. 2.

[6] Trib. civ. de Besançon, 3 janvier 1886, *Veredette c. administration des bains salins de la Mouillère*, cité par X. DUPRÉ DE BOULOIS, *Le pouvoir de décision unilatérale*, *op. cit.*, *p.* 370-371.

[7] CE, 7 août 1906, *Compagnie des mines de Douchy*.

[8] CEDH, 6 mai 2003, *Appleby et a. c. Royaume-Uni*, n° 44306/98.

DDHC : la propriété est un des « droits naturels et imprescriptibles de l'Homme » qui doit être conservé par la communauté politique (article 2). C'est, de plus, « un droit inviolable et sacré » (article 17). Cette valeur se traduit dans le processus de concrétisation des libertés exercées dans les espaces publics par une interprétation favorable au propriétaire, lui accordant une « *immunité* ». Nous utilisons le terme d'immunité dans le sens spécifique que lui donne Wesley Newcomb Hohfeld pour désigner l'incapacité juridique d'une personne à imposer des sujétions au pouvoir d'une autre[1]. En l'occurrence, même à admettre un rapport horizontal entre le droit de propriété de la puissance privée et la liberté d'aller et venir dans les espaces publics des individus, celui-ci est systématiquement en faveur du premier.

Bien sûr, le droit de propriété n'est pas absolu. Il est ainsi tout à fait loisible au législateur de limiter le droit de clôture pour des motifs environnementaux[2]. De plus, le fait pour un propriétaire d'ouvrir au public son bien lui impose des obligations particulières, notamment pour assurer que les déplacements des personnes puissent se faire en sécurité[3]. De plus, il sera alors soumis à la législation relative à l'accès des espaces publics[4], voir à la police communale lorsque l'ordre public l'exige[5]. Néanmoins, le pouvoir de limiter ou d'interdire l'accès constitue le noyau dur de ce droit tant pour la jurisprudence européenne[6] et que nationale[7]. La Cour de cassation rejette à ce titre tout contrôle de proportionnalité de l'exercice du pouvoir du propriétaire[8].

---

[1] W. N. HOHFELD, art. cit., p. 45.

[2] Cons. const., 18 octobre 2024, *Groupement forestier Forêt de Teillay et a.*, n° 2024-1109 QPC, §19.

[3] C. LOGÉAT, *Les biens privés affectés à l'utilité publique*, L'Harmattan, 2011, p. 289.

[4] La loi du 3 février 2005 impose que « les établissements recevant du public situé dans un cadre bâti existant doivent être tels que toute personne handicapée puisse y accéder, y circuler et y recevoir les informations qui y sont diffusées, dans les parties ouvertes au public […] ».

[5] CE, 3 décembre 1975, *Société foncière Paris Languedoc*, n° 89689.

[6] CEDH, 6 mai 2003, *Appleby et a. c. Royaume-Uni*, n° 44306/98, §47.

[7] Cass. com., 4 octobre 2011, n° 10-21.862.

[8] Cass. civ. 3e, 13 janvier 2015, n° 13-17.339. Toutefois, l'influence de la Cour européenne des droits de l'homme a obligé la Cour à « *acclimater* » son contrôle des pouvoirs du propriétaire au test de proportionnalité. P.-L. NIEL, « Empiétement et constructions sur la propriété d'autrui : bilan et perspectives du contrôle de proportionnalité », *AJDI*, 2020, p. 255.

Enfin, cette sanctuarisation du pouvoir du propriétaire privé est justifiée par l'existence d'espaces publics de propriétés publiques qui eux se doivent d'être ouverts. La CEDH a admis que la propriété privée pourrait céder devant les autres libertés fondamentales si « l'interdiction d'accéder à la propriété a pour effet d'empêcher tout exercice effectif de la liberté d'expression ou lorsque l'on peut considérer que la substance même de ce droit s'en trouve anéantie », par exemple une « ville appartenant à une entreprise, dans laquelle la municipalité tout entière est contrôlée par un organisme privé »[1]. Ce sombre horizon n'est heureusement pas à l'ordre du jour, il occulte cependant les effets favorables à la « discrétionnarisation » du pouvoir de contrôle des espaces publics par la puissance privée du fait de la logique de marchandisation de ces espaces.

### B. La marchandisation des espaces publics

Il n'est pas sûr que la conception de la publicisation en droit des libertés soit adaptée aux futures transformations des espaces publics par leurs marchandisations. Dans un contexte de pression budgétaire[2] et de concurrence entre les villes l'exploitation commerciale des espaces publics est recherchée par la puissance publique. Outre l'idéologie de la privatisation déjà mentionnée, le surdimensionnement – dans le temps et l'espace – de certaines politiques publiques (notamment sécuritaire ou de neutralité religieuse) suppose, pour pouvoir être effective, un relais du secteur privé[3]. L'activation continue depuis des décennies du plan Vigipirate[4] pour lutter contre le terrorisme ou le contrôle dans l'ensemble des espaces publics du passe sanitaire pour

---

[1] CEDH, 6 mai 2003, *Appleby et a. c. Royaume-Uni*, n° 44306/98. La Cour suprême des États-Unis a soutenu un raisonnement similaire dès le milieu du XX^e^ siècle : Cour suprême US, 7 janvier 1946, Marsh v. Alabama 326 US 501. Si l'hypothèse peut ressembler à un cas relevant de la science-fiction, ce serait omettre qu'il existe déjà des espaces de ce type, comme la ville de *Celebration* construite par l'entreprise Disney Compagnie (S. DIDIER, « Disney urbaniste : la ville de Celebration en Floride », *Cybergeo: European Journal of Geography*, en ligne).

[2] P.-E. SPITZ, « Les nouvelles méthodes de gestion des biens publics : l'exemple de Paris », *AJDA*, 2007, p. 954.

[3] V. GAUTRON, *Les politiques publiques de lutte contre la délinquance*, thèse Université de Nantes, 2006, *p.* 34.

[4] T. BOUSSARIE et L. DAILLY, « Vigipirate fête ses 38 ans », *AJDA*, 2016, p. 297. Activé sans interruption depuis 1996, le plan Vigipirate a pris une nouvelle dimension avec les attentats de 2015, suscitant un essor du marché de la sécurité privée pour le mettre en œuvre.

prévenir la diffusion du SARS-CoV-2 ont nécessité une très forte mobilisation du secteur privé pour suppléer les effectifs des forces de l'ordre.

La privatisation de la surveillance des espaces publics n'est donc pas contingente ce qu'exprime bien la notion de « continuum de sécurité »[1]. Elle est recherchée voire amplifiée[2] par la puissance publique, car elle permettrait de remédier à bas coûts à l'incapacité d'assurer par elle-même la réalisation de ces objectifs dans l'ensemble des espaces publics. Pour la personne publique, l'externalisation de certaines de ses missions, notamment en matière de surveillance des espaces publics, est « un outil de facilitation de l'application de ses choix sur le terrain »[3]. C'est dans ces conditions – recherches de nouvelles sources de financements et dépendance au secteur privé pour la mise en œuvre des politiques publiques – que l'emprise de la puissance privée sur les espaces publics s'accroît.

Les grands groupes privés cherchent à investir dans les lieux les plus fréquentés des espaces centraux, voire à créer de nouvelles centralités[4]. L'extension du domaine de la puissance privé sur les espaces publics tend ainsi à prendre plusieurs formes. Tout d'abord, par l'érection de mégacomplexes ouverts au public : grands stades (Orange vélodrome),

---

[1] Cette orientation des politiques répressives conduit à traiter la délinquance ordinaire en mobilisant l'ensemble des acteurs de sécurité disponible. Olivier Cahn explique ainsi que « le continuum de sécurité initialement conçu pour effacer la distinction sécurité intérieure/sécurité extérieure, est converti pour estomper la distinction sécurité publique/sécurité privée » (O. CAHN, « Ambiguïtés de la force publique », *RSC*, 2022, p. 155).

[2] En matière sécuritaire, les textes incitent depuis longtemps la maîtrise d'ouvrage des projets de construction ou d'aménagement urbain à procéder à une évaluation des « risques de sécurité publique » (art. R. 114-1 et R. 114-2, c. urbanisme). Le code de la sécurité intérieure oblige également les commerçants à se doter d'un système de sécurité pour certains lieux : pharmacies, officines, commerce de détail, grandes surfaces et centres commerciaux (art. R. 273-1 à R. 273-3, CSI). En matière de neutralité religieuse, la loi El Khomri du 8 août 2016 a autorisé le règlement intérieur des entreprises à prescrire la neutralité des personnels indépendamment de toute référence à la spécificité du poste de travail occupé. La loi du 24 août 2021 a, pour sa part, permis l'extension de l'obligation de laïcité aux salariés de droit privé des organismes publics ou privés chargés de l'exécution d'une mission de service public par la loi du 24 août 2021 (voir en ce sens S. HENNETTE-VAUCHEZ, « L'État néo-libéral face à lui-même », *AJDA*, 2022, p. 570)

[3] V. GAUTRON, *op.cit.*

[4] M. VAN CRIEKINGEN et A. FLEURY, « La ville branchée : gentrification et dynamiques commerciales à Bruxelles et à Paris », *Belgeo*, 2006, p. 113-134.

arénas ou *mall* (Europacity). Inscrit dans des logiques de revalorisation et de requalification des espaces implantés[1], ces mégacomplexes sont l'occasion d'un *branding* croisé public-privé[2]. Ensuite, la multiplication des Privately Owned Public Open Space (POPOS), ces espaces de propriété privés créés, gérés et entretenus pour l'usage public[3]. L'Île de Nantes (Nexity) ou la promenade Sainte-Catherine à Bordeaux (Redvco) en sont de bons exemples. La particularité de ces lieux est de se fondre parmi les espaces publics, leurs frontières et leurs superficies étant souvent mal connues[4].

Enfin, on voit apparaître en France des promoteurs des BIDs (*Business Improvement Districts*)[5]. Les BIDs ont vu le jour dans les années 1980 à New York avant de se diffuser, y compris sur le territoire européen, notamment au Royaume-Uni, en Belgique et en Allemagne. Ces organisations permettent aux propriétaires immobiliers des quartiers commerciaux de se regrouper pour gérer les espaces publics et améliorer les conditions d'exercice commercial dans leurs zones[6]. Le développement des BID participe à l'érosion de la démocratie locale puisque les votes au sein de l'organisation sont répartis en fonction de la valeur commerciale des lieux (suffrage censitaire).

Mégacomplexe, POPOS et BIDs contribueront à l'avenir à la concentration et au déploiement des dispositifs de sécurisation[7] (vigiles, systèmes de vidéosurveillances, dispositifs de prévention situationnelle, etc.) et de ludification[8] (publicité, organisations d'événements festifs, etc.) des espaces publics. Ces nouvelles formes d'administration privée

---

[1] J. CHABOCHE, « Les espaces publics privatisés », *Méditerranée*, 2022, p. 134.

[2] S. BRAMERET, « Le *naming* "à la française" », *AJDA*, 2016, p. 1537.

[3] C. SABBAH, « Espace public, espace privé : le commerce se joue des limites », *Les Échos*, 18 nov. 2015.

[4] M. BILLON, « Public ou privé ? Les rues de Londres recèlent de drôles d'espaces », *Médiapart*, août 2023.

[5] B. CHEYSSON, « Peut-on privatiser la ville ? L'exemple des *Business Improvement Districts », Fusions & Acquisitions Magazine*, 2017 ; G. BARBIER D. DESNUS, *Promouvoir les nouvelles centralités commerciales*, Rapport présenté à la Chambre de commerce et d'industrie de région Paris Île-de-France, 2016.

[6] N. BENELLI, « Le rôle des Business Improvement Districts dans la recomposition des activités de service public à New York », *RFAP*, 2017, p. 521-530.

[7] Il faut à ce titre ne pas sous-estimer le poids des compagnies d'assurance dans ce phénomène. V. en ce sens F. OCQUETEAU, *Les défis de la sécurité privée. Protection et surveillance dans la France d'aujourd'hui*, L'Harmattan, 1997, 190 pages.

[8] J.-P. GARNIER, « Scénographies pour un simulacre : l'espace public réenchanté », *Espaces et sociétés*, 2008, n° 134, p. 75.

des espaces publics sont déjà à l'œuvre et rejoignent la liste des espaces publics (comme les musées, les gares ou les aéroports) soumis à des « logiques de divertissement et de consommation à la faveur desquelles ils apparaissent soumis à une logique de rentabilité et de profit »[1]. L'extension du domaine de la puissance privée et l'exploitation commerciale à l'œuvre favorisent un registre axiologique économique[2] qui occulte la question de l'existence d'ingérences arbitraire de la puissance privée dans l'exercice des libertés fondamentales dans les espaces publics.

La privatisation croissante et dérégulée des villes risque-t-elle de mettre à « mort de l'espace public » ? La puissance privée bénéficie aujourd'hui d'une large liberté dans l'exercice de son pouvoir de contrôle de ces espaces. Notre droit doit également s'accommoder du caractère multiforme du contrôle qu'elle exerce : présence humaine, surveillance électronique, aménagement de l'espace. Le tout contribue à un brouillage entre intérêt public et intérêt privé qui a des conséquences politiques et normatives. L'absence de contrôle démocratique sur un pouvoir qui détermine pourtant l'accès à des espaces essentiels aux libertés[3] en est l'illustration la plus évidente.

En effet, dans un système de protection des libertés qui repose sur la promotion par les institutions de la liberté non-domination des citoyens, l'exercice d'un contrôle discrétionnaire des espaces publics devrait être évité[4]. Or, force est de constater que la marchandisation à l'œuvre dans ces espaces s'accompagne d'une « discrétionnarisation » rampante. En ce sens, l'exercice par la puissance privée du pouvoir de contrôle est une « force privative de liberté » des individus[5].

---

[1] S. HENNETTE-VAUCHEZ, « The Mall », art. cit.

[2] Le registre *économique* s'intéresse au coût, à l'efficacité ou à la valorisation des espaces publics (N. HEINICH, *Des valeurs. Une approche sociologique*, Gallimard, 2017). Ce registre axiologique, porté par la logique marchande, préside à l'appréciation de la pertinence de la question de la protection des libertés fondamentales dans l'évaluation de la privatisation du contrôle des espaces publics.

[3] T. KILIAN, « Public and Private, Power and Space », *in* A. LIGHT et J. M. SMITH, *Philosophy and Geography III: Philosophies of Place*, Rowman & Littlefield, 1998, p. 130.

[4] J.-F. SPITZ, *Philip Pettit, op. cit.*, p. 87 s.

[5] C. LEROY, « Les rapports contemporains entre l'État et le Marché : Essai d'interprétation », *Dr. adm.*, 1997, n° 293, p. 530 ; V. CHAMPEIL-DESPLATS, « La liberté d'entreprendre au pays des droits fondamentaux », *Rev. trav.*, 2007, p. 19.

Enfin, épisodiquement, la puissance publique se trouve en position d'être l'auxiliaire de la puissance privée. Les Jeux olympiques et paralympiques de 2024 illustrent ce phénomène : la sécurisation de l'événement supposait le déploiement humain et technopolicier[1] de la puissance publique en complément d'une forte présence de vigiles sur l'espace public que peinent à absorber les sociétés privées[2] aux abords des sites olympiques.

De sorte qu'à la question « *à quoi sert la puissance publique dans les espaces publics ?* » il faudrait peut-être prendre au sérieux l'hypothèse, qu'il s'agirait d'étayer, qu'elle servirait « *à permettre à la puissance privée de fonctionner* »[3].

---

[1] R. MEDARD INGHILTERRA, « L'instauration d'une "technopolice" administrative en milieu urbain : cadre et enjeux juridiques », *La Revue des droits de l'homme*, 2024, n° 25.

[2] Cour des comptes, *L'organisation des jeux olympiques et paralympiques de Paris*, Rapport complémentaire au Parlement, 2023, p. 50-51.

[3] Nous paraphrasons ici une réflexion de Michel Foucault à propos du rôle de la justice : « *[le juge] sert au fond à la police de fonctionner.* [...] *La justice est au service de la police.* » (Interview diffusée sur Antenne 2, le 25 avril 1977).

# PARTIE 3 : PRIVATISATION DE L'ESPACE PUBLIC ET NOUVELLES TECHNOLOGIES

# LA PRIVATISATION DES SERVICES PUBLICS PAR LE NUMÉRIQUE

*Jean-Yves André, Doctorant à l'Université Paris Nanterre*

La privatisation des services publics par le numérique est un sujet vaste et complexe qui soulève des enjeux majeurs quant à l'accès, la gouvernance et la gestion de nos espaces publics, qu'ils soient physiques ou virtuels. Les services publics jouent dans notre pays un rôle essentiel dans l'aménagement des territoires, dans leur animation, sur le terrain et la qualité de vie de leur population[1]. Dans le sens traditionnel, l'espace public fait référence à des lieux physiques comme les rues, les parcs, les places publiques, où les individus se rassemblent, interagissent et échangent : « les juristes et les urbanistes définissent l'espace public par l'accès et la visibilité, la rue est publique parce que ce qu'il s'y passe est accessible au regard de tous »[2]. L'espace public désigne donc « l'ensemble des espaces concrets ouverts où les actions des destinataires des normes juridiques sont publiques »[3]. À partir de la définition donnée par l'article 2 de la loi du 11 octobre 2010 interdisant la dissimulation du visage dans l'espace public, on peut affirmer que « l'espace public est constitué des voies publiques ainsi que des lieux ouverts au public ou affectés à un service public »[4].

Le numérique est souvent considéré comme un espace public en raison de sa nature ouverte et accessible à un large éventail de personnes. En effet, « l'Internet (espace virtuel) est un espace public comme les autres, où les lois de la République ont vocation à

---

[1] Y. KOTTELAT, P. MOLINOZ, « Services publics, services au public et aménagement des territoires à l'heure du numérique », *Avis du Conseil économique social et environnemental*, juillet 2020, p. 12.

[2] D. CARDON, *Culture numérique,* Sciences Po Les Presses, 2019, p. 146.

[3] H. AVVENIRE, « Espace public et libertés. Contribution à l'étude de la spatialisation du droit », *Revue des droits de l'Homme*, 2023, thèse n° 04. Selon l'auteur, il y a « espace public » chaque fois qu'une rue, un chemin, une place, un parking, un jardin, un local ou un bâtiment est considéré comme étant ouvert et peut par conséquent être emprunté librement ».

[4] L. n° 2010-1192 du 11 octobre 2010 interdisant la dissimulation du visage dans l'espace public.

s'appliquer »[1]. Mais il diffère du sens traditionnel de l'espace public physique puisque le numérique crée un espace public virtuel où les personnes se rencontrent et communiquent en ligne, autrement dit, le lieu où les individus interagissent, partagent des idées, accèdent à des services, et où la société évolue de manière similaire à l'espace public physique, bien que ce soit dans un environnement virtuel. Par exemple, les plateformes numériques ouvrent des « espaces publics de communication au sein desquels les individus peuvent interagir comme ils le feraient dans l'espace physique »[2]. Elles proposent des outils permettant aux utilisateurs de s'exprimer librement (petites annonces, avis, forums), les messages postés sont susceptibles d'être lus par un grand nombre de personnes, voire l'ensemble des internautes pour les forums ou les discussions publics[3].

Le numérique transforme l'espace public en amplifiant la réalité par des outils interactifs, des données collectées sur les usages et une participation citoyenne en ligne, ce qui permet de façonner la manière dont les personnes interagissent avec leurs environnements urbains et contribuent à leur évolution. Par exemple, « de pratiques citoyennes collectives autour du numérique ou l'animation de l'espace public grâce au numérique peuvent alors favoriser une dynamique de construction et de partage de connaissances et de valeurs communes sur un territoire donnée »[4]. La participation citoyenne en ligne, *via* des plateformes interactives, permet aux résidents de contribuer à la conception de projets urbains en partageant leurs idées et leurs préoccupations, comme c'est le cas lors de consultations en ligne pour des rénovations de parcs ou de quartiers.

Néanmoins, si le numérique constitue « un puissant moteur d'accessibilité, de simplification et de rapidité d'accès au service

---

[1] K. AMELLAL et AL., *Renforcer la lutte contre le racisme et l'antisémitisme sur Internet*, Rapport visant à renforcer la lutte contre le racisme et l'antisémitisme sur internet, 20 septembre 2018, p. 47, pt 6.5.3.

[2] S. LEQUETTE, *Droit du numérique*, Domat Précis droit privé, LGDJ Lextenso, Paris, 2024, p. 24, pt 31.

[3] A. BEELEN et AL. (dir.), *Guide pratique des plateformes. 20 legal designs commentés*, Larcier, 2021, p. 197.

[4] P. BROTCORNE, *Les outils numériques au service d'une participation citoyenne et démocratique augmentée. Les initiatives en Belgique francophone et les bonnes pratiques étrangères visant à renforcer l'expression citoyenne et la démocratie participative*, Étude réalisée par la Fondation Travail-Université pour Technofuturtic, mars 2012, p. 9.

public »[1], il soulève aussi des interrogations et des inquiétudes. En effet, même si le numérique a « engendré une nouvelle dynamique dans le paysage des services publics (en accélérant le recul de la présence physique des services publics et des emplois qui y sont associés), il a également créé de nouvelles fractures territoriales, accentuant les inégalités d'accès »[2]. À cet égard, dans son rapport annuel du 5 juillet 2022, la Défenseure des droits, Claire Hédon a relevé que « 80 % des réclamations reçues en 2021 concernent des difficultés dans les démarches administratives liées à la numérisation des services publics [...] une dégradation qui est la conséquence d'une « privatisation qui ne dit pas son nom »[3].

Dans un sens général, la privatisation désigne « toute solution faisant passer une activité ou une institution de la sphère publique à la sphère privée »[4]. La privatisation implique le « recours à l'intérêt individuel pour rendre les services publics plus efficaces »[5]. Elle englobe donc l'idée d'un ensemble de mesures visant à réduire l'influence de l'État dans l'économie, tout en promouvant la participation accrue du secteur privé dans des activités autrefois sous le contrôle étatique. Dans un sens plus précis, la privatisation de ces services peut s'entendre comme « l'irruption d'entreprises privées, poursuivant des buts lucratifs, dans la prestation de ces services »[6]. À titre d'exemple, la sphère privée

---

[1] V. ANNEQUIN, « Le numérique et l'égalité des usagers devant le service public », *in* L. CLUZEL-MÉTAYER, A. SÉE (dir.), *Éléments de droit public du numérique*, L'Harmattan, 2023, p. 43. V. également Défenseur des Droits, *Dématérialisation et inégalités d'accès aux services publics,* 2019, p. 3 : « la dématérialisation des procédures administratives permet de simplifier, pour une majorité d'usagers, l'accès aux informations ou aux documents administratifs. Elle permet également, dans certaines hypothèses, de lutter contre le non-recours, et d'améliorer l'accès réel de certains usagers à leurs droits, tout en respectant mieux leur dignité ».

[2] Défenseur des droits, *Dématérialisation des services publics : trois ans après, où en est-on ?*, Rapport, 2022, p. 26 et s.

[3] France Fraternités, *Les classes populaires sont les principales victimes de la dématérialisation des services publics*, Rapport du 13 juillet 2022. https://france-fraternites.org/les-classes-populaires-sont-les-principales-victimes-de-la-dematerialisation-des-services-publics/.

[4] P. DEVOLVÉ, « La privatisation du service de l'État », *in* J.-R. ALVENTOSA et AL. (dir.), *Serviteurs de l'État, Pouvoirs*, n° 117, 2006, p. 107.

[5] C.-B. BLANKART, « Limites de la privatisation des services publics », *Recherches Économiques de Louvain*, 1986, vol. 52, n° 2, p. 117-128.

[6] P. ALLARD, « La privatisation des services publics dans les pays des Périphéries », *Recherches Internationales*, 2008, p. 9-31.

s'étend aux transports ou à l'énergie, y compris dans la santé ou l'aide sociale qui s'appuient sur des « prestataires privés »[1].

Le numérique ouvre donc une nouvelle forme de recomposition du partage public-privé, que certains auteurs nomment « privatisation numérique »[2]. Cette singularité est « indissociable des développements technologiques de la dernière décennie : généralisation des smartphones, nouvelles offres de plateformes numériques et potentialité de l'intelligence artificielle »[3]. L'État entre en concurrence avec des opérateurs privés, parfois plus puissants que lui et à vocation mondiale[4] comme les fameux « GAFAM » (Google, Apple, Facebook, Amazon et Microsoft) : « les pouvoirs publics sont concurrencés par la montée en puissance d'interfaces innovantes qui, à moindre coût et avec une plus grande efficacité, prennent en charge des services jusqu'alors exclusivement assurés dans le cadre de services publics »[5]. La relation entre plateformes numériques et espace public se pose ainsi aujourd'hui avec acuité pour deux raisons principales : les plateformes sont des « entreprises privées implantées dans des secteurs les plus divers (communication, transport, restauration, santé, banque, etc.) et dont l'activité d'intermédiation repose entièrement sur la collecte, le traitement et la diffusion d'informations directement recueillies auprès de la communauté des internautes »[6].

Par conséquent, comment garantir la transparence, la responsabilité et la préservation de l'intérêt public dans un contexte de privatisation des services publics par le numérique ?

En premier lieu, il conviendra de voir les risques juridiques associés à la privatisation des services publics par le numérique, notamment en

---

[1] J.-F. SOUPIZET, « Les États face aux géants du Net. Vers une alliance de raison ? », *Futuribles*, 2023, vol. 3, n° 454, p. 5-23, pt. 32.

[2] G. JEANNOT et S. COTTIN-MARX (dir.), *La privatisation numérique. Déstabilisation et réinvention du service public*, Éditions Raisons d'agir, 2022, p. 10 et s.

[3] M. DOUEIHI, *Qu'est-ce que le numérique ?*, PUF, 2013. V. également D. CARDON, *Culture numérique*, *op. cit.* p. 146 et s.

[4] H. OBERDORFF, « La transformation numérique de l'administration publique », *La Revue du droit public*, 2020, n° 5, p. 1173.

[5] J.-M. SAUVÉ, « Avant-propos », *in Puissance publique et plateformes : accompagner l'« ubérisation »*, préc., p. 8.

[6] M. ABEL, H. CLARET et P. DIEUAIDE (dir.), *Plateformes numériques. Utopie, réforme ou révolution ?*, L'Harmattan, 2020, p. 217.

ce qui concerne les questions de gouvernance et de confidentialité des données, ainsi que les défis liés à la concurrence entre les acteurs publics et privés (I). En second lieu, il conviendra de traiter les solutions pour adapter les services publics à la privatisation numérique, notamment la régulation en aval, le renforcement du dialogue entre les collectivités et les plateformes, ainsi que la nécessité d'une collaboration entre institutions publiques et plateformes numériques par des partenariats publics-privés (II).

## I. Les risques juridiques de la privatisation des services publics par le numérique

La privatisation numérique présente des risques liés à la protection des libertés fondamentales en particulier, à la gouvernance et à la confidentialité des données personnelles (A). Des défis concurrentiels sont également posés par la privatisation des fonctions publiques par les plateformes numériques (B).

### A. Les risques pour la protection des libertés fondamentales

La privatisation des services dans le cadre des villes intelligentes peut générer des problèmes de gouvernance (1) de confidentialité des données (2).

#### 1. Problème de la gouvernance des données personnelles

Le problème de la gouvernance des données réside dans la manière dont les données, en particulier celles à caractère personnel, sont collectées, stockées, traitées, partagées et gérées au sein d'un système, souvent dans le cadre de projets publics ou privés. Par exemple, le projet Quayside (« kisaide ») à Toronto met en lumière le problème de la gouvernance des données parce qu'il posait des questions sur la transparence, le consentement, la propriété et la sécurité des données soulevés. En 2017, la Ville de Toronto a en effet confié à une filiale de Google[1] (Sidewalk Labs) le soin d'organiser les fonctions et les services

---

[1] J. SADOWSKI, "Google wants to run cities without being elected Don't let it", *The Guardian*, 24 October 2017. https://www.theguardian.com/commentisfree/2017/oct/24/google-alphabet-sidewalk-labs-toronto.

de ville intelligente du quartier « Waterfront »[1], aboutissant à la signature d'un accord avec la ville de Toronto pour développer un projet de quartier intelligent appelé « Quayside »[2].

Ce projet a suscité des préoccupations quant à la collecte massive de données personnelles des résidents et à la gestion de la confidentialité : les inquiétudes concernaient la propriété des données et les implications sur la vie privée[3]. Certaines associations ont relevé « le flou qui entourait l'autre « volet Google » typiquement numérique : l'installation massive de caméras et autres capteurs, l'absence de consentement et même d'information des citoyens cibles, la nature des données nominales et du profil d'identité numérique individuel, leur stockage, leur propriété, leur accessibilité et leurs exploitations possibles, le manque de transparence du projet public sur ces points »[4]. Le projet manquait donc de clarté quant à l'utilisation future des données personnelles[5], ce qui a abouti à l'abandon du projet.

Par conséquent, l'échec de Sidewalk implique d'inventer d'autres modèles pour les villes de demain, plus inclusifs, et dans lesquels les données ne seraient pas considérées comme des ressources économiques naturellement disponibles pour des multinationales, mais feraient l'objet de réflexions collectives[6].

### 2. Problème de la confidentialité des données personnelles

Le cas du recours des autorités publiques à la société Doctolib est aussi un exemple qui met en évidence les défis liés à la confidentialité des données de santé. Le gouvernement français a fait le choix de Doctolib pour la « logistique de prise de rendez-vous de la vaccination, et en particulier pour les centres publics de vaccination »[7]. Dans le cadre de la campagne de vaccination contre la Covid-19, le ministère des

---

[1] T. CARDOSO, J. O'KANE, "Sidewalk Labs document reveals company's early vision for data collection, tax powers, criminal justice", *The Glod and Mail*, 30 octobre 2019.
[2] M. BALÉO, *Portrait de ville Toronto. Jusqu'où ?*, Rapport, décembre 2019, p. 9, en ligne.
[3] Renaissance numérique, « Le data trust : nouvel outil de mise en capacité du citoyen », Think Tank Renaissance numérique, 22 septembre 2020, en ligne.
[4] Collectif, « Google city de Toronto : les raisons d'un échec », *Les Échos*, 18 mai 2020.
[5] E. HO-PUN-CHEUNG, « Résister à la smart city : une opération de disqualification de la ville Google torontoise », *Espaces et sociétés*, 2023, p. 68.
[6] Collectif, « Google city de Toronto : les raisons d'un échec » *op. cit.*
[7] G. JEANNOT et S. COTTIN-MARX (dir.), *op. cit.*, p. 76.

Solidarités et de la Santé a confié la gestion des rendez-vous de vaccination sur internet à différents prestataires, dont la société Doctolib, société ayant recours à la société AWS Sarl (qui est une filiale de la société américaine Amazon Web Services Inc.) pour garantir les besoins de l'hébergement de ses données[1]. Or, entre le 26 février et le 7 mars 2021, plusieurs associations, syndicats, fédérations et autres ont intimé au juge des référés du Conseil d'État « d'ordonner la suspension du partenariat avec la société Doctolib en ce qu'il repose sur un hébergement des données de santé auprès de la société américaine, le rendant incompatible avec le RGPD, d'ordonner au ministre de la santé et des solidarités d'avoir recours à d'autres solutions de gestion de la prise de rendez-vous de la campagne de vaccination contre la Covid-19, respectueuses des exigences au droit à la protection des données [...] »[2].

Les requérants estiment que « l'hébergement des données de rendez-vous de vaccination pris sur Doctolib comporte des risques puisqu'elles sont hébergées par la filiale d'une société américaine – Amazon Web Services – sur laquelle les autorités américaines pourraient avoir un droit de regard »[3]. En se fondant sur la décision de la Cour de justice de l'Union européenne du 16 juillet 2020[4], le juge des référés retient que « les limitations de la protection des données à caractère personnel qui découlent de la réglementation interne des États-Unis ne sont pas encadrées de façon à répondre à des exigences substantiellement équivalentes à celles requises par la charte des droits fondamentaux de l'Union européenne »[5]. Cependant, le Conseil d'État n'a pas fait droit à la demande des requérants : il a considéré qu'« il n'apparaît pas, en l'état de l'instruction, que la décision du ministre des Solidarités et de la Santé de confier à la société Doctolib, parmi d'autres voies possibles de réservation de rendez-vous, la gestion de rendez-vous de vaccination contre la Covid-19 porte une atteinte grave et manifestement illégale au

---

[1] CE, ord. 12 mars 2021, *Association InterHop et a.*, n° 450163.

[2] B. Bévière-Boyer, « La protection des données de santé à disposition par le *Health Data Hub* pour les recherches sur la Covid-19 », *Journal du droit de la santé et de l'assurance – maladie (JDSAM),* 2021, vol. 2, n° 29, p. 37 -38, spéc. §23-24.

[3] https://www.uggc.com/conseil-detat-donnees-sante-pas-de-suspension-du-partenariat-entre-le-ministere-de-la-sante-et-doctolib/.

[4] CJUE, 16 juillet 2020, *Data Protection Commissioner contre Facebook Ireland Ltd et Maximillian Schrems*, C-311/18, p. 51, pt. 203.

[5] Symchowicz Weissberg & Associés, « Le Conseil d'État valide le partenariat conclu entre l'État et Doctolib », *Actualité juridique, commande publique*, 8 avril 2021. V. également, CE ord., 12 mars 2021, préc. p. 5, pt. 5.

droit au respect de la vie privée et au droit à la protection des données personnelles »[1].

Ces exemples soulignent la nécessité de repenser les mécanismes de collecte, de stockage et de gestion des données dans un contexte où le numérique devient un acteur prépondérant. Ces enjeux ne constituent qu'une facette des risques associés à la privatisation des services publics par le numérique. Le numérique provoque aussi des risques concurrentiels liés aux monopoles et à la dépendance des institutions publiques, mettant en lumière les défis inhérents à la concentration du pouvoir entre les mains d'entités privées.

### B. Les risques concurrentiels par la privatisation des fonctions publiques par les plateformes numériques

La privatisation des fonctions publiques par les plateformes numériques se manifeste par la concurrence avec les fonctions régaliennes de l'État (1), en particulier le service public de la justice (2).

#### 1. Concurrence avec les fonctions régaliennes de l'État par les plateformes numériques

Comme le relève le Conseil d'État dans une étude annuelle réalisée en 2017, les plateformes numériques privées viennent bousculer non seulement les procédures d'adoption de la décision publique et leur légitimité en les soumettant à une « ubérisation progressive »[2], mais aussi les administrations elles-mêmes en les exposant à « la concurrence des plateformes numériques dans l'exercice des fonctions de sécurité et de justice »[3]. Par leurs stratégies de domination technique, mais aussi commerciale et financière, les géants du numérique « prennent des pouvoirs tels qu'ils en viennent à concurrencer directement les États dans leurs fonctions régaliennes »[4].

---

[1] CE ord., 12 mars 2021, préc.

[2] CE, *Puissance publique et plateformes numériques : accompagner « l'ubérisation »*, Rapport annuel, 2017, p. 94 s.

[3] *Ibid.*, p. 96.

[4] B. Bevierre-Boyer., « La régulation juridique offensive, moyen de consolider la souveraineté des États à l'épreuve de l'expansion démesurée des géants du numérique », *Revue Éthique et numérique*, 2022, vol. 1, n° 1, p. 129.

Le Conseil de surveillance de Facebook ainsi que les plateformes extrajudiciaires des différends sont des exemples pertinents qui illustrent cette privatisation des fonctions traditionnellement dévolues à l'autorité publique. Le Conseil de surveillance de Facebook est un « organe chargé de superviser le processus d'appel de Facebook sur la suppression de contenu d'utilisateur, ainsi que de conseiller politique »[1]. Il est en mesure d'annuler les décisions de Facebook d'autoriser ou de supprimer certaines publications sur ses plateformes en fonction d'un ensemble de valeurs[2]. Il est le « symbole tout à la fois des carences des pouvoirs publics et de la puissance des opérateurs privés qui se sont vus confier une délégation volontaire des pouvoirs de censure par les gouvernements »[3]. Il se compose de juristes, de membres d'ONG ou d'anciens responsables publics, gage de probité[4]. Il est compétent pour entendre et de juger les appels des utilisateurs concernant le contenu que le réseau social a retiré de la plateforme, d'examiner les décisions politiques soumises par Facebook au conseil d'administration et d'élaborer une politique[5]. Par exemple, dans une affaire liée à une publication affirmant que les autorités françaises refusaient d'autoriser l'hydroxychloroquine contre la Covid-19 alors qu'il s'agissait d'un médicament inoffensif utilisé partout ailleurs dans le monde, le Conseil a annulé la décision de Facebook de modérer, considérant qu'elle n'était pas conforme aux normes internationales relatives aux droits de l'homme relatives à la limitation de la liberté d'expression[6]. De la même manière, le Conseil de surveillance a

[1] K. KLONICK, "Does Facebook's Oversight Board Finally Solve the Problem of Online Speech?", *in* R. FAY (ed.), *Models for Platform Governance*, Centre for International Governance Innovation, 2019, p. 51.

[2] M. VERMEULEN, "Online Content: To Regulate or not to Regulate - Is that the Question?", *Association for Progressive Communications (APC)*, 2019.

[3] B. CHARVIN, « Le conseil de surveille de Facebook », *RDP*, 2022, n° 4, p. 1115. V. également R. BADOUARD, *Le désenchantement de l'Internet. Désinformation, rumeur et propagande*, FYP éditions, 2017, p. 151.

[4] L. PEREZ, « GAFAM et usages stratégiques du droit *(lawfare)* : un jeu à armes légales », *Questions internationales. Les GAFAM : une histoire américaine*, septembre-octobre 2021, n° 109.

[5] L. BELLI, "Structural Power as a Critical Element of Social Media Platforms' private Sovereignty", *in* E. CELESTE, A. HELDT et C. IGLESIAS KELLER (ed.), *Constitutionalizing social media*, Hart Publishing, coll. « Hart Studies in Information Law and Regulation », 2022, p. 98.

[6] P. JOUGLEUX, "Facebook and the (EU) Law. How the Social Network Reshaped the Legal Framework", *Law, Governance and technology*, 2022, p. 208. V. Conseil de surveillance, décision n° 2020-006-FB-FBR.

convenu avec Facebook qu'un message d'une autorité médicale affirmant que les confinements sont inefficaces alors qu'elle avait été condamnée par l'Organisation mondiale de la Santé ne créait pas de risque de préjudice imminent et ne devait pas être supprimé[1].

### 2. Privatisation du service public de la justice par les plateformes numériques

Les plateformes de résolution des différends en ligne sont définies comme un système « permettant de créer, de transmettre, de recevoir, de conserver, d'échanger ou de traiter de toute autre manière des communications d'une façon qui garantisse la sécurité des données »[2]. Alors que l'État accompagne l'émergence d'une justice digitale[3], en développant notamment le Portail du justiciable[4] ou encore le Tribunal digital[5], les plateformes numériques « investissent, elles aussi, le champ du règlement des différends en proposant l'accès à une justice alternative en ligne »[6].

---

[1] *Ibid.*, p. 208. V., Conseil de surveillance, décision n° 2021-008-FB-FBR.

[2] Commission des Nations Unies pour le droit commercial international (CNUCID), *Résolution adoptée par l'Assemblée générale. Notes techniques sur le règlement des litiges en ligne de la CNUCID*, 13 décembre 2016, n° 71/138, p. 5 ; S. AMRANI-MEKKI, « Les plateformes de résolution en ligne des différends », *in* X. DELPECH, *L'émergence d'un droit des plateformes*, Dalloz, 2021, p. 189, pt. 1.

[3] A. GARAPON et J. LASSÈGUE (dir.), *Justice digitale*, PUF, 2018, p. 1 et s.

[4] V. l'arrêté du 28 mai 2019 autorisant la mise en œuvre d'un traitement automatisé de données à caractère personnel dénommé « Portail du justiciable » (JO n° 0249 du 4 octobre 2021). Le *Portail du justiciable*, via le site www.justice.fr, permet non seulement la consultation à distance par le justiciable de l'état d'avancement de son affaire judiciaire sur un portail personnel et sécurisé ; l'accès, grâce à une transmission sécurisée sur le portail, à certains documents dématérialisés relatifs à ces mêmes procédures, tels que des avis, des convocations et des récépissés ; la consultation d'une affaire judiciaire, aux fins d'information du justiciable, par les agents de greffe, via le portail du service d'accueil unique du justiciable, service interne au ministère de la Justice ; la réalisation de statistiques, mais aussi, suite à l'arrêté du 18 février 2020 (JO n° 0045 du 22 février 2020), dont la disposition a été prise par celui du 21 octobre 2021 (préc.), la transmission électronique à la juridiction de sa requête et de ses pièces.

[5] Tribunal digital, « Prévenir, protéger, recouvrer une créance ou faire valoir un autre droit », https://www.tribunaldigital.fr.

[6] S. CHASSAGNARD-PINET, *Les plateformes de règlement extrajudiciaire des différends. Dynamiques et perspectives*, Mare et Martin, 2023, p. 12-13. Selon l'auteur, « les plateformes collaboratives et de commerce en ligne, désireuses de renforcer la confiance de leurs utilisateurs se sont engagées dans le développement de dispositifs de résolution des différends générés par les transactions passées par leur

Parmi ces plateformes, figure la plateforme SOLLEN (SOlution en Ligne aux Litiges d'ÉNnergie) du Médiateur national de l'énergie définie dans la charte d'utilisation[1] qui est une plateforme de résolution en ligne des litiges proposée par le médiateur national de l'énergie (MNE). Elle vise à « faciliter la recherche d'une solution amiable pour les litiges des consommateurs avec les entreprises du secteur de l'énergie »[2]. De même, l'espace de médiation de la FEVAD permet au consommateur de rester informé de l'état d'avancement de sa demande et d'échanger avec le Médiateur[3]. Autre exemple, la plateforme européenne de règlement en ligne des litiges (RLL) mise à disposition par la Commission européenne vise à rendre les achats en ligne plus sûrs et plus équitables grâce à l'accès à des outils de résolution des litiges[4].

Ce développement croissant des plateformes procède d'une « volonté du législateur de leur déléguer une partie de la production et de la gestion de la normativité dans l'espace juridique »[5]. La mission régalienne de juger est le fruit d'un juge privé évoluant dans le cadre d'une plateforme privée elle-même contrôlée par un organisme privé de certification : ce triple degré de privatisation implique une « attention particulière du juge étatique en cas de contestation du justiciable, d'autant que l'arbitrage en ligne oblige le juge du recours contre la sentence à renouveler sa manière d'apprécier l'indépendance et l'impartialité, le respect du contradictoire ou l'exigence de motivation »[6].

---

intermédiaire, et ensuite, de façon plus directe, lorsque le règlement des différends a lui-même été appréhendé comme un marché pouvant donner lieu au déploiement de plateformes dédiées ».

[1] Saisir le médiateur national de l'énergie en ligne avec SOLLEN, cité par S. CHASSAGNARD-PINET, *op. cit.*, p. 42-43.

[2] Médiateur national de l'énergie, « Charte d'utilisation de SOLLEN », Solution en ligne aux litiges d'énergie, République française, 29 juin 2020, en ligne.

[3] Médiation de la consommation FEVAD, « La médiation de la consommation s'adapte pour l'inclusion numérique », Espace consommateurs, en ligne.

[4] Commission européenne, « Règlement en ligne des litiges », Plateforme de règlement en ligne des litiges, en ligne.

[5] A. AULAS et AL., « Jugé(e) par une plateforme ? Épisode 1. Il était une fois la justice d'Internet », *Aeon. Droit des nouvelles technologies*, 5 juillet 2019, en ligne.

[6] S. CHASSAGNARD-PINET, *Les plateformes de règlement extrajudiciaire des différends. Dynamiques et perspectives*, Mare et Martin, 2023, p. 82.

L'émergence de tels centres d'arbitrage traduit un « véritable mouvement de privatisation de la justice qui, s'il peut être souhaitable à bien des égards, mérite d'être cadré juridiquement et accompagné ou validé par le ministère de la Justice, afin d'assurer une sécurité juridique non seulement aux justiciables qui ont recours à ces tribunaux, mais également aux centres d'arbitrage qui proposent leurs services »[1]. À cet égard, l'article 4 de la loi du 23 mars 2019 de programmation 2018-2022 et de réforme pour la justice prévoit que les centres d'arbitrage en ligne pourront être certifiés par un organisme accrédité[2]. Comme le soulignent Serge Abiteboul et Jean Cattan dans leurs écrits, « l'espace public s'est tellement déporté sur les plateformes et l'espace laissé vacant par l'État est si grand que les plateformes peuvent se permettre de tels comportements à l'esprit régalien »[3].

Au regard de ces éléments, il est essentiel que les acteurs publics et les acteurs privés trouvent un équilibre entre le développement de l'innovation et la préservation de l'intérêt général. À cet égard, il existe des solutions pour adapter les services publics à la privatisation numérique.

## II. Les remèdes pour adapter les services publics à la privatisation numérique

Dans le cadre de l'adaptation des services publics à la privatisation numérique, deux axes fondamentaux émergent : d'une part, la régulation en aval et le renforcement du dialogue entre les collectivités et les plateformes (A), et, d'autre part, la nécessité d'une collaboration entre institutions publiques et plateformes numériques par le biais de partenariats publics-privés (B).

---

[1] T. CLAY, « L'arbitrage en ligne », *Rapport du Club des juristes*, avril 2019, p. 41.

[2] L. n° 2019-222 du 23 mars 2019 de programmation 2018-2022 et de réforme pour la justice.

[3] S. ABITEBOUL et J. CATTAN, « Nos réseaux sociaux, notre régulation », *in* Groupe d'études géoponiques, « La compliance, une idée européenne ? », *La Revue Européenne du Droit*, 2020, vol. 1, n° 1, p. 40.

### A. La régulation en aval et le renforcement du dialogue entre les collectivités et les plateformes

Pour contrer les effets négatifs de la privatisation, les collectivités locales encadrent les acteurs privés par des régulations en aval (1). Cet encadrement nécessite de s'appuyer sur un dialogue renforcé avec les plateformes numériques (2).

#### 1. La régulation en aval des acteurs privés par les collectivités locales

Les actions les plus puissantes contre cette privatisation numérique proviennent des villes. Un certain nombre de collectivités locales ont élaboré des régulations pour encadrer les débordements dans l'espace public de l'offre de certaines plateformes[1] (Airbnb, trottinettes, etc.). Ce renforcement des capacités de contrôle des entreprises délégataires de services, illustré dans le cas de la smart city, passe par des « obligations légales de mise à disposition des données, par le développement de compétences pour suivre les contrats, mais aussi parfois par l'existence d'une offre publique en régie qui puisse faire référence pour les prix et permettre une autonomie de l'expertise »[2].

De nombreuses villes se sont mobilisées pour demander de nouvelles de régulation et d'action publique autour des locations de courte durée et des plateformes facilitant ce phénomène[3]. Devançant les mobilisations d'associations de riverains davantage préoccupées par les problèmes de nuisance que de gentrification, la Ville de Paris a renforcé et surtout précisé, *via* une problématisation en matière de logement, des procédures de contrôles des appartements loués sur les plateformes[4].

En outre, la Ville de Paris s'est opposée au service de livraison d'Amazon qui avait lancé à Paris un service de livraison en 1 heure,

---

[1] G. JEANNOT et S. COTTIN-MARX (dir.), *op. cit.*, p. 146.
[2] *Ibid.*, p. 146. V. également G. JEANNOT et O. COUTARD, *Revenir au service public ?*, La Documentation française, 2015, p. 477-479.
[3] A. COURMONT et AL., *Gouverner la ville numérique*, PUF, 2019. L'auteur précise que « la plupart des grandes villes européennes ont développé des formes de régulation plus ou moins strictes des locations saisonnières et des plateformes (les hébergeurs qui ne respectent pas les différents règlements risquent des sanctions financières : l'amende peut s'élever à 12 000 € par appartement à Amsterdam, à 30 000 € à Barcelone, à 50 000 € à Paris ou à 100 000 € à Berlin », p 31.
[4] *Ibid.*, p. 34.

proposant plus de 20 000 produits de tous types, de l'alimentation aux équipements pour la maison. Or, pour la ville de Paris, qui n'était pas au courant de l'arrivée de ce service, ce service représentait une concurrence déloyale pour les commerçants locaux et ne respectait pas les règles de concentration des commerces ni les taxes en vigueur[1].

Par ailleurs, certaines équipes municipales n'hésitent pas à pratiquer le *« web scraping »*, opération informatique consistant à « pomper » les données des plateformes afin de reconstituer les *listings* avec toutes les informations liées à la localisation, à la qualité et aux fréquences des locations nécessaires à la surveillance[2].

Les acteurs publics ne doivent pas uniquement entrer dans des rapports de force avec les acteurs privés, mais aussi collaborer avec eux pour garantir un encadrement efficace des services publics et prévenir les dérives liées à leur privatisation.

### 2. La nécessité de renforcer le dialogue entre les collectivités et les plateformes

Les plateformes ne doivent pas être considérées comme des sujets à soumettre à une intervention administrative, mais comme des acteurs clés du cadre réglementaire qui devraient commencer à assumer certaines responsabilités et fonctions à partir de la position qu'elles occupent et en raison de celle-ci[3]. Les plateformes cherchent à éviter les régulations strictes et s'opposent à toute sorte de restrictions contraignantes[4].

Pour prendre position de manière pertinente vis-à-vis des plateformes, les collectivités ont besoin de développer leurs

---

[1] B. CHABANEL et AL., *Plateformes numériques et territoires. Quels enjeux pour la collectivité ?*, Rapport, Innovation & Numérique, octobre 2016, p. 50, en ligne. Selon l'auteur, il serait une « source de nuisances sonores et environnementales pour les habitants, du fait des livraisons réalisées en scooter ou en van. Dans ce cas, l'innovation de service vient perturber le système économique local, et aucune négociation ou forme de régulation autour de son arrivée n'a eu lieu ».

[2] A. COURMONT et AL., *op. cit.*, p. 39.

[3] J. PARDO ESTEVE, *Servicios en plataforma. Estrategias regulatorias*, Marcial Pons, 2021 p. 113 ; Rating Legis, "Impulse Paper on the Business Authorisation/Licensing Requirements Imposed both on Peer-Providers and Platforms. Barcelona, Berlin and Amsterdam", May 2016, p. 56, en ligne.

[4] A. COURMONT et AL., *op. cit.*, p. 42.

connaissances sur ces plateformes, leurs stratégies, leurs effets socio-économiques : cela peut passer par « la construction de relations de confiance avec ces plateformes pour partager des informations et des données ou encore par l'étude de l'impact économique et social de ces pratiques au niveau local »[1]. Par exemple, la Ville de Paris s'est engagée dès juin 2018 dans la voie douce du droit souple en procédant à « la rédaction d'une charte avec les principaux opérateurs qui prévoit le stationnement des trottinettes sur des emplacements spécifiés de manière à ne pas encombrer les trottoirs »[2]. Le 27 juin 2018, la municipalité de Paris convoquait les opérateurs (oBike, Mobike, Ofo, Donkey Republic, Oribiky et Pony) pour les enjoindre à signer un tel document. Outre le rappel des règles de circulation, la charte définissait « des responsabilités pour les vélos abandonnés, en particulier la règle des vingt-quatre heures prévoyant que tout deux-roues cassé signalé sur l'application de l'opérateur ou de la Ville de Paris d[eva]it être enlevé de la voie publique dans ce délai »[3].

Ce dialogue permet de définir des politiques en conjonction avec les plateformes, comme l'illustrent les collaborations entre les plateformes de partage de logements et les gouvernements locaux[4]. À Barcelone, par exemple, depuis juin 2018, la mairie est parvenue à un « accord avec Airbnb en vue de la création d'un outil technique qui oblige les loueurs d'appartements à soumettre leur numéro d'autorisation et leur demande leur accord pour transmettre leurs données personnelles (identité) aux services municipaux »[5].

Après avoir exploré la nécessité d'une régulation en aval et du renforcement du dialogue entre les collectivités et les plateformes numériques, il convient d'examiner la promotion d'une collaboration entre institutions publiques et plateformes par le biais de partenariats publics-privés, mettant ainsi en avant les opportunités de coopération dans l'ère numérique.

---

[1] B. CHABANEL et AL., *op. cit.*, p. 55.
[2] A. GRAS, « Free-floating et droit public », *in* L. CLUZEL-MÉTAYER et A. SÉE (dir.), *op. cit.*, p. 81.
[3] G. JEANNOT et S. COTTIN-MARX (dir.), *op. cit.*, p. 47.
[4] M. FINCK, *op. cit.*, p. 21.
[5] Atelier parisien d'urbanisme (APUR), « Locations meublées de courte durée : quelle réponse publique ? », Note 128, 2018, en ligne.

### B. La promotion d'une collaboration entre institutions publiques et plateformes numériques par le biais de partenariats publics-privés

Afin de pallier les inconvénients de la privatisation des services publics, il est essentiel de favoriser une collaboration entre acteurs publics et privés, notamment à travers le partage de données (1) et la mise en place de partenariats public-privé (2).

#### 1. Une collaboration entre acteurs publics et acteurs privés par le partage des données

La collaboration entre acteurs publics et plateformes est cruciale dans l'élaboration et la mise en œuvre de nouvelles régulations[1]. Les plateformes technologiques stockent et traitent une grande quantité d'informations que l'Administration, en tant que « régulateur du marché et fournisseur de services publics, ne peut se permettre d'ignorer, lorsqu'elle conçoit toute sorte de politiques publiques susceptibles d'améliorer la qualité de vie et les besoins des citoyens »[2].

Le partage de données entre les plateformes et les collectivités permet aux deux parties de bénéficier de cet échange : « la ville peut se servir de données récoltées et traitées par la plateforme pour mieux orienter et cibler ses politiques publiques, la plateforme peut quant à elle continuer à améliorer le fonctionnement de son algorithme et proposer une offre optimisée »[3]. Les opérateurs privés sont susceptibles de produire des « données d'intérêt territorial utiles au fonctionnement de la collectivité, alors même qu'ils ne sont pas délégataires d'un service

---

[1] A. COURMONT et AL., *Gouverner la ville numérique*, PUF éditions, La vie des idées, Paris, août 2019, p. 43.

[2] J. PARDO ESTEVE, *op. cit.*, p. 113. V. également A. CLAICI, « *Big data* y política de la competencia », *Papeles de Economía Española*, 2018, n° 157, p. 251 s. ; C. COLOMB, T. AGUILERA et F. ARTIOLI, « Gobernanza urbana y retos de la regulación del alquilar vacacional y de las plataformas digitales en las grandes ciudades europeas », *Turismo i metròpoli. Reflexions per a una agenda integrada*, 2019, n° 62, p. 97 s.

[3] Association internationale des Maires francophones, « Ville et numérique. Nouveaux acteurs, nouveaux usages : quand le numérique arrive en ville, quel rôle et quelles stratégies pour la municipalité ? », SciencesPo, AIMF, juillet 2022, p. 31 : « la police de Rio de Janeiro, grâce à son partenariat d'échange de données avec Waze, confère au centre d'opérations une plus grande capacité de contrôle des infractions routières, tandis que Waze reçoit les données officielles de la ville relatives aux travaux urbains ».

public »[1]. L'accès aux données des plateformes semble en effet devenir une nécessité, à la fois « pour tempérer les effets d'une captation exclusivement privée des données sur l'organisation des villes, mais également pour agir sur un certain nombre d'indicateurs »[2].

Les plateformes Waze ou Uber ont par exemple mis en œuvre des stratégies de mises à disposition de données (mises à disposition qui peuvent être volontaires, imposées par la loi ou négociées) qui peuvent être utilisées comme source d'information pour la définition et la mise en œuvre de politiques publiques : modification du cadrage des problèmes publics ou transformation *in fine* de l'action publique[3].

### 2. La collaboration des acteurs publics et privés par le développement de partenariats publics-privés

L'établissement de partenariats public-privé permettrait aux plateformes numériques d'intervenir en tant que partenaires de la puissance publique locale, notamment pour la gestion ou l'amélioration des services assurés par la collectivité, tels que les transports ou le mobilier urbain. Ces partenariats peuvent être issus de la sollicitation d'une collectivité territoriale, de la mise en place progressive d'un nouveau service devenant finalement essentiel ou de la création et de la vente par une plateforme d'un nouveau service. Par exemple, le « *Community Compact* » d'Airbnb définit des principes directeurs pour développer des partenariats avec les villes : « la plateforme est ouverte à travailler avec les villes au cas par cas, en acceptant des règles différentes pour la ville en question, y compris la perception des impôts pour le compte des gouvernements locaux »[4].

---

[1] R. MAUREL et E. PETIT-PRÉVOST-WEYGAND (dir.), *Numérique. Le défi juridique du siècle*, Les Éditions de l'Atelier, 2024, p. 50.

[2] M. LANNA, « L'impact des plateformes sur la ville, entre police administrative et gouvernance des données », *Chemins publics*, 17 mai 2024, en ligne.

[3] A. COURMONT et AL., *op. cit.*, p. 16.

[4] M. FINCK, « Digital Regulation : Designing a Supranational Legal Framework for the Platform Economy », *LSE Law, Society and Economy Working Papers,* 2017, n° 15, p. 17 : selon l'auteur, un tel partenariat peut « aider les gouvernements à collecter des millions de dollars en recettes de taxes hôtelières et touristiques à peu de frais et fournir des données aux décideurs politiques locaux pour permettre une prise de décision plus intelligente sur les règles de partage de logement sans compromettre les droits à la vie privée des hôtes ou des voyageurs ». Les formalités d'un tel partage de données restent actuellement exclusivement réglementées par la plateforme elle-même, en maintenant une position d'autorégulation à cet égard. V. également,

Autre exemple, Boston collabore avec Waze pour fluidifier la circulation routière. Waze et la ville de Boston ont signé un accord en 2015 pour « partager gratuitement leurs informations sur la circulation dans la ville pour améliorer sa fluidité : la ville dispose ainsi d'une information plus fine que celle qui lui est fournie par ses 300 caméras de surveillance, avec une meilleure couverture géographique »[1]. En travaillant avec la communauté des utilisateurs de Waze les services de la métropole peuvent « corriger des codages incorrects de voirie secondaire en voirie principale, en établissant un partenariat avec Waze comme d'autres villes, ils peuvent récupérer des données pour leur propre gestion »[2].

Si la ville estime que les savoir-faire d'une plateforme peuvent pallier une absence ou une défaillance des services publics, elle peut considérer une coopération avec la plateforme sous forme de partenariat. Il peut être ancré dans un contrat d'un « partenariat public-privé » (soit un mode de financement par lequel la ville fait appel à une plateforme pour financer ou gérer un projet contribuant au service public), ou une « simple association juridiquement non contraignante, où la plateforme participe au fournissement de ce service »[3]. Dans les deux cas, la ville perd sa capacité à gouverner, mais peut bénéficier du savoir-faire technologique ou gestionnaire d'une plateforme donnée, en

---

https://www.airbnbcitizen.com/wp-content/uploads/2015/11/Airbnb-Community-Compact.pdf.

[1] B. Chabanel et al., *op. cit.*, p. 56 : l'auteur souligne que « l'enjeu pour Waze est de se doter d'une image de « service public » contribuant au bien-être des citadins. De son côté, la ville obtient l'accès à de précieuses données, en temps réel, des conditions de circulation sur l'ensemble de son territoire. Elle peut optimiser le fonctionnement de ses modèles de trafic et la gestion des incidents ».

[2] G. Jeannot et V. Maghin, « La ville intelligente, de l'administration à la gouvernance. La difficile intégration des données des usagers par une métropole », *Réseaux*, 2019, vol. 6, n° 218, p. 105-142 ; A. Courmont, « Plateforme, *big data* et recomposition du gouvernement urbain. Les effets de Waze sur les politiques de régulation du trafic », *Revue française de sociologie*, 2018, vol. 59, n° 3, p. 423-449. Dans ses écrits, Antoine Courmont a recensé durant l'été 2017 dix partenariats de même type entre des collectivités et Waze. Il voit dans ces partenariats une manière de déplacer le rôle des pouvoirs publics qui exerceraient un « gouvernement indirect » par la mise en circulation de leurs données (v. p. 444), si cela peut conduire à une convergence des intérêts (par exemple lorsque la ville de Versailles annonce les routes bloquées lors d'une course à pied), cela n'influe pas sur les principes d'orientation des utilisateurs pour leur propre intérêt et non l'optimum collectif.

[3] Association internationale des Maires francophones, *op. cit.*, p. 31.

remplacement ou en complément des services publics. Pour l'entreprise comme pour la ville, de tels partenariats sont vecteurs d'amélioration des services, à condition d'exploiter efficacement les données. La principale difficulté réside dans l'absence de données disponibles permettant aux acteurs publics de cartographier le phénomène et d'élaborer une stratégie de régulation[1]. Les collectivités territoriales peuvent être confrontées à un refus d'accéder aux données collectées par les entreprises : les intérêts commerciaux ne convergent pas toujours avec les intérêts publics et des conflits peuvent exister[2].

Les plateformes, entreprises privées actives dans divers secteurs, collectent et diffusent des informations recueillies auprès des internautes, remettant en question la nature de l'espace public. Le numérique recompose donc le partage public-privé : l'informatisation est devenue une transformation même des modalités de distribution de l'État. Cette « reconfiguration de l'espace public lui-même [...] ne se limite plus à intérioriser des pratiques privées à son management, mais bien à transformer le sens même de l'État, son fonctionnement, ses services, ses modalités pratiques »[3]. Selon Maurice Hauriou, « l'exécution de l'ensemble des services publics est caractérisée par la collaboration de l'administration avec les autres agents de la société parmi lesquels, les différentes personnes publiques, mais également les personnes privées. Le service public appelle la gestion administrative et l'acte de gestion suppose la collaboration »[4].

L'État ne doit pas donc rester en marge des grandes transformations. La présence des pouvoirs publics est justifiée par un certain nombre de motivations, notamment « veiller au respect du droit, dans les domaines de la protection de la vie privée, de l'ordre public, de la propriété intellectuelle et de la concurrence »[5]. La privatisation des services

---

[1] A. COURMONT et AL., *op. cit.*, p. 39.

[2] R. MAUREL et AL., *Numérique. Le défi juridique du siècle*, Les Éditions de l'Atelier, 2024, p. 50.

[3] H. GUILLAUD, « Le numérique, arme de privatisation massive ? », 22 mars 2022, en ligne.

[4] A. SIFFERT, *Libéralisme et service public,* thèse Université du Havre, 2015, pt. 58 ; L. SFEZ, *Essai sur la contribution du doyen Hauriou au droit administratif français,* LGDJ, coll. « Bibliothèque de droit public », 1966, t. 71, p. 7.

[5] L. MAHERZI, « Les services publics face aux défis des nouveaux médias », Conférence intergouvernementale sur les politiques culturelles pour le développement, 1998, en ligne.

publics par le numérique doit être guidée par des « principes de transparence, de responsabilité et de justice pour garantir le bien-être de tous les citoyens »[1]. Pour véritablement contrer la captation par des entités privées, il est essentiel de renforcer les compétences au sein de l'État, afin d'assurer un espace public numérique équilibré, respectueux des droits de tous et préservant l'intérêt général.

Lucie Castet, co-porte-parole du collectif « Nos services publics », a, à cet égard, affirmé lors d'une émission relative au numérique et sa place dans la société que « si on met plus de compétences au sein de l'État non seulement pour concevoir les projets, mais aussi pour les piloter et aussi pour manipuler le "code" pour pouvoir adapter le fonctionnement du logiciel ou de l'application aux besoins des usagers, au fur et à mesure, sans être capturé par un outil privé, alors on aura fait un grand pas »[2].

---

[1] *Ibid.*

[2] France Culture, « État et numérique. Vers une privatisation des services publics ? », *Le meilleur des mondes*, 10 février 2023, en ligne.

# LA RECONNAISSANCE BIOMÉTRIQUE DANS L'ESPACE PUBLIC : NORMALISATIONS ET PRIVATISATION DES ESPACES PUBLICS

*Vincent Louis, Doctorant à l'Université Paris Nanterre*

> *« Citizens will be on their best behaviour, because we're constantly recording and reporting everything that's going on. It's unimpeachable », Intervention de Larry Ellison au « Oracle Financial Analyst Meeting 2024 », 12 septembre 2024, en ligne.*

> *« Nous croyons qu'à chaque instant […] nous pouvons maîtriser toute chose par la prévision », M. Weber,* Le savant et le politique, *Union générale d'éditions, Plon, 1963, p. 71.*

La reconnaissance biométrique est entourée d'une aura de technicité, voire de mystère, l'apparentant davantage à la science-fiction qu'à la vie quotidienne contemporaine. Paradoxalement, cet ensemble de techniques, qui repose sur la reconnaissance d'une mesure du corps humain, se répand justement dans notre quotidien depuis quelques décennies (notamment du fait du développement des moyens informatiques, et en son sein, plus récemment, de l'intelligence artificielle, accélérant encore davantage ce processus[1]). Ce caractère à la fois évolutif et récent, contraint à une prise de recul préalable, ne serait-ce que pour définir correctement la reconnaissance biométrique. Il ne s'agit cependant pas de « la replacer au sein d'un continuum historique ou d'une histoire naturelle des techniques », qui mènerait à ce qu'elle soit « naturalisée, autrement dit légitimée sans autre forme de procès »[2], car des ruptures sont indéniablement intervenues, la première étant probablement le passage de l'identification traditionnelle à celle à

---

[1] À ce sujet, v. C. DERAVE, B. FRYDMAN et N. GENICOT, *L'intelligence artificielle face à l'État de droit*, Penser le droit, Bruylant, 2024.

[2] G. DUBEY, « Nouvelles techniques d'identification, nouveaux pouvoirs. Le cas de la biométrie », *Cahiers internationaux de sociologie*, novembre 2008, vol. 125, n° 2, p. 264.

distance[1], au gré de la monopolisation étatique sur ce qui va devenir *son* territoire et *sa* population[2]. Précisément, ces ruptures donnent à voir, par contraste, une finalité constante dans ces dispositifs, au sein de l'histoire de l'identification : la volonté étatique de contrôle des personnes et de leur circulation[3]. Il sera donc ici uniquement question des techniques de reconnaissance biométrique mises en œuvre par l'État[4]. Ensuite, le temps long permet également d'éclairer des évolutions, sans pour autant qu'on puisse parler de rupture, mais plutôt d'une tendance, d'ailleurs récemment accélérée : l'extension de ce contrôle, depuis les populations apparaissant dangereuses à l'État vers l'ensemble de la population[5], et le rôle croissant du secteur privé dans cette extension.

Dès la fin du XIVe siècle, les caractéristiques physiques de personnes recherchées sont consignées dans des listes diffusées par des magistrats[6]. Au XVIe siècle, toujours afin de pouvoir les identifier, on liste les caractéristiques physiques des criminels et des prisonniers[7] ;

---

[1] La première « repose sur les relations de face à face et la mémoire du groupe local et familial », la seconde sur l'écrit (I. About et V. Denis, *Histoire de l'identification des personnes*, La Découverte, 2010, p. 5).

[2] M. Foucault, *Sécurité, territoire, population : cours au Collège de France, 1977-1978*, Gallimard, Seuil, 2004.

[3] « L'histoire de l'identification des individus », écrit d'ailleurs Gérard Noiriel dans la présentation d'un numéro de *Genèses* consacré à cette question, « est un objet d'études qui a émergé récemment en France. Il se situe à l'intersection de trois domaines qui ont beaucoup progressé depuis une dizaine d'années : l'histoire de la police, l'histoire de la justice et l'histoire de l'immigration », « Vos papiers ! », *Genèses*, 2004, vol. 54, n° 1, p. 2.

[4] Pour un exemple récent d'usage commercial de telles technologies, d'ailleurs sanctionné, v. CE ord., 21 juin 2024, n° 495153.

[5] Tendance déjà identifiée en 1978 : « au départ, il s'agit essentiellement de contrôler les zones - ou les classes - les plus dangereuses ; à l'arrivée, c'est l'emprise différenciée, mais totale sur l'ensemble du corps social qui est visée. » D. Lochak, « Espace et contrôle social », *Centre, périphérie, territoire*, CURAPP, PUF, 1978, p. 179.

[6] V. Denis, « Identifier par le corps avant la biométrie aux XIVe-XIXe siècles », *in* A. Ceyhan et P. Piazza (dir.), *L'identification biométrique : Champs, acteurs, enjeux et controverses*, praTICs, Éditions de la Maison des sciences de l'homme, 2011, p. 25-37 (sauf mention contraire, ce paragraphe se base sur cette source).

[7] La marque judiciaire, apposée sur leurs corps (souvent sur l'épaule, aux Pays-Bas ou en Angleterre sur le pouce également), apparaît au même moment et permet également une identification plus sûre. Elle se développe au XVIIIe siècle, l'emblème royal étant remplacé par des lettres désignant le motif de condamnation, avant d'être

mais aussi des esclaves, ainsi que des soldats, potentiels déserteurs. Au long des siècles suivants, ces derniers sont rejoints par les mendiants et vagabonds, et leurs signalements se précisent, notamment par la description sans cesse affinée du visage et la quantification, en particulier de la taille. Ces pratiques, qui visent bien à la reconnaissance d'une personne d'après une mesure de son corps, peuvent parfois être qualifiées d'anthropométriques[1], et préfigurent les systèmes qui vont ensuite se mettre en place.

Le terme de biométrie, littéralement « mesure du vivant », apparaît au milieu du XIXe siècle, où il est défini comme « l'étude quantitative des phénomènes biologiques à l'aide des méthodes statistiques et du calcul des probabilités »[2]. Alphonse Bertillon va mettre au point des méthodes de reconnaissance du corps humain à des fins initialement judiciaires[3] ; mais elles vont cependant rapidement être transposées à des fins policières aux populations nomades et des colonies[4]. Dans la même période, Francis Galton développe la reconnaissance biométrique d'après les empreintes digitales, les colonies sud-africaines

---

abandonnée à la Révolution. I. About et V. Denis, *Histoire de l'identification des personnes*, *op. cit.*, p. 42-43.

[1] V. Denis, « Identifier par le corps avant la biométrie aux XIVe-XIXe siècles », *op. cit.* ; G. Dubey, « Les deux corps de la biométrie », *Communications*, 2007, vol. 81, n° 1, p. 153-166.

[2] *Dictionnaire de l'Académie française*, 9e éd. Cette définition évoque les travaux d'Adolphe Quetelet, pour qui « les caractères anthropométriques, c'est-à-dire se fondant sur le signalement de la personne, obéissent à une répartition statistique dont la représentation graphique est du type courbe dite "en cloche". C'est en fait la conception de "l'homme moyen" comme valeur centrale autour de laquelle les mesures d'une caractéristique humaine sont groupées suivant une courbe "normale". », P. Gagnière, *Prévention du terrorisme et droit : fondements, mise en œuvre et conséquences au prisme de la loi n° 2006-64 du 23 janvier 2006*, thèse Université de Clermont-Ferrand, 2011, p. 58, note 218.

[3] M. Kaluszynski, « Alphonse Bertillon et l'anthropométrie judiciaire. L'identification au cœur de l'ordre républicain », *in Aux origines de la police scientifique*, Hommes et sociétés, Karthala, 2011, p. 30-47 ; I. About, « Les fondations d'un système national d'identification policière en France (1893-1914). Anthropométrie, signalements et fichiers », *Genèses*, 2004, vol. 54, n° 1, p. 28-52.

[4] I. About, « Identités indigènes et police coloniale : L'introduction de l'anthropométrie judiciaire en Algérie, 1890-1910 », *in Aux origines de la police scientifique*, Karthala, 2011, p. 280-301 ; E. Filhol, « Le carnet anthropométrique des nomades », *in Aux origines de la police scientifique*, Karthala, 2011, p. 252-273 ; I. About, « Surveillance des identités et régime colonial en Indochine, 1890-1912 », *Criminocorpus. Revue d'Histoire de la justice, des crimes et des peines*, 2011.

et indiennes occupant une place importante dans ce développement[1]. La biométrie se développe ainsi au sein de l'empire français (et britannique), en particulier dans ses colonies, durant la seconde moitié du XIXe siècle. En France, elle s'étend partiellement durant la IIIe République[2], puis passe un cap sous le régime de Vichy, aussi bien concernant sa généralisation que son ciblage des populations à « biométriser », et la finalité dudit ciblage[3].

Après-guerre, avec le développement de l'informatique – et avec elle de la cybernétique – la reconnaissance biométrique s'automatise, jusqu'à finir par désigner l'ensemble des techniques automatisées de reconnaissance d'une mesure du corps humain à la fin des années 1970[4]. Les années 1980 vont marquer l'entrée de la reconnaissance biométrique dans le droit français, avec la prise des empreintes digitales[5], et la reconnaissance grâce à l'ADN va ouvrir un nouveau domaine de mesures du corps humain, plus fiable encore, en 1984[6]. À ce stade, les techniques biométriques restent cependant marginales, étant soit utilisées dans quelques procédures judiciaires, soit au stade de la recherche ou de l'expérimentation[7].

Le 11 septembre 2001 marque une rupture, la reconnaissance biométrique s'étendant et s'approfondissant en réaction à cet événement, tandis que se développe le capitalisme de surveillance[8]. L'accroissement des capacités de stockage et de traitement des données

---

[1] K. BRECKENRIDGE, *Biometric State : The Global Politics of Identification and Surveillance in South Africa, 1850 to the Present*, Cambridge University Press, 2014.

[2] P. PIAZZA, « Septembre 1921 : la première "carte d'identité de Français" et ses enjeux », *Genèses*, 2004, vol. 54, n° 1, p. 76-89.

[3] P. PIAZZA, « Chapitre 3 - La « carte d'identité de français » sous Vichy », in X. CRETTIEZ et P. PIAZZA (dir.), *Du papier à la biométrie : identifier les individus*, Presses de Sciences Po, 2006, p. 51-69 ; sur les (dis)continuités entre la IIIe République et Vichy, v. G. NOIRIEL, *Les origines républicaines de Vichy*, Fayard, 2013.

[4] K. BRECKENRIDGE, *Biometric State*, *op. cit.*, p. 12.

[5] D. n° 87-249 du 8 avril 1987 relatif au fichier automatisé des empreintes digitales géré par le ministère de l'Intérieur

[6] Acide désoxyribonucléique ; J. VAILLY, *Genetics and the Politics of Security*, Routledge, 2024, p. 12.

[7] N. LALAM et F. NADAUD, « La biométrie : un secteur rentable soutenu par la commande publique », *in* A. CEYHAN et P. PIAZZA (dir.), *L'identification biométrique : Champs, acteurs, enjeux et controverses*, praTICs, Éditions de la Maison des sciences de l'homme, 2011, p. 81-99.

[8] S. ZUBOFF, *L'âge du capitalisme de surveillance : Le combat pour un avenir humain face aux nouvelles frontières du pouvoir*, Zulma essais, 2019.

– notamment biométriques – accompagne l'accroissement de leurs fichiers et de ce marché. Le développement de l'intelligence artificielle, et en son sein de la vision par ordinateur, dans les années 2010 (en particulier depuis 2012[1]), va ouvrir les possibilités de reconnaissance basées sur l'image, notamment la reconnaissance faciale ; mais également la reconnaissance comportementale. Cette dernière a récemment suscité des débats autour de sa qualification, en particulier en raison de l'adoption de la loi n° 2023-380 du 19 mai 2023 relative aux jeux Olympiques et Paralympiques de 2024 et portant diverses autres dispositions (loi JOP), son article 10 instaurant une expérimentation concernant la vidéosurveillance algorithmique.

Ces techniques consistent finalement toutes à reconnaître une donnée, construite depuis une mesure du corps humain. Compte tenu de leur complexification et du volume de données accumulées par conséquent, elles reposent désormais sur une automatisation, au moins partielle ; mais rien ne contraint en soi à en faire un élément de définition de la reconnaissance biométrique, dont l'application dépend des techniques. Ainsi, le champ de ce qui peut être mesuré dans le corps humain n'est pas clos[2].

L'espace public renvoie quant à lui à une réalité matérielle, qui peut se définir juridiquement comme « l'ensemble des espaces concrets ouverts où les actions des destinataires des normes juridiques sont publiques »[3], recouvrant ainsi une pluralité de lieux aux régimes divers[4], de sorte qu'on les qualifie parfois plutôt d'espace*s* public*s*.

---

[1] A. KRIZHEVSKY, I. SUTSKEVER et G.E. HINTON, « ImageNet Classification with Deep Convolutional Neural Networks », *in Advances in Neural Information Processing Systems*, 25, s.l., Curran Associates, Inc., 2012. Pour une contextualisation de cet article, v. D. CARDON, J.-P. COINTET et A. MAZIÈRES, « La revanche des neurones : L'invention des machines inductives et la controverse de l'intelligence artificielle », *Réseaux*, novembre 2018, vol. 211, n° 5, p. 173-220.

[2] Par exemple, on peut ériger en données des caractéristiques biologiques ou morphologiques – les mains (empreintes digitales ou palmaires), les yeux (iris, rétine), le réseau veineux, la forme du visage, l'ADN, la salive, l'urine, le sang, l'odeur – ou encore comportementales – la voix, la démarche, l'écriture, la frappe au clavier, des mouvements de tête, de mains, etc. –, cette énumération visant à défendre la nécessité d'une définition suffisamment ouverte permettant d'analyser les dispositifs existants et à venir.

[3] H. AVVENIRE, *Espaces publics et libertés : Contribution à l'étude de la spatialisation du droit*, thèse Université de Toulouse, 2022, p. 10.

[4] Pour des typologies et exemples de tels espaces, F. DI LASCIO, « Espace public et droit administratif », *Philonsorbonne*, 2014, n° 8, p. 136 ; R. MEDARD INGHILTERRA,

L'espace public renvoie cependant également à une autre représentation, idéelle cette fois, et alors toujours employée au singulier : cet espace public « évoque non seulement le lieu du débat politique, de la confrontation des opinions privées que la publicité s'efforce de rendre publiques, mais aussi une pratique démocratique, une forme de communication, de circulation des divers points de vue »[1]. Cet espace public immatériel, décrit par Jürgen Habermas[2], entretient nécessairement des liens avec son pendant matériel, d'abord en ce qu'il englobe toutes les questions d'intérêt commun. L'espace public matériel fait ainsi partie de ces questions, à titre principal, si ce n'est premier : quoi de plus commun que ces espaces, qui sont les plus accessibles, les seuls pouvant théoriquement réunir et se faire rencontrer toute personne, et surtout les seuls accessibles à celles et ceux qui ne possèdent pas d'espaces privés[3] ? L'immatériel englobe ainsi le matériel ; mais l'inverse est aussi vrai, et rien n'empêche *a priori* l'espace public matériel d'être constitué en espace public immatériel. Des « journées » aux « manifestations », en passant par les « émeutes », « soulèvements » et autres « violences urbaines », l'espace matériel est aussi le lieu de matérialisation des opinions, de leur publicisation[4]. Une autre dichotomie peut d'ailleurs apparaître lorsqu'on fait référence à l'espace public : ce caractère public renvoie-t-il à une appartenance populaire – l'espace qui est à la disposition de toutes et tous – ou étatique – celui qui « appartient à l'État ou aux collectivités locales et relève de leur administration, de leur budget »[5] ? Ces aspects de l'espace public semblent indissociables, chaque action sur l'une d'elles influençant l'autre.

---

« L'instauration d'une « technopolice » administrative en milieu urbain : les droits et libertés sur un fil », *La Revue des droits de l'homme*, 2024, n° 26, §7.

[1] T. PAQUOT, *L'espace public*, La Découverte, 2024, p. 3.

[2] J. HABERMAS, *L'espace public : archéologie de la publicité comme dimension constitutive de la société bourgeoise*, Payot, 1978.

[3] Sur les implications juridiques de cette question, v. J. Waldron, « Homelessness and the issue of Freedom », *UCLA Law Review*, 1991-92, n° 39, p. 295-324 ; *Ibid.*, « Homelessness and Community », *The University of Toronto Law Journal*, 2000, n° 50, p. 371-406.

[4] À ce sujet, v. notamment I. SOMMIER (dir.), *Violences politiques en France*, Presses de Sciences Po, 2021 ; X. CRETTIEZ et L. MUCCHIELLI (dir.), *Les violences politiques en Europe*, La Découverte, 2010 ; D. TARTAKOWSKY, *Le pouvoir est dans la rue : crises politiques et manifestations en France :* XIX^e^-XX^e^ *siècles*, Flammarion, 2020 ; E. AGRIKOLIANSKY, O. FILLIEULE et I. SOMMIER, *Penser les mouvements sociaux*, La Découverte, 2010.

[5] *Dictionnaire de l'Académie française*, 9e éd.

Ces questions des relations entre les différents niveaux de l'espace public rencontrent de surcroît un mouvement global de privatisation de l'espace public[1], qui ajoute les acteurs privés (économiques) dans la traditionnelle dyade du droit public constitué par l'État et la personne. Quelle place occupent les dispositifs contemporains de reconnaissances biométriques dans ces relations, au travers de leur implantation dans l'espace public ?

Cette implantation s'est déroulée sur les plans matériels, discursifs et juridiques : il a d'abord été question de considérations techniques, de possibilités technologiques, de développement de ce qui constitue désormais un marché ; le droit, accompagné de stratégies discursives, est ensuite venu normaliser ces dispositifs. La reconnaissance biométrique a donc été normalisée dans les espaces publics, mais elle vient également normaliser ces derniers : la place prépondérante des acteurs privés dans ces dispositifs aboutit à une forme de privatisation de l'espace public, mais aussi à un accroissement de leur contrôle, dans une forme de partenariat public-privé sécuritaire.

Si ces processus sont mitoyens, ils seront ici distingués en présentant d'abord l'installation de la reconnaissance biométrique par un consortium d'acteurs, publics comme privés (I), puis ses effets sur les espaces publics (II).

## I. Les espaces publics saisis par la reconnaissance biométrique « et son monde »

L'installation de la reconnaissance biométrique dans l'espace public matériel, à un moment où cette dernière se développe considérablement, confère une place inédite dans l'histoire de ce domaine au secteur privé (A). Cette installation se voit normalisée dans les espaces publics par une coproduction des acteurs publics et privés qui lui sont favorables, normalisation qui s'opère autant aux plans normatif que discursif (B).

---

[1] V. notamment S. HENNETTE-VAUCHEZ, *« The Mall », RFDA, 2020, n° 5, p.* 833-850 ; D. MOECKLI, *Exclusion from Public Space : A Comparative Constitutional Analysis*, Cambridge University Press, coll. « Cambridge Studies in International and Comparative Law », 2016 ; A. GASNIER, « La fin des espaces publics urbains ? De nouveaux enjeux environnementaux », *Norois*, 2000, vol. 185, n° 1, p. 63-75 ; C. ORILLARD, « Gérer l'espace public », *Labyrinthe*, 2008, n° 29, p. 65-76.

### A. L'extension de la reconnaissance biométrique et de sa définition : de nouveaux marchés

La biométrisation des passeports dans les années 2000, aboutissant au fichier des « titres électroniques sécurisés » (TES)[1], avait constitué un développement majeur de la reconnaissance biométrique[2]. La vérification de l'identité des personnes par des capteurs d'empreintes digitales et palmaires constitue son prolongement dans l'espace public : un accord-cadre concernant la fourniture de capteurs nomades d'empreintes digitales d'une valeur de 51 millions d'euros a ainsi été attribué à la société Idemia par un avis publié le 31 décembre 2023, imposant la livraison de 7 000 capteurs d'ici le 1er mai 2024, soit à quelques mois de l'ouverture des Jeux olympiques et paralympiques[3]. Ces capteurs semblent avoir vocation à être utilisés pour des contrôles « de réglementation » (visant à vérifier la régularité d'une situation et distincts en cela des contrôles « de sécurité »[4]) étant donné que les fichiers de référence visés concernent uniquement le droit des étrangers[5]. Celui-ci pouvant être considéré comme un laboratoire

---

[1] D. n° 2005-1726 du 30 décembre 2005 relatif aux passeports, visant notamment le règlement (CE) n° 2252/2004 du Conseil du 13 décembre 2004 établissant des normes pour les éléments de sécurité et les éléments biométriques intégrés dans les passeports et les documents de voyage délivrés par les États membres, lui-même pris en réaction aux nouveaux standards de l'Organisation de l'aviation civile internationale, qui aurait été le résultat d'un lobbying américain à la suite du 11 septembre. À ce sujet, v. notamment A. CEYHAN, « Technologie et sécurité : une gouvernance libérale dans un contexte d'incertitudes », *Cultures & Conflits*, 2006, n° 64, p. 11-32.

[2] V. notamment X. CRETTIEZ et P. PIAZZA (dir.), *Du papier à la biométrie*, *op. cit.* ; A. CEYHAN (dir.), « Identifier et surveiller les technologies de sécurité », *Cultures & Conflits*, n° 64, 2006 ; C. AGHROUM et AL. (dir.), *Identification et surveillance des individus : Quels enjeux pour nos démocraties ?*, Paroles en réseau, Éditions de la Bibliothèque publique d'information, 2010 ; A. CEYHAN et P. PIAZZA (dir.), *L'identification biométrique : Champs, acteurs, enjeux et controverses*, praTICs, Éditions de la Maison des sciences de l'homme, 2011. Hors des recherches en français, v. notamment K. A. GATES, *Our Biometric Future : Facial Recognition Technology and the Culture of Surveillance*, New York University Press, 2011 ; S. A. MAGNET, *When Biometrics Fail : Gender, Race, and the Technology of Identity*, Duke University Press, 2011.

[3] Avis n° 23-180721 « ACIM Capteurs, lecteurs et prise d'images faciales », *Bulletin officiel des annonces des marchés publics (BOAMP)*, 31 décembre 2023.

[4] Dichotomie opérée *in* V. TCHEN, « Chapitre 7 - Encartement et contrôles d'identité », in X. CRETTIEZ et P. PIAZZA (dir.), *op. cit.*, p. 139-168.

[5] Le cahier des clauses techniques particulières (CCTP) fait référence à des fichiers et dispositifs « tel[s] que » EURODAC, EES, VIS, SBNA, VISABIO, CCAF.

d'expérimentation juridique[1], une extension de ces dispositifs afin de permettre le contrôle de l'identité de toute personne est néanmoins une possibilité plausible.

Cette hypothèse d'une généralisation de la reconnaissance biométrique dans l'espace public pourrait cependant advenir par un autre biais, plus banal que le relevé d'empreintes digitales, car davantage normalisé, mais surtout plus pernicieux, car subi (ou « passif », car ne requérant pas de participation *active* de la personne pour obtenir ses données personnelles[2]) : celui de la vidéosurveillance, « le cœur et le poumon de la ville »[3].

La reconnaissance faciale, déjà expérimentée à la fin des années 2000[4], fait l'objet d'une consécration en droit positif en 2012, avec la création du fichier du traitement des antécédents judiciaires (TAJ)[5]. La mise en place d'une nouvelle génération du fichier permettant la reconnaissance faciale à la fin 2017 facilite son utilisation[6]. La comparaison ne prend plus que quelques secondes et peut également être effectuée à partir de photos provenant de surveillances, d'images vidéo ou des réseaux sociaux, depuis la fin 2019[7]. En 2018, ce fichier contenait entre sept et huit millions de photos de face[8] ; ce chiffre serait passé à neuf millions en août 2024[9]. Outre l'augmentation du nombre

---

[1] N. KLAUSSER, « Le droit des étrangers, un laboratoire de dispositifs sécuritaires sous influence », *Archives de politique criminelle*, 2023, vol. 45, n° 1, p. 127-139. Sur le concept de « laboratoire d'expérimentation juridique », v. *Id.* (dir.), *Les laboratoires d'expérimentation juridique*, IFJD, coll. « Transition & Justice », 2024.

[2] Dichotomie opérée par le Défenseur des droits, *Technologies biométriques : l'impératif respect des droits fondamentaux,* 2021, p. 8.

[3] Selon le responsable de la sécurité au cabinet du maire de Nîmes, cité *in* G. ALLIX, « Comment des villes « hyper connectées » contrôlent l'espace public », *Le Monde*, 19 décembre 2018.

[4] V. notamment CNIL, délibération du 8 avril 2010, n° 2010-097.

[5] D. n° 2012-652 du 4 mai 2012 relatif au traitement d'antécédents judiciaires, art. 1.

[6] « Gestion Automatisée des Signalements et des Photos Anthropométriques Répertoriées et Distribuables » (GASPARD) devient ainsi GASPARD-NG, pour « nouvelle génération ».

[7] S. MAZARS, *Avis fait au nom de la commission des lois constitutionnelles, de la législation et de l'administration générale de la république sur le projet de loi (n° 3360) de finances pour 2021*, Assemblée nationale, n° 3404, t VII, 2020, p. 21.

[8] P. MOREL-À-L'HUISSIER et D. PARIS, *Rapport d'information en conclusion des travaux d'une mission d'information sur les fichiers mis à la disposition des forces de sécurité,* Assemblée nationale, n° 1335, 17 octobre 2018, p. 64.

[9] Ministère de l'Intérieur, « Appel à compétences relatif au rapprochement par image au profit du fichier TAJ », 21 août 2024.

de personnes pouvant ainsi être sujettes à la reconnaissance faciale, l'utilisation de cet outil augmente également : le nombre moyen de consultations quotidiennes est passé d'environ 1 000 en 2019, à plus de 1 100 en 2020 et plus de 1 680 en 2021, tandis que le ministère de l'Intérieur annonçait en août 2024 effectuer 2 500 consultations quotidiennes[1].

Le développement de la vision par ordinateur a ensuite engendré l'adjonction aux dispositifs de vidéosurveillance, comme de vidéoprotection, indistinctement[2], d'algorithmes promettant la valorisation des données extraites des *flux* vidéo, dont le volume ne cesse de croître, dans des proportions qu'il reste à quantifier précisément[3]. S'est ainsi développée une « algorithmisation » des capteurs présents dans l'espace public. Le contenu de ces algorithmes, autre point opaque, est déjà éminemment variable et il semble difficile d'imaginer ce que ces derniers pourront traiter dans les prochaines années. Il est cependant déjà possible de considérer que cette algorithmisation des capteurs engendre leur biométrisation[4] ; *a minima* qu'elle la prépare. L'expérimentation permise par la loi JOP du 19 mai 2023 prévoit pourtant que les algorithmes utilisés dans ce cadre « n'utilisent aucun système d'identification biométrique, ne traitent aucune donnée biométrique et ne mettent en œuvre aucune technique

[1] Pour les années 2019 et 2020, S. MAZARS, avis préc., p. 21 ; pour l'année 2021, M-P. DAUBRESSE, A. BELENET et J. DURAIN, *Rapport d'information sur la reconnaissance faciale et ses risques au regard de la protection des libertés individuelles, Sénat, n° 627, 10 mai 2022, p. 38 ; pour 2024,* Ministère de l'Intérieur, « Appel à compétences relatif au rapprochement par image au profit du fichier TAJ », préc.

[2] La distinction entre la vidéoprotection (désignant les caméras filmant l'espace public) et la vidéosurveillance (désignant l'ensemble des autres caméras) a été consacrée en droit positif par l'art. 17 de la loi n° 2011-267 du 14 mars 2011 d'orientation et de programmation pour la performance de la sécurité intérieure.

[3] L'opacité du recours à ces technologies de traitement des images captées s'ajoute ainsi à l'opacité préexistante concernant le nombre de caméras présente en France, qui a déjà pu mener à critiques, prescriptions de quantification et tentatives d'estimations. V. notamment Cour des comptes, *Les polices municipales, Rapport, 2020, p.* 77 *;* LINC – CNIL, *Les caméras aux villages. Dynamiques de développement de la vidéosurveillance dans les petites communes françaises*, 2021, p. 9 ; Commission nationale consultative des droits de l'homme (CNCDH), *Avis sur la surveillance de l'espace public*, 2024, n° A - 2024 - 5, p. 3.

[4] Pour une argumentation dans le même sens, v. notamment P. GAGNIÈRE, *Prévention du terrorisme et droit*, *op. cit.*, p. 162 et s.

de reconnaissance faciale »[1]. Cette garantie a été réitérée dans les mêmes termes par le décret d'application et le cahier des clauses techniques et particulières[2].

La mise en relation entre les événements que les algorithmes devront détecter dans ce cadre normatif d'une part, et la définition de ce que recouvre la reconnaissance biométrique d'autre part, interroge pourtant. Cette dernière vise, on l'a vu, la *reconnaissance*, de *données biométriques*[3]. Reconnaître c'est « connaître, distinguer, à quelque signe, à quelque caractère, d'après quelque indication, une personne ou une chose qu'on n'a jamais vues »[4]; ce qui peut être distingué du fait d'identifier, « constater l'identité, en parlant des personnes et des choses »[5]. Si la reconnaissance biométrique peut apparaître davantage liée à l'histoire de l'identification des personnes, elle a également toujours eu vocation à surveiller des populations[6]. L'évolution de la surveillance du fait de cette technologie avait déjà été perçue il y a bientôt vingt ans : « avec la biométrie, la surveillance s'édifie sur des principes totalement *a priori*, ce qui suppose encore la constitution d'un

---

[1] L. JOP préc., art. 10, IV.

[2] D. n° 2023-828 du 28 août 2023 relatif aux modalités de mise en œuvre des traitements algorithmiques sur les images collectées au moyen de systèmes de vidéoprotection et de caméras installées sur des aéronefs, pris en application de l'art. 10, L. JOP, art. 2 ; Ministère de l'Intérieur, Cahier des clauses techniques et particulières (CCTP) « Accord-cadre relatif à l'acquisition, l'installation et le maintien en condition opérationnelle d'une solution logicielle d'intelligence artificielle de vidéo-protection », 2023, p. 4.

[3] V. l'introduction.

[4] *Dictionnaire de l'Académie française*, 8e éd. V. aussi, dans un sens proche, le Trésor de la langue française informatisé (TLFI) : « Découvrir dans une perception présente (principalement visuelle, auditive ou tactile) l'image, la notion ou le nom de quelqu'un ou de quelque chose dont on a déjà eu l'expérience ailleurs ou dans le passé ».

[5] *Ibid.* Dans le TLFI, « reconnaître à certains traits, à certaines caractéristiques non équivoques comme ne faisant qu'un avec (telle personne ou telle chose que l'on connaît) », connaît un usage spécial en droit, « établir du point de vue de l'état civil l'identité d'une personne ou d'un cadavre », et par extension « reconnaître un élément de signalement comme appartenant à quelqu'un. »

[6] Pour des exemples attestant de cette dyade, v. notamment A. CEYHAN, « Enjeux d'identification et de surveillance à l'heure de la biométrie », *Cultures & Conflits*, 2006, n° 64, p. 33-47 ; C. AGHROUM et AL. (dir.), *Identification et surveillance des individus*, *op. cit.* Dans le même ordre d'idée, et rejoignant ce qui va être développé, v. le sous-titre, dans sa version publiée, de la seule thèse en droit public sur la biométrie : M. SZTULMAN, *La biométrie saisie par le droit public : étude sur l'identification et la localisation des personnes physiques*, LGDJ, 2019.

système de classification des mouvements en fonction de leur signification présumée »[1]. C'est précisément ce à quoi s'attache l'expérimentation prévue par la loi JOP du 19 mai 2023.

Les algorithmes expérimentés dans ce cadre visent en effet à reconnaître certains comportements prédéfinis comme anormaux, en les différenciant des comportements normaux, à les rattacher à une personne et à singulariser cette personne pour la signaler. Les « événements » listés dans le décret (chute, non-respect du sens de circulation, du franchissement ou de la présence dans une zone interdite, abandon d'un objet, présence ou utilisation d'une arme), nécessitent d'abord de définir les comportements considérés comme « anormaux » par opposition aux « normaux »[2], puis d'analyser les attitudes de chaque personne captée par les caméras afin de les comparer et, en cas de déviance par rapport à la norme établie, de singulariser la personne adoptant ce comportement « anormal » pour la signaler à l'opérateur[3]. Cette expérimentation, qui devait faire l'objet d'un rapport d'évaluation à la fin de l'année 2024[4], constitue un exemple de normalisation de la reconnaissance biométrique, en ce qu'elle regroupe la plupart des stratégies appliquées pour accompagner son installation dans l'espace public.

### B. La normalisation de la reconnaissance biométrique : légitimation, légalisation, déproblématisation

La normalisation de la reconnaissance biométrique renvoie à deux idées, inextricablement liées : la biométrisation de l'espace public

---

[1] M. FŒSSEL et A. GARAPON, « Biométrie : les nouvelles formes de l'identité », *Esprit*, 2006, n° 8-9, p. 170.

[2] Ici, ne pas chuter, donc être debout ; respecter le sens de circulation ; ne pas être dans une certaine zone ; tenir un objet, et soit ne pas l'abandonner, soit que cet objet ne soit pas une arme. Mais les comportements anormaux déjà détectés en France peuvent aussi porter sur le fait de rester statique trop longtemps, ou encore ne pas porter de masque (on pourrait aussi imaginer, à l'inverse, que se masquer le visage soit un comportement « anormal »).

[3] Les autres événements de l'expérimentation, un mouvement de foule et une densité trop importante de personnes, n'appellent pas d'analyse du comportement de chaque personne et n'ont pas vocation à singulariser une personne en cas de déviance par rapport aux critères de la « normalité ». En revanche, les événements ici détaillés réunissent les différentes acceptions du terme « identification », l'inscrivant encore davantage dans le champ de la reconnaissance biométrique (I. ABOUT et V. DENIS, *Histoire de l'identification des personnes*, *op. cit.*, p. 4).

[4] Rapport qui n'avait pas été publié à la date de finalisation de la présente.

matériel est consacrée juridiquement, souvent *a posteriori*, alors que cette technologie est « déproblématisée »[1], c'est-à-dire qu'elle n'appellerait pas de discussion, de présence dans l'espace public immatériel[2]. Les dispositifs de reconnaissance biométrique peuvent tout d'abord être installés dans l'espace public matériel sans débat public préalable. Il en a été ainsi de la VSA[3], ou de son équivalent pour l'analyse des sons captés, l'audiosurveillance algorithmique (ASA)[4], la reconnaissance faciale ou encore les dispositifs de « produits marquants codés » (PMC), aussi qualifiés « d'ADN synthétiques »[5]. Si ces exemples ont été relativement (peu) publicisés, il est par définition impossible de recenser l'ensemble des dispositifs existants qui ont déjà été installés dans l'espace public matériel sans avoir jusqu'ici fait l'objet d'une forme de publicité, et par conséquent de s'intéresser à la

---

[1] J. VAILLY, « La (dé)problématisation de l'origine des suspects établie par l'ADN », *Sur la trace des suspects : L'incorporation de la preuve et de l'indice à l'ère de la génétique*, Le (bien) commun, Éditions de la Maison des sciences de l'homme, 2021, p. 183-203. Sur les débats et contestations autour de la reconnaissance biométrique, v. les chapitres de la partie VII « La biométrie entre intériorisation et contestation », *in* A. CEYHAN et P. PIAZZA (dir.), *L'identification biométrique : Champs, acteurs, enjeux et controverses*, *op. cit*.

[2] G. KRIKORIAN, « Usages de l'ADN par la police : Les conditions épistémiques de l'absence d'un débat public », *in* J. VAILLY (dir.), *Sur la trace des suspects... op. cit.*, p. 109-135.

[3] F. TRÉGUER, *Technopolice : La surveillance policière à l'ère de l'intelligence artificielle*, Éditions Divergences, 2024, p. 38-40. V. aussi M. DESTAL, C. Le FOLL et G. LIVOLSI, « La police nationale utilise illégalement un logiciel israélien de reconnaissance faciale », *Disclose*, 14 novembre 2023. La CNIL annonçait le lendemain de la parution de cet article avoir initié des procédures de contrôle, apparemment encore en cours à la date de rédaction de la présente. Le ministère de l'Intérieur annonçait quant à lui le 20 novembre avoir commandé une enquête administrative dont les conclusions seraient rendues sous trois mois. Le rapport, finalisé en février 2024, a fini par être discrètement publié le 28 octobre 2024, ne permettant pas son analyse dans le cadre de la présente.

[4] À Orléans (TA Orléans, 12 juillet 2024, *LQDN c. commune d'Orléans,* n° 2104478) et Saint-Étienne (CNIL, courrier du 25 octobre 2019) principalement ; pour d'autres exemples, v. R. MEDARD INGHILTERRA, « L'instauration d'une « technopolice » administrative en milieu urbain : cadre et enjeux juridiques », *La Revue des droits de l'homme*, 2024, n° 25, §43.

[5] Jusqu'alors restreints à des usages dans des espaces privés, principalement les banques et bijouteries, les PMC ont été utilisés dans l'espace public à quelques reprises jusqu'en 2023, par lanceur et par spray, expérimentation qui serait en cours d'évaluation (et qui n'est donc pas nécessairement abandonnée). V. H. RADISSON, « Le ministère de l'Intérieur abandonne l'utilisation de produits marquants codés en manifestation », *AEF info*, 30 novembre 2023.

question de leur conformité – ou non – au droit. Lorsque ces dispositifs font l'objet d'une publicité, on peut alors assister à diverses stratégies de « déproblématisation », des formes d'euphémisation portant sur leur substance ou sur leur encadrement juridique.

Les dispositifs de reconnaissance biométrique peuvent être euphémisés d'un point de vue substantiel, d'abord en niant tout simplement leur nature. Le meilleur exemple a été donné par un député, Philippe Latombe[1] : « Ce dont on a besoin, c'est que l'opérateur puisse savoir exactement où est la personne […]. Ça veut pas dire [*sic*] qu'on fait de la biométrie, on prend simplement des attributs physiques suffisants pour suivre la personne »[2]. Les dispositifs peuvent aussi être (re)qualifiés de façon méliorative (la vidéo*surveillance* de l'espace public était devenue vidéo*protection*, grâce à la biométrie elle est aujourd'hui *intelligente* ; la ville dans son ensemble en fait de même, que ce soit une *smart city* ou une *safe city*[3], tandis que les « territoires intelligents » dépassent la ville[4]) ou, plus modestement, périphrasés (la vidéosurveillance ou l'audiosurveillance *algorithmiques* ne renseignent en rien sur ce que font effectivement ces algorithmes, et donc

---

[1] Sur ce député, v. notamment M. SALIOU, « Vidéosurveillance : la Quadrature du Net dénonce les fréquentations de Philipe Latombe, le député "assume" », *Next*, 5 septembre 2023 ; C. POURÉ, « Philippe Latombe, député macroniste et VRP de la surveillance », 3 janvier 2024 ; « JO sécuritaires : le podium des incompétents », *La Quadrature du Net*, 16 mars 2023 ; A. DEFER, « Vidéosurveillance : mis en cause par La Quadrature du Net, le député Philippe Latombe se défend de tout conflit d'intérêts », *Usine digitale*, 6 septembre 2023.

[2] Cité *in* T. JUSQUIAME, *Circulez : la ville sous surveillance*, Marchialy, 2024. Sur la présence du député à ce salon, v. R. HAILLARD, « Le député Philippe Latombe pousse pour la vidéosurveillance algorithmique », *AEF info*, 2 décembre 2022.

[3] À Marseille, ville ayant lancé en 2016 le projet « Big Data de la Tranquillité Publique », (annoncé en 2017 et ayant donné naissance au projet « Technopolice » notamment porté par la Quadrature du Net en réaction), un « écoquartier » s'appelle « Smartseille » (v. B. BERTONCELLO et Z. HAGEL, « Smartseille, opération pionnière de l'extension d'Euroméditerranée, Marseille : derrière l'innovation, l'expérimentation pour modifier les modes de faire », *Territoire en mouvement Revue de géographie et aménagement*, 2014, n° 60, en ligne).

[4] Le numéro 56 de la revue des Cahiers de la sécurité et de la justice, revue de l'Institut des hautes études du ministère de l'Intérieur (IHEMI), publiait en 2022 avec ce titre de « Territoires intelligents » les actes du colloque de 2021 « Territoire (s) et sécurité (s) », coorganisé par le Centre de recherche de l'École des officiers de la gendarmerie nationale et l'Université Gustave Eiffel. Une des contributions au colloque s'intitulait également ainsi.

finalement sur ce que sont ces dispositifs ; de même lorsqu'il est question de vidéosurveillance *automatisée*).

L'euphémisation substantielle peut également s'opérer *a contrario*, en brandissant un repoussoir qui rend le dispositif en question davantage acceptable par contraste : le principal dispositif repoussoir étant la reconnaissance faciale (ce qui peut étonner, compte tenu de son utilisation déjà importante et surtout croissante présentée *supra*, mais peut s'expliquer par sa faible publicité[1]), l'absence de recours à la reconnaissance faciale peut alors être présentée comme une solution équilibrée ; le modèle de reconnaissance biométrique repoussoir étant la Chine, assurer que celui proposé sera différent permet là aussi d'apporter une garantie de pondération (il en a ainsi été durant les débats relatifs à la loi JOP du 19 mai 2023, quand bien même l'exécutif français usait de son influence pour garantir aux forces de l'ordre des dérogations dans l'IA Act). Ces arguments portant sur la nature des dispositifs présentent la particularité d'être indistinctement partagés par leurs promoteurs publics et privés[2].

L'euphémisation peut aussi être procédurale et porter sur le cadre normatif de ces dispositifs : les premiers ne concernaient ainsi que le haut du spectre du droit pénal (lutte contre le trafic de drogue, le

---

[1] Le fait que le visage soit la partie du corps humain qui fasse le plus l'objet de réticences peut s'expliquer par plusieurs facteurs : pour Vincent Denis, qui s'appuie sur l'historienne de l'art Nadeije Laneyrie-Dagen, « le privilège accordé au visage est en conformité avec une tradition chrétienne de hiérarchisation des parties du corps opposant, dès la Renaissance, les parties “nobles” et “élevées” aux parties “basses” ». On pourrait ajouter, d'un point de vue plus pragmatique, que le visage est une partie du corps très visible, difficile à protéger de dispositifs de captation d'image (d'autant plus avec les pénalisations successives du fait de dissimuler son visage dans l'espace public du décret n° 2009-724 du 19 juin 2009 relatif à l'incrimination de dissimulation illicite du visage à l'occasion de manifestations sur la voie publique puis des lois n° 2010-1192 du 11 octobre 2010 interdisant la dissimulation du visage dans l'espace public et n° 2019-290 du 10 avril 2019 visant à renforcer et garantir le maintien de l'ordre public lors des manifestations, art. 6) ; c'est d'ailleurs précisément ce qui fait son attrait d'un point de vue policier, surtout associé à sa complexité, qui permet d'en extraire beaucoup de données permettant une identification plus fiable. Ces explications ne sont d'ailleurs pas incompatibles. V. DENIS, « Identifier par le corps avant la biométrie aux XIVe-XIXe siècles », *op. cit.*

[2] Pour des exemples de ces arguments avant l'adoption de la loi JOP, v. La Quadrature du Net, « Stratégies d'infiltration de la surveillance biométrique dans nos villes et nos vies », 23 février 2023.

terrorisme ou la délinquance sexuelle sur les personnes mineures[1]). Cet encadrement peut ensuite donner lieu à une forme de ruissellement du haut du spectre du droit pénal vers d'autres crimes, puis vers les délits, et enfin les contraventions et même l'ensemble de la population, indépendamment de toute qualification judiciaire[2].

L'euphémisation procédurale peut aussi consister en une expérimentation juridique explicite, par exemple avec la loi JOP expérimentant la VSA. Dans les deux cas, l'encadrement juridique initialement strict renforce l'acceptabilité sociale des dispositifs et facilite leur éventuelle extension ultérieure[3]. Lorsqu'ils ont été installés dans l'espace public matériel sans être préalablement passés par l'espace public immatériel, ils peuvent aussi faire l'objet d'une consécration juridique *a posteriori*. Ce mouvement de normalisation, au sens juridique, peut être constaté dans le domaine de la sécurité en général, et des technologies de sécurité en particulier[4]. La vidéosurveillance en constitue le meilleur exemple : installée dès le

---

[1] La lutte contre le trafic de drogues était l'argument initial pour biométriser la frontière des États-Unis avec le Mexique, avant de s'étendre à la lutte contre l'immigration irrégulière puis à celle contre le terrorisme (à ce sujet, v. notamment C. FORTUNÉ, *Sécurité frontalière, insécurité locale dans les borderlands États-Unis/Mexique. Étude de Douglas (Arizona) et Agua Prieta (Sonora)*, thèse Université Sorbonne Nouvelle - Paris III, 2020, p. 62 et s. ; A. CEYHAN, « Sécurité, frontières et surveillance aux États-Unis après le 11 septembre 2001 (partie 2) », *Cultures & Conflits*, mars 2004, n° 53, p. 113-145.). La lutte contre la délinquance sexuelle sur les personnes mineures était le motif de fichage dans le FNAEG (loi n° 98-468 du 17 juin 1998 relative à la prévention et à la répression des infractions sexuelles ainsi qu'à la protection des mineurs, art. 28), dont le domaine d'application a été étendu à six reprises entre 2001 et 2016.

[2] Ce processus peut alors s'apparenter à celui d'une expérimentation juridique ; v. N. KLAUSSER (dir.), *Les laboratoires d'expérimentation juridique, op. cit.*

[3] Ce processus a été qualifié de « technique du pied dans la porte » : J. L. FREEDMAN et F. C. SCOTT, « Compliance without pressure : the foot-in-the-door technique », *Journal of personality and social psychology,* n° 4, 1966, p. 195-202.

[4] On manquerait ici de place pour lister toutes les mesures de police, notamment technologiques, ayant fait l'objet d'une consécration juridique *a posteriori* ; on se contentera donc de renvoyer à l'énumération faite par Etienne Picard en 1999 dans son article (à laquelle il faudrait ajouter – entre autres – les nouvelles pratiques de renseignement ainsi que de maintien de l'ordre, respectivement consacrées par la loi n° 2015-912 du 24 juillet 2015 et le « schéma national du maintien de l'ordre ») : E. PICARD, « L'impuissance publique en droit », *AJDA*, 1999, p. 12. V. aussi, plus récemment, R. MEDARD INGHILTERRA, « L'instauration d'une « technopolice » administrative en milieu urbain : cadre et enjeux juridiques », *op. cit.*, en particulier §52-53.

début des années 1980 dans des lieux privés, dont certains ouverts au public (ainsi qu'à Monaco), elle est mise en place par les communes d'Avignon à la fin des années 1980[1] et surtout de Levallois-Perret en 1991[2], avant d'être légalisée en 1995[3]. La nomadisation de ces caméras *par* les drones suivra le même chemin : les premiers commencent à être utilisés en France à des fins de sécurité il y a plus de vingt ans, et ne sont finalement légalisés qu'en 2022[4]. L'utilisation de la VSA, plus récente, semble avoir connu le même processus[5]. Sur la reconnaissance faciale, le député précité explicitait sa stratégie :

« Avec la reconnaissance faciale, on touche à un tabou absolu, on touche au truc qui fait que ça fait hurler tout le monde. Ce que nous avons proposé dans le rapport, et je pense que c'est la vraie bonne façon de faire les choses : si on y va d'un coup d'un seul, un peu comme les sénateurs veulent le faire, ça va tellement crisper que ça passera pas [*sic*]. Il faut y aller en touchant les choses du bout du doigt et en y allant dans des cas très particuliers et très bien protégés, très bien balisés »[6].

Ces stratégies d'euphémisation et de consécration juridique *a posteriori*, associées à l'argument de la nécessité absolue (nécessité pour l'État de se mettre à niveau vis-à-vis de l'évolution de la délinquance d'une part, et des acteurs privés utilisant ces technologies à des fins commerciales d'autre part[7] ; nécessité à plus court terme de

[1] TA Marseille, 5e chambre, 21 juin 1990 ; cité *in* R. PELLET, « La vidéo-surveillance et l'application de la loi « informatique et libertés », *La Revue administrative*, 1995, vol. 48, n° 284, p. 142-151.

[2] Délibération du Conseil Municipal de Levallois-Perret, n°1991/206, du 02 décembre 1991, relative à la « vidéo surveillance des espaces publics et des voies », citée *in* G. GORMAND, *L'évaluation des politiques publiques de sécurité : résultats et enseignements de l'étude d'un programme de vidéosurveillance de la Ville de Montpellier*, thèse Université Grenoble Alpes, 2017, p. 14.

[3] L. n° 95-73 du 21 janvier 1995 d'orientation et de programmation relative à la sécurité, art. 10.

[4] Faute de place, on se permet de renvoyer à V. LOUIS, « Les laboratoires du maintien de l'ordre », *in* N. KLAUSSER (dir.), *Les laboratoires d'expérimentation juridique*, préc., p. 15-32, en particulier p. 30-31.

[5] M. DESTAL, C. Le FOLL et G. LIVOLSI, « La police nationale utilise illégalement un logiciel israélien de reconnaissance faciale », préc. ; F. TRÉGUER, *Technopolice*, *op. cit.*, p. 38-40.

[6] P. LATOMBE, cité *in* « En visite aux "nuits de l'AN2V", le lobby de la vidéosurveillance », *La Quadrature du Net*, 11 juillet 2023, en ligne.

[7] L'argument de l'indispensable évolution par rapport à la délinquance était déjà mobilisé pour « biométriser » les documents d'identité dans la vague de réaction au

faire face aux circonstances, qualifiées d'exceptionnelles, face auxquelles le droit positif serait démuni), ainsi qu'à l'idée martelée dans l'espace public immatériel que la sécurité serait la première des libertés[1], semblent porter leurs fruits, notamment concernant la reconnaissance biométrique, qui est en passe d'obtenir une pleine consécration juridique[2]. Celle-ci vient ainsi saisir les espaces publics de façon croissante, et de fait les transformer.

## II. Les espaces publics marqués par la reconnaissance biométrique : l'abolition des frontières ?

L'installation de la reconnaissance biométrique revient à mettre l'espace public matériel au service du privé, une forme de privatisation de l'espace public consentie – voire souhaitée – par le secteur public, la frontière entre les deux secteurs pouvant d'ailleurs s'estomper (A). Les dispositifs ainsi installés normalisent les espaces publics, le contrôle opéré sur l'espace public matériel impactant l'espace public immatériel et faisant ainsi s'estomper la frontière les distinguant, au prix d'un renforcement probablement sans précédent de la frontière partageant le normal de l'anormal (B).

---

11 septembre ; avec l'argument de lutte contre la fraude documentaire, ils avaient été qualifiés de « modes de justification évasifs », faute d'argumentation supplémentaire sur l'adaptation de ces moyens aux fins annoncées. P. Piazza, « 10. La biométrie : usages policiers et fantasmes technologiques », in *La frénésie sécuritaire*, La Découverte, 2008, p. 129 et s.

[1] Pour une critique de cet argument, v. notamment A.-L. Maduraud, « "La sécurité est la première des libertés" : pour en finir avec une antienne réactionnaire », *Délibérée*, n° 1, vol. 3, 2018, p. 86-89. Pour des exemples de cet argument, v. les déclarations de l'actuel président de la République (cité dans l'article), des ministres de l'Intérieur, de nombreux parlementaires, des syndicats de police, etc. Pour des analyses sur cette question, v. notamment les références citées *in* R. Medard Inghilterra, « L'instauration d'une « technopolice » administrative en milieu urbain : les droits et libertés sur un fil », *op. cit.*, note 5.

[2] Outre la pérennisation de la VSA, dont on voit mal ce qui pourrait l'empêcher, il faut signaler la proposition de loi déposée par des sénateurs en avril 2023, et réintroduite une fois la séquence de la dissolution décidée par le président de la République deux mois plus tard, l'un d'entre eux étant depuis devenu ministère de l'Intérieur : M.-P. Daubresse, A. de Belenet et a., *Proposition de loi relative à la reconnaissance biométrique dans l'espace public*, Sénat, n° 505, 5 avril 2023.

### A. L'extension de l'emprise du privé sur l'espace public : l'espace public mis à disposition du secteur privé

L'ensemble des dispositifs de reconnaissance biométrique ici étudiés consistent en une externalisation, plus ou moins importante selon la nature desdits dispositifs. L'article 12 de la Déclaration des droits de l'homme et du citoyen de 1789 est ainsi mis à l'épreuve de la reconnaissance biométrique[1] (d'autres articles de ladite déclaration également[2]). Cette tension apparaît en particulier concernant la VSA, qui repose sur des algorithmes protégés par le secret industriel ; mais ce point n'a jusqu'ici été tranché par aucune juridiction[3]. La question de la souveraineté concernant le stockage de ces données, qui sont l'élément valorisable de la VSA, a, quant à elle, pu soulever des inquiétudes[4], qui semblent à ce stade pouvoir être écartées[5].

Ce qui se joue plus généralement en matière d'installation de reconnaissance biométrique dans l'espace public, c'est la mise à disposition de ce dernier par le secteur public, au profit du secteur privé. La valorisation de l'espace public rejoint celle du domaine public[6] : ce qui s'y passe – qui y passe – devient un marché, l'État français étant même le fer de lance européen de ce mouvement. Un état du marché de

---

[1] Sur cet article, v. notamment L. VANIER, « L'article 12 de la DDHC, boussole pour l'externalisation en matière de police », *AJDA*, 2022, p. 1153-1158 ; X. LATOUR, « L'article 12 de la Déclaration des droits de l'homme et du citoyen et le Conseil constitutionnel », *Annuaire du droit de la sécurité et de la défense*, Mare et Martin, 2021, p. 31-39.

[2] V. *infra*, II. B.

[3] Le Conseil constitutionnel n'avait pas été saisi de moyens en ce sens (Cons. const., 17 mai 2023, *Loi relative aux jeux Olympiques et Paralympiques de 2024 et portant diverses autres dispositions*, n° 2023-850 DC). Concernant les juridictions administratives, si un tribunal administratif avait écarté ce moyen, son jugement a été annulé en appel (TA Marseille, 2 juin 2023, n° 2009485 (v. §6) ; CAA Marseille, 14 octobre 2024, n° 23MA02036). Sur cette question, v. R. MEDARD INGHILTERRA, « L'instauration d'une « technopolice » administrative en milieu urbain : cadre et enjeux juridiques », *op. cit.*, en particulier §63-69.

[4] « Des entreprises tierces étrangères pourront être amenées à fournir des systèmes puisqu'aucune exigence de souveraineté n'a, en revanche, été posée. Dès lors, qui détiendra les données ? Où seront-elles stockées ? » C. CASTETS-RENARD et A. TURCI, « "Caméras augmentées" : un danger pour les libertés lors des Jeux Olympiques et Paralympiques (et au-delà) ? », *D.*, 2023, p. 1138-1141.

[5] R. MEDARD INGHILTERRA, « L'instauration d'une « technopolice » administrative en milieu urbain : les droits et libertés sur un fil », *op. cit.*, §16, en particulier note 64.

[6] V. la dernière note de la page 4.

la reconnaissance biométrique[1], après avoir souligné la capacité « réelle et significative » du lobbying des firmes multinationales dans ce secteur « soutenu par la commande publique », se concluait d'ailleurs en ces termes : « il nous semble qu'actuellement la problématique de la protection des données personnelles et, plus globalement, celle des libertés individuelles et collectives, pèse peu face à la congruence du discours économique et sécuritaire »[2].

Derrière cet accord discursif, qu'on vient d'étudier, on retrouve aussi une congruence des acteurs économiques et sécuritaires, publics et privés. L'installation de la reconnaissance biométrique dans l'espace public est ainsi le fruit d'une normalisation coproduite par les secteurs public et privé, portant la promesse d'une sécurité accrue pour le premier et d'un nouveau marché pour le second. Ce continuum d'intérêts peut se donner à voir très clairement, par exemple à Nice, où le maire revendique sa volonté de faire de la métropole « un terrain d'expérimentation pour les industriels, français et étrangers »[3]. Dans le projet « *Safe City* » (réunissant un consortium d'entreprises derrière Thales), la description du projet annonçait que « la possibilité de faire visiter la solution *Safe City* mise en œuvre à Nice est un support commercial très important dans le marketing de l'offre sur la scène internationale »[4]. La France devient ainsi une vitrine pour les entreprises s'y implantant. Ceci leur est d'autant plus utile qu'une partie de ces dispositifs de reconnaissance biométrique, reposant sur la vision par ordinateur, obtient sa valeur en s'appuyant sur l'apprentissage, et que celui-ci vaut davantage s'il est fait en conditions réelles qu'en laboratoire[5]. Si l'encadrement européen avait pu être critiqué par des acteurs publics et privés, déplorant le retard qu'il engendrait pour les industriels européens par rapport à ses concurrents, en particulier américains, la France s'est distinguée en devenant le premier État de l'Union à légaliser la VSA.

---

[1] Corédigé par le chef du département « études et recherches » de l'ex-Institut national des hautes études de la sécurité et de la justice (INHESJ), et actuel directeur de la recherche et de la prospective à l'IHEMI, qui a remplacé l'INHESJ.

[2] N. LALAM et F. NADAUD, « La biométrie », *op. cit.*, p. 98.

[3] G. ALLIX, « Comment des villes « hyper connectées » contrôlent l'espace public », *op. cit.*

[4] Convention d'expérimentation, de mise à disposition et de démonstration du projet d'expérimentation « Safe City », 2018, p. 24-25.

[5] De ce point de vue, la reconnaissance biométrique rejoint les autres équipements de sécurité se prévalant d'être « testés sur le terrain » afin d'être davantage attractifs.

La volonté d'ouverture de ce marché a pu être explicitement reconnue par des acteurs publics, au-delà de la seule finalité sécuritaire. Concernant la biométrisation des documents d'identité, l'argument avait été formulé par l'auteur d'une proposition de loi centralisant le fichier TES et le fichier des cartes d'identité : « Les entreprises françaises sont en pointe, mais elles ne vendent rien en France, ce qui les pénalise à l'exportation par rapport aux concurrents américains »[1]. Le rapporteur au Sénat contextualisait l'enjeu économique de la proposition : « le sujet engage aussi des enjeux économiques, industriels [...]. Les entreprises françaises, en pointe sur ce domaine, veulent investir le marché français »[2]. Si la loi avait bien été adoptée, le Conseil constitutionnel l'avait globalement vidée de sa substance[3] ; ladite substance a finalement été reprise par décret, et ce dernier a été validé par le Conseil d'État[4]. Le marché français a ainsi été ouvert par le secteur public, pour les entreprises françaises ; comment elles étaient préalablement devenues « à la pointe » de la reconnaissance biométrique révèle un nouveau niveau de coproduction public-privé.

Des entreprises françaises ont en effet participé à « l'invention » de ce marché de la reconnaissance biométrique en Afrique[5], et s'y sont implantées, mais non sans l'aide de l'État français. En réalité, hors des frontières nationales, le brouillage public-privé est manifeste : « CIVI.POL Conseil, Société de conseil et de service du ministère de l'Intérieur » (CIVIPOL) créé en 2001, se qualifie d'opérateur « associant l'efficacité d'une société de droit privé et la puissance de sa

---

[1] F. PILLET, *Rapport sur la proposition de loi de MM. J.-R. LECERF et M. HOUEL relative à la protection de l'identité*, Sénat, n° 432, 13 avril 2011, p. 52.

[2] *Ibid.*, p. 53.

[3] Cons. const., 22 mars 2012, *Loi relative à la protection de l'identité*, n° 2012-652 DC.

[4] D. n° 2016-1460 du 28 octobre 2016 autorisant la création d'un traitement de données à caractère personnel relatif aux passeports et aux cartes nationales d'identité ; Arrêté du 9 février 2017 portant application du décret n° 2016-1460 du 28 octobre 2016 autorisant la création d'un traitement de données à caractère personnel relatif aux passeports et aux cartes nationales d'identité ; CE, 18 octobre 2018, n° 404996. À ce sujet, v. notamment G. KOUBI, « Le fichier des « titres électroniques sécurisés » entériné », *JCP A*, 2018, n° 45, 2304 ; J.-P. FOEGLE, « Fichier TES : Le Conseil d'État donne son feu vert au fichage biométrique de 67 millions de français », *La Revue des droits de l'homme*, 2 novembre 2018, en ligne.

[5] M. DEBOS et G. DESGRANGES, « L'invention d'un marché : économie politique de la biométrie électorale en Afrique », *Critique internationale*, 2023, vol. 98, n° 1, p. 117-139.

mission de service public »[1]. Cette société, bien que se réclamant « du ministère de l'Intérieur », n'est pourtant possédée qu'à 40 % par l'État français, les 60 % restants étant répartis entre de grandes entreprises (Airbus, Idemia, Thales, etc.)[2]. Son objet est de « mettre en œuvre les priorités stratégiques et opérationnelles du ministère de l'Intérieur à l'extérieur des frontières, en particulier vers les zones fragiles et/ou génératrices de menaces pour le territoire national et l'espace européen. Elle contribue ainsi directement au retour en sécurité intérieur »[3].

Ce concept de « retour en sécurité intérieure » renvoie aux « actions qui sont menées à l'extérieur du territoire national et qui produisent des améliorations mesurables sur la sécurité intérieure du pays »[4]. L'ampleur de cette définition lui permet de recouvrir de nombreuses actions, de la récolte de renseignement jusqu'à la biométrisation de titres d'identité d'États étrangers[5]. L'implantation sur le territoire national de dispositifs préalablement vendus à l'étranger par un consortium public-privé français dépasse la doctrine du retour en sécurité intérieure, et peut s'apparenter à ce qu'Aimé Césaire avait

---

[1] CIVIPOL, « L'opérateur », 2024, en ligne.

[2] T. BORREL, « Chapitre 9. L'obsession croissante des migrations », *in* T. BORREL et AL. (dir.), *L'Empire qui ne veut pas mourir. Une histoire de la Françafrique*, Seuil, 2021, p. 929-943. Sur le rôle de CIVIPOL en Afrique, outre l'article précité de M. DEBOS et G. DESGRANGES, v. aussi E.M. STAMBØL et L. JEGEN, « Colonial Continuities and the Commodification of Mobility Policing : French Civipol in West Africa », *in* M. LEMBERG-PEDERSEN et AL. (dir.), *Postcoloniality and Forced Migration : Mobility, Control, Agency*, Global Migration and Social Change, Bristol University Press, 2022, p. 76-92.

[3] CIVIPOL, Statuts mis à jour le 15 février 2024, art. 2.

[4] Ministère de la Défense, « Emploi de la gendarmerie nationale en opérations extérieures. Supplément français à l'AJP-3.22 Stability Policing », 30 avril 2020, p. 81. V. aussi L. FRANCART, *Afrique et sécurité intérieure : quel type de coopération faut-il établir avec les pays d'Afrique, quelle stratégie adopter pour bénéficier d'un* retour positif dans le domaine de la sécurité intérieure *?*, Eurocrise, étude CPGN, 2006 (nous soulignons).

[5] Sur le premier exemple, v. Y. BRAEM et C. CHICHIGNOUD, « De la défense de la gendarmerie et des polices militaires à l'international », *Rapport final de l'étude commanditée à l'Institut Français de Géopolitique par le Centre d'études en sciences sociales*, CCEP 141 SOC / 2005 Marché DEF / C2SD / 2005 n° 77, 2008, en particulier p. 119-127 ; sur le second, v. l'article précité de M. DEBOS et G. DESGRANGES. Pour un aperçu du champ institutionnel du « retour en sécurité intérieure », v. É. HUYGHE, « Coproduire le retour en sécurité intérieure : genèse et évolution de l'action internationale du ministère de l'Intérieur », *Cahiers de la sécurité et de la justice*, 2022, vol. 56, n° 3, p. 114-120.

qualifié de « choc en retour »[1] : les effets (néfastes), sur le territoire national, des actions menées à l'extérieur – en particulier dans les (ex)colonies – par les institutions françaises. Car la mise à disposition auprès du secteur privé de l'espace public pour y implanter la reconnaissance biométrique a des effets sur les espaces publics dans leur ensemble, et sur les personnes.

### B. La normalisation des espaces publics : vers des espaces privés « d'anormalité » ?

L'ambiguïté présentée en introduction devrait à présent être dissipée, tout tendant à montrer que le caractère « public » de l'espace renvoie bien plus souvent, dans les discours de ceux qui s'en prévalent, à sa revendication étatique que populaire. La reconnaissance biométrique est l'un des dispositifs contribuant à cette monopolisation, promettant à l'État un contrôle accru de cet espace (la promesse émanant désormais non plus d'agents administratifs, mais d'acteurs privés). En ce qu'elle vise – par définition – les personnes, elle illustre ainsi que tout contrôle de l'espace public est avant tout un contrôle des populations ; car, plus largement, l'objet final des normes est toujours la personne, même au travers des normes de contrôle spatial[2]. L'installation de la reconnaissance biométrique dans l'espace public contribue ainsi à rendre lisible pour l'État « sa » population[3].

Ces technologies en particulier, et celles d'identification et de surveillance en général, aboutissent ainsi à une redéfinition des droits et libertés, en particulier ceux relatifs au respect de la vie privée et à la liberté d'aller et venir[4]. Chaque personne présente dans l'espace public

---

[1] A. CÉSAIRE, *Discours sur le colonialisme*, Éditions Présence Africaine, 1955, p. 7.

[2] C. EISENMANN, *Cours de droit administratif*, LGDJ, t. 2, rééd. 2014, p. 254-257. V. aussi D. LOCHAK, « Espace et contrôle social », *op. cit.* ; M. FOUCAULT, *Sécurité, territoire, population*, *op. cit.*, p. 126 : « Ceux qu'on gouverne, c'est de toutes façons des gens, ce sont des hommes, ce sont des individus ou des collectivités. […] Ceux qu'on gouverne, ce sont les hommes. ».

[3] Sur « les projets étatiques de lisibilité et de simplification », v. J. C. SCOTT, *L'œil de l'État. Moderniser, uniformiser, détruire*, La Découverte, 2024, spéc. p. 25-155.

[4] Sur l'impact de ces technologies récentes sur les droits et libertés, v. R. MEDARD INGHILTERRA, « L'instauration d'une « technopolice » administrative en milieu urbain : les droits et libertés sur un fil », *op. cit.* ; C. LEQUESNE, « L'encadrement des technologies de surveillance des foules », *L'intelligence artificielle face à l'état de droit*, Bruylant, 2024, p. 147-152 ; *Surveiller les foules - Pour un encadrement des IA physiognomoniques*, Observatoire de l'éthique publique, 2023, p. 31-46 ; A. LASSALE, « De Big Brother à Big Data : l'avenir de la police administrative à l'ère de

devient en effet « identifiable avant même un éventuel contrôle »[1], au sens du contrôle d'identité traditionnel, mené en face-à-face par des forces de l'ordre habilitées ; autrement dit, le contrôle devient potentiellement « invisible, permanent et général »[2]. La liberté d'aller et venir ne s'exerce alors qu'à ce prix et s'en voit ainsi redéfinie, et il en va de même pour l'ensemble des droits et libertés exercés dans l'espace public[3]. Ainsi, « de cette emprise sur l'espace résulte une correspondance étroite et biunivoque entre ordre spatial et ordre social, *l'ordre spatial concourant directement à la reproduction d'un ordre social dont il est simultanément la matérialisation* »[4].

La disjonction posée entre les espaces publics matériel et immatériel s'estompe ainsi, et il apparaît à nouveau que l'espace public matériel est toujours déjà un espace public immatériel ; mais cette qualité est

---

la vidéosurveillance intelligente », *RFDA*, 2024, p. 955-964. Sur cette redéfinition des droits et libertés dans leur ensemble, v. notamment P. GERVIER, *La limitation des droits fondamentaux constitutionnels par l'ordre public*, LGDJ, 2014 ; sur la singularisation de ce droit et de cette liberté, et leur conciliation avec l'accroissement des pouvoirs de police administrative, v. A. CAMARA, *Les pouvoirs de la police administrative et les libertés individuelles : la liberté d'aller et venir et la vie privée*, thèse Université Grenoble 2, 1996.

[1] F. DESPREZ, « L'Identité dans l'espace public : du contrôle à l'identification », *Archives de politique criminelle*, 2010, vol. 32, n° 1, p. 45.

[2] Formule reprise à D. SCHOENHER, « Reconnaissance faciale et contrôles préventifs sur la voie publique, l'enjeu de l'acceptabilité », *Les Notes du CREOGN*, n° 43, 2019, p. 1-2, par F. TRÉGUER, *Technopolice*, *op. cit.*, p. 32 (qui cite le bon auteur, mais renvoie à l'intitulé d'un autre article : J.-M. JAFFRE, « Numérisation du visage : opportunités et limites de la reconnaissance faciale », *Les Notes du CREOGN*, n° 18, 2016). L'unique obstacle relevé par le colonel de gendarmerie, renvoyé en note de bas de page : le fait que « la pratique de contrôles d'identité généralisés et discrétionnaires serait incompatible avec le respect de la liberté individuelle » pour le Conseil constitutionnel (Cons. const., 5 août 1993, *Loi relative aux contrôles et vérifications d'identité*, n° 93-323 DC). Faute de place pour compléter la liste des obstacles juridiques, on se contentera de relever que cela révèle le peu de considération porté aux considérations juridiques.

[3] En droit, c'est le « chilling effect » (v. notamment F. SCHAUER, « Fear, Risk and the First Amendment : Unraveling the Chilling Effect », *Boston University Law Review*, janvier 1978, vol. 58, p. 685-732 ; J. PENNEY, « Understanding Chilling Effects », *Minnesota Law Review*, 2021, vol. 106, p. 1451-1530), qui prévient l'exercice d'autres droits et libertés, eux-mêmes impactés (v. deux notes au-dessus). Chez Foucault, c'est la fonction performative des dispositifs de surveillance ; v. M. FOUCAULT, « Chapitre III. Le panoptisme », in *Surveiller et punir*, Gallimard, coll. « Tel », 1993, p. 234 et s.

[4] D. LOCHAK, « Espace et contrôle social », *op. cit.*, p. 160 (nous soulignons).

aussi historiquement – et récemment – attestée que contestée, notamment en France, comme le maintien de l'ordre en atteste[1]. La reconnaissance biométrique vient justement contribuer à cette normalisation de l'espace public, à sa dépolitisation. Le fonctionnement de la reconnaissance biométrique, dissolvant tout en données, a une double dimension « naturalisante » et dépolitisante, voire déshumanisante (cette dernière augmentant au fil de l'automatisation du traitement de ces données)[2]. Les philosophes ont bien perçu comment cette technique réduisait la gestion de la vie en société à sa dimension biologique, et les conséquences que cela emportait sur la dimension sociale[3]. La captation croissante, non plus seulement des traces et des marques, mais également des comportements, n'intègre pas davantage cet aspect ; au contraire, elle le réduit au même format : un vivant biologique, quantifié en vue d'être traité automatiquement. La reconnaissance biométrique représente ainsi « une forme de dépolitisation et d'individualisation de la surveillance »[4].

Cette nouvelle forme de surveillance, capable de contrôler à distance les comportements des personnes et de les identifier, ne signifie pas pour autant la fin des dispositifs de contrôle existants, en tout cas pas dans un présent proche. Elle semble d'ailleurs coïncider avec la rationalité policière traditionnelle concernant l'espace public, à savoir de gérer les personnes et leurs déplacements avec « le maximum de vitesse et de sécurité », pour reprendre les termes d'un préfet de police

---

[1] V. notamment O. FILLIEULE et F. JOBARD, *Politiques du désordre : la police des manifestations en France*, Seuil, 2020 ; D. TARTAKOWSKY, *On est là ! La manif en crise*, Détour, 2020.

[2] L'idée de naturalisation déshumanisante n'étant paradoxale que si l'on définit la vie humaine par sa seule dimension biologique, en écartant ainsi sa dimension sociale, politique.

[3] En particulier G. Agamben (v. sa tribune dans *Le Monde* du 10 janvier 2004, « Non au tatouage biopolitique »), mais aussi, bien qu'ils ne partagent pas ses analyses, M. FŒSSEL et A. GARAPON, « Biométrie », *op. cit.*

[4] *Ibid.*, p. 171. Le reste de la citation défend l'idée qu'elle se distingue du panoptique foucaldien ; à ce sujet, v. le passage du panoptique au « banoptique » effectué par Didier BIGO, notamment « Chapitre 11 - Le visa Schengen et le recours à la biométrie », X. CRETTIEZ et P. PIAZZA (dir.), *op. cit.*, p. 237-267 ; « Du panoptisme au Ban-optisme. Les micros logiques du contrôle dans la mondialisation », *in* P.-A. CHARDEL (dir.), *Technologies de contrôle dans la mondialisation : enjeux politiques, éthiques et esthétiques*, Kimé, 2009, p. 59-80.

du tournant des années 1920-1930[1]. Cette doctrine de la gestion de l'espace public, toujours d'actualité en matière de police, préfigurait le gouvernement global des flux contemporains[2], les deux ayant en commun le fait de ne pas être le produit d'une délibération publique et de chercher à supprimer l'espace de l'imprévisible, de l'ouvert, du public ; aspiration illusoire, mais qui produit cependant des effets bien matériels sur les espaces et les personnes qui y vivent.

---

[1] J. CHIAPPE, cité *in* H. L'HEUILLET, *Basse politique, haute police : une approche historique et philosophique de la police*, Fayard, 2001, p. 147.
[2] M. QUET, *Flux : comment la pensée logistique gouverne le monde*, Zones, 2022.

# L'IMPUISSANCE DE L'ÉTAT FACE AUX PLATEFORMES NUMÉRIQUES PRIVÉES ? L'EXEMPLE DE LA LUTTE CONTRE LES VIOLENCES DE GENRE DANS LE CYBERESPACE

*Elsa Fondimare, Maîtresse de conférences à l'Université Paris Nanterre*
*Laurie Marguet, Maîtresse de conférences à l'Université Paris-Est Créteil*

L'État est-il impuissant pour lutter contre les abus de la liberté d'expression en ligne sur les plateformes numériques, et plus particulièrement contre les violences de genre ?

*Prima facie,* cette question apparaît inutilement provocatrice ; et la réponse évidemment négative, eu égard au nombre exponentiel de législations, nationale et européenne, illustrant, précisément l'action de l'État pour lutter contre la « haine en ligne ». Pour ne citer que les plus récents, on peut mentionner la loi visant à sécuriser et à réguler l'espace numérique (SREN)[1] le règlement sur les services numériques (RSN)[2] et le règlement sur les marchés numériques[3]. La présente contribution entend toutefois montrer que cette question appelle en réalité une réponse nuancée. S'il est certain que l'État cherche à réaffirmer son pouvoir de contrôle à l'égard des plateformes numériques (et notamment des réseaux sociaux où prolifèrent les propos sexistes), il convient malgré tout d'en souligner les enjeux et limites. Et, précisément, la lutte contre les violences de genre dans le cyberespace offre un terrain particulièrement propice à l'analyse des tentatives de l'État pour affirmer sa puissance dans le cyberespace.

---

[1] L. n° 2024-449 du 21 mai 2024 visant à sécuriser et à réguler l'espace numérique.
[2] Règlement (UE) 2022/2065 du Parlement européen et du Conseil du 19 octobre 2022 relatif à un marché unique des services numériques et modifiant la directive 2000/31/CE (règlement sur les services numériques).
[3] Règlement (UE) 2022/1925 du Parlement européen et du Conseil du 14 septembre 2022 relatif aux marchés contestables et équitables dans le secteur numérique et modifiant les directives (UE) 2019/1937 et (UE) 2020/1828.

Cependant, avant de procéder à cette analyse, un point sémantique s'impose. L'utilisation de la notion d'État renvoie ici non seulement à la puissance publique au sens de moyen d'action de l'administration, mais également au pouvoir législatif ou au pouvoir répressif détenu par l'autorité judiciaire. Il apparaît en effet que la lutte contre la haine en ligne a conduit à un renforcement de l'action de l'État dans toutes ses manifestations.

Quant à l'espace numérique ou cyberespace, l'expression ne connaît pas de définition juridique – comme l'espace public d'ailleurs – mais peut être définie ici comme un « espace d'information généré par l'interconnexion globale des systèmes d'information et de communication, dans lequel les données sont créées, stockées et partagées »[1]. Au sein de cet espace, les plateformes en ligne sont définies par le règlement sur les services numériques, comme « un service d'hébergement qui, à la demande d'un destinataire du service, stocke et diffuse au public des informations, à moins que cette activité ne soit une caractéristique mineure et purement accessoire d'un autre service ou une fonctionnalité mineure du service principal qui, pour des raisons objectives et techniques, ne peut être utilisée sans cet autre service, et pour autant que l'intégration de cette caractéristique ou de cette fonctionnalité à l'autre service ne soit pas un moyen de contourner l'applicabilité du présent règlement »[2]. En somme, les plateformes en ligne sont une catégorie spécifique d'hébergeur (dont la fonction consiste, selon l'article 1er du RSN, à stocker des informations fournies par un destinataire du service à sa demande).

L'expression « violences de genre » ou « violences fondées sur le genre » ne renvoie pas non plus à une réalité juridique précise. La

---

[1] Rapport n° 7 (2019-2020) de M. G. LONGUET, fait au nom de la commission d'enquête sur la souveraineté numérique, déposé le 1er octobre 2019, p. 17 : « Le cyberespace se compose en effet d'une couche matérielle qui correspond à l'ensemble des appareils, serveurs, routeurs, ordinateurs qui permettent l'interconnexion des machines ; d'une couche logique ou logicielle qui couvre les éléments de communication entre les machines elles-mêmes, autrement dit les protocoles, ou bien entre les humains et les machines, c'est-à-dire les logiciels. Ces deux premières couches forment l'organisation technique du cyberespace et définissent la manière dont les réseaux fonctionnent. La troisième couche, dite sémantique ou informationnelle, correspond à l'ensemble des informations qui transitent au travers des deux premières. Cette segmentation en trois couches justifie une différence d'approches nationales selon la culture du cyberespace que l'on choisit de privilégier ».

[2] Article 1er RSN.

définition des « violences sexistes et sexuelles » proposée par Charlotte Buisson et Jeanne Wetzels apparaît, pour les fins de la présente contribution, particulièrement heuristique, car particulièrement étendue et inclusive : « Les violences sexistes et sexuelles peuvent être appréhendées comme une multiplicité de types d'actes coercitifs, non hiérarchisés, imposés par les hommes pour contrôler les femmes ainsi que toutes celles et ceux qui n'appartiennent pas au masculin hégémonique, et ce tout au long de leur vie »[1]. Potentiellement, les violences sexistes et sexuelles désignent donc une multiplicité de comportements, de propos et de représentations, qui sont eux-mêmes possiblement saisissables à travers plusieurs régimes juridiques différents : viol, agressions sexuelles, harcèlement sexuel, harcèlement sexiste, outrage sexiste, l'agissement sexiste, la provocation à la haine, à la violence, à la discrimination fondée sur le sexe, l'orientation sexuelle, l'identité de genre, l'injure ou la diffamation sexiste, homophobe ou transphobe. Le choix est ici fait d'utiliser le terme « genre » et non pas uniquement « sexiste et sexuelles », pour insister sur le fait que cette violence peut concerner les individus de n'importe quel sexe qui subit ces violences en raison de son identité de genre ou parce que son identité de genre ne correspond pas à ce qui est attendu d'elle ou de lui par rapport à la norme dominante.

Le renforcement de la lutte contre les violences de genre, sous ses formes les plus diverses, dans l'espace public tangible, est désormais un objectif affiché des pouvoirs publics[2]. De ce fait, on pourrait s'attendre à ce que les violences de genre dans l'espace numérique soient un terrain particulièrement favorable à une démonstration de force de l'État. Pourtant, à en croire plusieurs rapports récents du Haut Conseil à l'Égalité entre les femmes et les hommes (HCE), l'action de l'État s'avère encore insuffisante pour lutter contre les violences de genre en ligne. L'espace numérique continue d'être un lieu privilégié des violences de genre (l'un des trois « incubateurs » du sexisme avec

---

[1] C. Buisson et J. Wetsels, *Les violences sexistes et sexuelles*, PUF, 2022.

[2] V. le discours du Président de la République à l'occasion de la journée internationale pour l'élimination de la violence à l'égard des femmes et du lancement de la grande cause du quinquennat, publié le 25 novembre 2017. Présenté sur le site du Gouvernement (https://arretonslesviolences.gouv.fr/l-etat-vous-protege/politique-de-lutte-contre-les-violences-faites-au-femmes) : « La lutte contre toutes les violences sexistes et sexuelles est le 1er pilier de la Grande Cause du quinquennat pour l'égalité entre les femmes et les hommes ».

la famille et l'école qui fait le lit des violences de genre[1]), à travers l'omniprésence des stéréotypes de genre sur les réseaux sociaux[2] ou bien la diffusion incessante de représentations dégradantes et déshumanisantes des femmes par la pornographie en ligne[3]. Pourtant, l'État multiplie les dispositifs permettant de lutter contre les abus de la liberté d'expression en ligne, et dans ce cadre, contre les violences de genre (I). Mais ils connaissent plusieurs limites : le contrôle des contenus sexistes est fondé sur « la régulation » des contenus par les plateformes elles-mêmes, ce qui entraîne une forme de privatisation du contrôle des violences de genre dans l'espace numérique (II).

## I. Le renforcement des dispositifs de lutte contre les violences de genre

L'évolution de la législation relative à la lutte contre les violences de genre dans l'espace tangible montre qu'à première vue, les pouvoirs publics ont mobilisé des outils de droit pénal (*i.e.* des dispositifs *répressifs*) pour combattre ces violences (A). Ce renforcement se retrouve dans l'espace numérique. On constate en effet la montée en puissance d'une approche punitive des violences de genre avec des tentatives d'adaptation de la répression des violences à l'espace numérique (B).

### A. Le renforcement des dispositifs de lutte contre les violences de genre dans l'espace tangible

Il faut souligner le renforcement des dispositifs de lutte contre les violences de genre dans l'espace public, et avant tout dans l'espace public *tangible*. À ce titre, la définition du harcèlement sexuel s'est trouvée considérablement élargie, à la fois s'agissant des champs et des espaces concernés par la répression du harcèlement, et par la multiplication des comportements réprimés.

Concernant, en premier lieu, les champs et les espaces concernés par la répression du harcèlement, il faut dire que la répression du

[1] *S'attaquer aux racines du sexisme*, Rapport annuel 2024 sur l'état des lieux du sexisme en France, n° 2024-01-22-STER-61, 22 janvier 2024.

[2] *La femme invisible dans le numérique. Le cercle vicieux du sexisme*, Rapport n° 2023-11-07-PAR&STER-60, 7 novembre 2023.

[3] *Pornocriminalité. Mettons fin à l'impunité dans l'industrie pornographique*, Rapport n° 2023-09-27-VIO-59, 27 septembre 2023.

harcèlement était jusqu'à récemment limitée à des domaines et espaces très limités, principalement dans la sphère professionnelle pour saisir le comportement des employeurs envers les salariés[1]. De plus, les dispositions de l'ancien code du travail sanctionnaient les conséquences du harcèlement lui-même, mais pas l'acte de harcèlement lui-même[2]. Depuis, non seulement le code du travail a évolué pour sanctionner l'acte de harcèlement sexuel lui-même[3], le droit pénal a été modifié pour appréhender les faits de harcèlement en dehors de la sphère professionnelle[4], et le droit civil, sous la pression du droit de l'Union européenne, a évolué de manière à élargir la notion de harcèlement sexuel, qui comprend désormais tout « agissement à connotation

---

[1] Le code du travail réprimait à l'origine les discriminations dans le travail faisant suite à un harcèlement sexuel (avec une définition un peu plus large du harcèlement lui-même, car faisant également référence aux « pressions de toute nature »). L. n° 92-1179 du 2 novembre 1992 relative à l'abus d'autorité en matière sexuelle dans les relations de travail, art. L. 122-46, c. travail : « Aucun salarié ne peut être sanctionné ni licencié pour avoir subi ou refusé de subir les agissements de harcèlement d'un employeur, de son représentant ou de toute personne qui, abusant de l'autorité que lui confèrent ses fonctions, a donné des ordres, proféré des menaces, imposé des contraintes ou exercé des pressions de toute nature sur ce salarié dans le but d'obtenir des faveurs de nature sexuelle à son profit ou au profit d'un tiers. Aucun salarié ne peut être sanctionné ni licencié pour avoir témoigné des agissements définis à l'alinéa précédent ou pour les avoir relatés » (la même chose était prévue dans le cadre de la fonction publique : L. n° 2001-397 du 9 mai 2001 relative à l'égalité professionnelle entre les femmes et les hommes remplace la formule initiale en insérant l'art. 6 ter dans la loi de 1983).

[2] Art. L. 122-46, c. travail (qui interdisait les discriminations dans le travail à la suite d'un harcèlement sexuel ou à un témoignage en matière de harcèlement), L. 123-1 (dont le dernier alinéa prohibait d'autres mesures discriminatoires suite à un harcèlement) et L. 152-1-1 (prévoyant les pénalités).

[3] Art. L. 1153-1, Ord. n° 2007-329 du 12 mars 2007 relative au code du travail : « Les agissements de harcèlement de toute personne dans le but d'obtenir des faveurs de nature sexuelle à son profit ou au profit d'un tiers sont interdits » (l'article L. 122-46 a été scindé en trois articles, d'une part le L. 1153-1 sur le harcèlement proprement dit, et d'autre part les articles L. 1153-2 et L. 1153-3 sur les discriminations à la suite d'un harcèlement).

[4] L. n° 92-684 du 22 juillet 1992 : art. 222-23, c. pénal de 1994 : « Le fait de harceler autrui en usant d'ordres, de menaces ou de contraintes, dans le but d'obtenir des faveurs de nature sexuelle, par une personne abusant de l'autorité que lui confèrent ses fonctions, est puni d'un an d'emprisonnement et de 100 000 F d'amende » (lors des débats parlementaires précédant le vote de la loi du 2 novembre 1992, devant l'Assemblée nationale en 2e lecture, le 2 décembre 1991, fut adopté un important sous-amendement présenté par M. Gérard Gouzes, supprimant les mots : « à l'occasion ou dans l'exercice de l'activité professionnelle d'une personne »).

sexuelle », tel que des agissements perpétrés dans le cadre du travail – y compris dans le domaine de la fonction publique – ou en dehors, par exemple dans le cadre de relations enseignants-élèves[1].

Concernant, en second lieu, les comportements concernés, la définition même du harcèlement sexuel en droit pénal et en droit du travail a été élargie pour inclure les agissements au sein des relations non hiérarchiques[2], de même que la condition de « gravité »[3] a été supprimée[4]. À la suite d'une censure par le Conseil constitutionnel[5], les articles 222-33 du code pénal et L. 1153-1 du code du travail ont été réécrits pour appréhender soit les actes à connotations sexuelles répétés atteignant la dignité par leur caractère dégradant et humiliant (*p. ex.* propositions sexuelles répétées de la part d'un collègue) ou bien créant un environnement hostile (*p. ex.* blagues sexuelles entre collègues), soit la pression grave même unique dans le but d'obtenir des faveurs sexuelles pour soi ou pour un tiers (*p. ex.* la pression d'un enseignant sur une étudiante). Cette définition a été par la suite complétée par la

---

[1] Art. 1-1°, L. n° 2008-496 du 27 mai 2008 portant diverses dispositions d'adaptation au droit communautaire dans le domaine de la lutte contre les discriminations.

[2] Art. 179, L. n° 2002-73 du 17 janvier 2002 de modernisation sociale : sur le plan pénal, la loi supprime la condition d'abus d'autorité : l'auteur du harcèlement peut désormais être « toute personne dont le but est d'obtenir des faveurs de nature sexuelle à son profit ou au profit d'un tiers ». Sur le plan du droit du travail, la loi reconnaît désormais le harcèlement sexuel entre collègues.

[3] Condition qui avait été introduite en 1998 (art. 11, L. n° 98-468 du 17 juin 1998 relative à la prévention et à la répression des infractions sexuelles ainsi qu'à la protection des mineurs : « À l'article 222-33 du code pénal les mots : "en usant d'ordres, de menaces ou de contraintes" sont remplacés par les mots : "en donnant des ordres, proférant des menaces, imposant des contraintes ou exerçant des pressions graves" »). La circulaire du 1er octobre 1998 relative à la présentation générale des dispositions de la L. n° 98-468 du 17 juin 1998 présentait ainsi la réforme : « L'extension de la loi pénale a toutefois été limitée aux seules pressions graves, le législateur ayant considéré que la notion de "pressions de toute nature" envisagée par le projet du Gouvernement ne définissait pas suffisamment l'infraction et donnait au juge un pouvoir d'appréciation trop large ».

[4] L. n° 2002-73 du 17 janvier 2002 de modernisation sociale.

[5] Cons. const., 4 mai 2012, n° 2012-240 QPC.

sanction du harcèlement en groupe[1] ou encore l'extension des circonstances aggravantes[2].

En outre, en dehors du contentieux pénal, les victimes n'ont plus ni à prouver une intention de la part de l'auteur d'obtenir des faveurs sexuelles ni à prouver des agissements répétés de la part de celui-ci[3].

Enfin, non seulement le harcèlement sexiste se distingue désormais du harcèlement sexuel[4], mais, de plus, le renforcement de la lutte contre l'outrage sexiste, infraction créée en 2018, montre à quel point ce ne sont plus seulement les comportements de harcèlement sexuel qui sont pénalisés, mais aussi les agressions quotidiennes vécues par les femmes et les minorités de genre qui sont réprimées[5]. Si la création de cette infraction a conduit à la prise en compte de la dimension genrée de l'espace public, elle conduit par là même à focaliser les politiques d'égalité sur un « féminisme carcéral »[6], privilégiant le pouvoir coercitif de l'État dans le but de parvenir à une justice de genre.

D'autant plus que, depuis 2023, l'outrage sexiste aggravé fait partie des délits susceptibles de faire l'objet d'une amende forfaitaire

---

[1] Art. 222-33-2-2, c. pénal (L. n° 2018-703 du 3 août 2018 renforçant la lutte contre les violences sexuelles et sexistes) ; art. L. 1153-1, c. travail (L. n° 2021-1018 du 2 août 2021).

[2] Passage de deux ans de prison et 30000 euros d'amendes, à trois ans de prison et 45000 euros d'amendes dans ces cas : abus d'autorité, mineurs de 15 ans, personne de particulière vulnérabilité due à son âge, à une maladie, à une infirmité, à une déficience physique ou psychique ou à un état de grossesse, est apparente ou connue de leur auteur ; précarité ou situation économique ; plusieurs personnes agissant en qualité d'auteur ou de complice ; l'utilisation d'un service de communication au public en ligne ou par le biais d'un support numérique ou électronique ; alors qu'un mineur était présent et y a assisté ; par un ascendant ou par toute autre personne ayant sur la victime une autorité de droit ou de fait.

[3] Art. 1er, L. du 27 mai 2008 : « Tout agissement lié à l'un des motifs mentionnés au premier alinéa et tout agissement à connotation sexuelle, subis par une personne et ayant pour objet ou pour effet de porter atteinte à sa dignité ou de créer un environnement intimidant, hostile, dégradant, humiliant ou offensant ».

[4] L. n° 2018-703 du 3 août 2018 : modification de l'art. 222-33, c. pénal : « Le harcèlement sexuel est le fait d'imposer à une personne, de façon répétée, des propos ou comportements à connotation sexuelle ou sexiste… ».

[5] L. n° 2018-703 du 3 août 2018 renforçant la lutte contre les violences sexuelles et sexistes. Non seulement la loi modifie la disposition sur le harcèlement sexuel (art. 222-33, c. pénal) pour y ajouter le harcèlement sexiste (art. 11), mais porte création d'un nouvel art. 621-1, c. pénal réprimant l'outrage sexiste (art. 15)

[6] E. BERNSTEIN, « The Sexual Politics of the New Abolitionism », *Differences*, 2007, vol. 18, n° 5, p. 128-151.

délictuelle (AFD)[1]. Certes, ce dispositif a fait l'objet de critiques de la part les associations de défense des droits humains et de la Défenseure des Droits dans une décision-cadre de 2023, notamment car il porterait une atteinte grave au droit au recours de la personne poursuivie[2], mais aussi en raison du risque d'arbitraire provoqué par le transfert des prérogatives de l'autorité judiciaire à l'agent verbalisateur, et des risques accrus de discrimination indirecte à l'égard des personnes dont la vulnérabilité résulte de leur situation économique[3]. Pour critiquable qu'il soit, il illustre bien la montée en puissance de l'outil répressif pour lutter contre les violences de genre.

Alors que les règles réprimant les violences de genre ont été construites pour contrôler des phénomènes se produisant dans l'espace public tangible, l'évolution du droit montre que le législateur a entendu adapter ces normes à l'espace numérique.

### B. Le renforcement des dispositifs de lutte contre les violences de genre dans l'espace numérique

Le renforcement de la répression des violences de genre dans l'espace numérique s'est caractérisé par l'extension, l'adaptation et parfois le durcissement des dispositifs du droit pénal commun et du droit pénal spécial de la presse. Sans retracer toutes ses manifestations, il convient d'évoquer deux illustrations de ce phénomène : d'une part, l'évolution des infractions pénales elles-mêmes et, d'autre part, l'apparition de nouveaux acteurs.

---

[1] Ce dispositif d'alternative aux poursuites judiciaires, datant de 2016 (art. 36, L. n° 2016-1547 du 18 novembre 2016 de modernisation de la justice du XXIe siècle), permet à la police de punir un délit sans recourir au juge. L'amende est majorée si elle n'est pas réglée dans les 45 jours, et minorée si elle est réglée tout de suite à l'agent verbalisateur (art. 495-17 s., c. procédure pénale). Ce dispositif, prévu d'abord pour les infractions au code de la route, a par la suite été étendu à d'autres délits, la liste étant fixée par la loi.

[2] DDD, 30 mai 2023, Décision-cadre n° 2023-030 recommandant de mettre fin à la procédure de l'amende forfaitaire délictuelle, p. 9 : « La procédure de l'AFD évite certes une interpellation et un potentiel placement en garde à vue, mais elle prive aussi la personne des droits qui s'y rattachent (droit à l'assistance d'un avocat, information du procureur qui orientera les poursuites…) ».

[3] *Ibid.*, p. 34.

À propos des infractions d'abord, le droit de la presse a évolué en 2004[1] et 2017[2] pour réprimer, y compris sur internet[3], les provocations à la haine, violence et discrimination fondée sur le sexe, l'orientation sexuelle et l'identité de genre, la diffamation et l'injure sexiste, homophobe ou transphobe. Signe d'un durcissement de la lutte contre la haine en ligne, ces dispositifs ont été concernés par le processus de déspécialisation du droit de la presse[4], visant à faire tomber, pour certaines infractions (comme en matière de répression du terrorisme), le cadre procédural protecteur de 1881, à travers l'allongement du délai de prescription de trois mois à un an, la possibilité de requalification de l'infraction par le juge, ou encore la mise en place de procédures accélérées[5].

S'agissant du droit pénal commun, le fait que certaines violences soient commises « par l'utilisation d'un service de communication au public en ligne ou par le biais d'un support numérique ou électronique » constitue désormais une circonstance aggravante : c'est le cas du proxénétisme depuis longtemps[6] et aujourd'hui du harcèlement sexuel et sexiste[7]. On voit aussi apparaître de nouvelles infractions : la création en 2018 d'une nouvelle infraction visant à réprimer le « harcèlement en meute » et les « raids numériques » – pour reprendre les mots du HCE[8] – consistant dans la publication par plusieurs auteurs différents de propos sexistes et violents proférés une seule fois à l'encontre d'une

[1] L. n° 2004-1486 du 30 décembre 2004 portant création de la HALDE a intégré le motif du sexe et de l'orientation sexuelle dans le champ des infractions réprimées par les articles 24, 32 et 33 de la loi du 29 juillet 2881.

[2] L. n° 2017-86 du 27 janvier 2017 relative à l'égalité et à la citoyenneté a quant à elle intégré le motif de l'identité de genre aux mêmes articles.

[3] La loi n° 2004-575 du 21 juin 2004 pour la confiance dans l'économie numérique a étendu à la « communication au public par voie électronique » l'application des infractions réprimées par la loi du 29 juillet 1881, permettant d'appréhender pénalement la « haine en ligne ».

[4] J-B. THIERRY, « La déspécialisation de la procédure pénale applicable aux infractions de presse », *AJ Pénal*, 2021, p. 504.

[5] L. MARGUET, « La complexité du dispositif juridique de lutte contre la haine en ligne », *Droit, Sciences & Technologies*, n° 16, 2023.

[6] L. n° 98-468 du 17 juin 1998, art. 225-7, c. pénal.

[7] Art. 11, L. n° 2018-703 du 3 août 2018, modifiant l'article 222-33-III, c. pénal.

[8] HCE, « Note de positionnement sur le projet de loi renforçant la lutte contre les violences sexuelles et sexistes », 16 avril 2018 ; HCE, Rapport n° 2023-11-07-PAR&STER-60, *op. cit.*, p. 70.

même cible[1]. L'élan répressif du législateur a toutefois été freiné lors de l'adoption de la récente loi visant à sécuriser et régulariser l'espace numérique. Le texte du projet de loi modifié par l'Assemblée nationale en première lecture prévoyait en effet non seulement la création d'un délit général d'outrage en ligne[2] pouvant faire l'objet d'une amende forfaitaire délictuelle[3], mais plus encore l'extension de l'outrage sexiste à l'espace numérique et le renforcement de sa sanction[4]. Alors que la création d'un délit d'outrage en ligne, déjà largement critiquée par les députés[5], a fait l'objet d'une censure de la part du Conseil

---

[1] Art. 222-33-2-2, c. pénal : « Le fait de harceler une personne par des propos ou comportements répétés ayant pour objet ou pour effet une dégradation de ses conditions de vie se traduisant par une altération de sa santé physique ou mentale est puni d'un an d'emprisonnement et de 15 000 € d'amende lorsque ces faits ont causé une incapacité totale de travail inférieure ou égale à huit jours ou n'ont entraîné aucune incapacité de travail. L'infraction est également constituée : a) Lorsque ces propos ou comportements sont imposés à une même victime par plusieurs personnes, de manière concertée ou à l'instigation de l'une d'elles, alors même que chacune de ces personnes n'a pas agi de façon répétée ; b) Lorsque ces propos ou comportements sont imposés à une même victime, successivement, par plusieurs personnes qui, même en l'absence de concertation, savent que ces propos ou comportements caractérisent une répétition » (là encore le harcèlement commis en ligne à plusieurs constitue une circonstance aggravante).

[2] Art. 5 *bis* du projet de loi.

[3] Réécriture globale de l'article créant une amende forfaitaire pour les infractions commises dans l'espace numérique de contestation de crime contre l'humanité, de diffamation et d'injure racistes ou commises en raison du sexe ou de l'orientation sexuelle [amendements identiques CS817 de Paul Midy, et CS662 de Marie Guévenoux (RE), sous-amendé par le CS942 de Caroline Yadan (RE)]. « Art. 65-5 de la loi du 19 juillet 1881. – Lorsque les contenus publiés par l'utilisation d'un service de communication au public en ligne ou par le biais d'un support numérique ou électronique constituent manifestement des délits mentionnés aux 2e et 3e alinéas de l'article 32 ou aux 3e et 4e alinéas de l'article 33, l'action publique pour l'application des peines est éteinte, dans les conditions prévues aux articles 495-17 à 495-25 du code de procédure pénale, par le versement d'une amende forfaitaire d'un montant de 300 euros. Le montant de l'amende forfaitaire minorée est de 250 euros et le montant de l'amende forfaitaire majorée est de 600 euros ».

[4] Art. 5 *quarter* du projet de loi. Ajout à la liste des circonstances aggravantes de l'outrage sexiste « l'utilisation d'un service de communication en ligne » [amendements identiques CS261 de Véronique Riotton (RE), CS723 de Caroline Yadan (RE), CS762 d'Erwan Balanant (Dem)]. Cette évolution permettait une qualification délictuelle et la délivrance d'une AFD de 300 euros.

[5] V. les débats parlementaires lors de la première séance du mercredi 11 octobre 2023 à l'Assemblée nationale, notamment l'intervention de Ségolène Amiot : « Premièrement, l'outrage en ligne est en effet déjà largement couvert par des notions telles que les violences psychologiques, les injures, les diffamations, le harcèlement

constitutionnel pour atteinte à la liberté d'expression[1], la création d'un délit d'outrage sexiste en ligne punissable d'une amende forfaitaire délictuelle a été supprimée dès l'examen à l'Assemblée nationale, en raison des critiques faites au procédé de l'amende forfaitaire délictuelle, mais aussi en raison de la difficulté de constater un outrage sexiste en ligne et de le différencier d'autres types d'infraction, telle que l'injure sexiste prononcée en ligne[2].

Afin de renforcer la lutte contre le cyberharcèlement, il faut encore mentionner la création par la loi Avia de 2020[3] du pôle national de lutte contre la haine en ligne, section spécifique du tribunal judiciaire de Paris dédié à la répression du cyberharcèlement, ou encore le renforcement du pouvoir d'injonction du président du tribunal judiciaire[4]. La loi SREN renforce encore le pouvoir du juge en permettant le prononcé d'une sanction complémentaire de suspension de l'accès à un service de plateforme en ligne[5].

---

ou l'outrage sexiste. Dans notre arsenal judiciaire, il y a largement de quoi faire. Deuxièmement, l'article prévoit pour cette infraction spécifique une amende forfaitaire délictuelle. Nous avons déjà dénoncé les AFD à l'occasion d'autres textes. Dans ce cas précis, elle nous paraît extrêmement dommageable : ce ne sera plus un juge qui déterminera si le propos tenu était un outrage ou non, ce sera la police qui décidera s'il faut appliquer une amende et inscrire l'infraction dans le casier. Il n'y a plus de notion de jugement par un juge judiciaire ».

[1] Cons. const., 17 mai 2024, *Loi visant à sécuriser et à réguler l'espace numérique*, n° 2024-866 DC, cons. 80.

[2] V. l'intervention d'Erwan Balanant lors de la première séance du 10 octobre 2023 à l'Assemblée nationale : « Pourquoi le présent article va-t-il trop loin ? Parce qu'on s'aventure dans des qualifications pénales qui ne sont pas facilement constatables. L'outrage sexiste et sexuel, ce qu'on appelle le harcèlement de rue dans la vraie vie, est facilement constatable. Là, on risque d'avoir affaire à des questions qui relèvent normalement de la 17e chambre du tribunal judiciaire de Paris. Quand on voit les débats qui agitent celle-ci, par exemple sur les questions de diffamation ou d'injure publique, il est évident qu'elles ne peuvent pas être réglées par une AFD. Certaines qualifications sont ainsi punies par de fortes peines d'amende – 4 000 euros, par exemple ».

[3] Art. 10, L. n° 2020-766 du 24 juin 2020 visant à lutter contre les contenus haineux sur internet créant l'article 15-3-3, c. procédure pénale.

[4] L'article 6-I-8 LCEN énonce désormais que « le président du tribunal judiciaire, statuant selon la procédure accélérée au fond, peut prescrire à toute personne susceptible d'y contribuer toutes mesures propres à prévenir un dommage ou à faire cesser un dommage occasionné par le contenu d'un service de communication au public en ligne ».

[5] Art. 16, L. n° 2024-449 du 21 mai 2024.

Le renforcement des dispositifs de lutte contre les violences de genre dans l'espace numérique peut notamment s'expliquer par une évolution dans la manière d'appréhender les violences de genre, à travers un effacement de la distinction entre le réel et le virtuel. Il semble de plus en plus admis, notamment au regard des travaux du HCE, que les représentations et les discours diffusés dans l'espace numérique constituent des dispositifs du genre participant de la construction d'une réalité sociale inégalitaire. Cet affaiblissement de la distinction entre réel et virtuel rejoint le postulat des *cultural studies* selon lequel « l'apparent détachement » des représentations « vis-à-vis du "réel" relève nécessairement d'un déplacement idéologique »[1]. Toutefois, pour le moment, ce sont encore largement les *effets* de ces représentations sur le monde réel, et non les représentations elles-mêmes, qui sont considérées comme productrices de violences[2]. Il en va par exemple ainsi en matière de pornographie en ce que l'encadrement de la pornographie était jusqu'à présent justifié au regard de ses effets sur la jeunesse, et non en raison des violences de genre qu'elle produit[3]. Une évolution semble toutefois poindre dans les discours institutionnels. Le rapport du HCE relatif à la « pornocriminalité » entendant précisément modifier la manière dont les pouvoirs publics appréhendent la pornographie, en la concevant comme faisant partie des stratégies de violence qui humilie et dégrade les femmes, justifiant de retenir une perspective abolitionniste de la pornographie. Ainsi, le rapport n'appelle pas uniquement à assimiler pleinement la pornographie à la prostitution – ce qui ne conduirait pas forcément à la prohibition de la pornographie, puisque la prostitution n'est pas prohibée en France, mais seulement découragée –, mais propose d'interdire toute forme de marchandisation de la sexualité, y compris les représentations pornographiques[4]. Si ceci relève de simples

---

[1] M. CERVULLE, N. QUEMENER, *Cultural Studies. Théories et méthodes*, Armand Collin, 2e éd., 2018, p. 71.

[2] E. FONDIMARE, « Le contrôle juridique des représentations du genre à l'écran. Rapport de l'axe 1 du projet de recherche Genre & Écrans », *Revue des Droits de l'Homme*, n° 19, 2021, en ligne.

[3] J. GATÉ, « Médias : du droit comme garant du "bon genre" de la liberté d'expression », *in* S. HENNETTE-VAUCHEZ, M. PICHARD et D. ROMAN, *La loi et le genre. Études critiques de droit français*, CNRS éditions, 2014, p. 651.

[4] Rapport n° 2023-09-27-VIO-59, publié le 27 septembre 2023, *op. cit.* V. la recommandation n° 1 : « Réaffirmer l'interdiction de la marchandisation de la sexualité d'autrui et créer une nouvelle infraction générique d'exploitation sexuelle qui intégrerait les nouvelles formes de cyberexploitation sexuelle ».

propositions de réformes, la montée en puissance d'une telle conception des violences de genre montre un changement de paradigme dans la manière de les appréhender autant qu'elle impacte la façon dont il convient de les combattre dans le cyberespace.

Cet arsenal répressif se heurte toutefois à de nombreux écueils. En premier lieu, on peut mentionner un écueil d'ordre technique : l'anonymat rend difficile la poursuite des auteurs d'infraction. C'est qu'en effet, même s'il existe des règles proscrivant l'anonymat absolu et qu'il pèse sur les hébergeurs une obligation de conserver des données permettant l'identification des éditeurs de contenus, il demeure des cas dans lesquels l'identification de l'auteur de certains contenus demeure difficile[1].

En second lieu, on peut mentionner un écueil économique lié aux faibles moyens financiers alloués au parquet numérique pour compenser ces difficultés techniques et faire face au nombre croissant de dossiers[2]. Mais, plus encore, et en troisième lieu, il n'est pas certain que le système répressif soit parfaitement adapté à la lutte contre les violences en ligne : en effet, par hypothèse, le droit pénal (et *a fortiori* le juge judiciaire) n'intervient qu'*a posteriori,* c'est-à-dire après la publication d'un contenu. La diffusion virale de certains contenus ne peut être entravée par l'intervention du juge judiciaire, dès lors que celui-ci intervient qu'après – parfois longtemps après – la publication litigieuse.

Or, précisément, c'est cette intervention *a posteriori* qui est critiquée et jugée insuffisante, notamment par le HCE. Dès lors, il a fallu adapter les modalités d'action de l'État à la spécificité de l'espace numérique ; et le choix a été fait de créer à l'échelle de l'UE et du droit national, d'un système privilégiant l'autorégulation ou la compliance[3] par les plateformes numériques elles-mêmes, mieux armées techniquement pour lutter contre les contenus violents. Est-ce là le signe d'un aveu

---

[1] V. L. MARGUET, « La complexité du dispositif juridique de lutte contre la haine en ligne », *op. cit.*

[2] *Ibid.*

[3] « La compliance consiste à confier aux acteurs eux-mêmes, notamment les entreprises, la responsabilité de la réalisation d'objectifs déterminés par les autorités publiques en vue d'assurer le respect de principes ou prévenir des risques que ces autorités déterminent » Conférence, *Regards croisés du Conseil d'État et de la Cour de cassation. De la régulation à la compliance : quel rôle pour le juge ?,* 2 juin 2023, en ligne.

d'échec de l'État dans le contrôle de la haine en ligne ? Cette forme de régulation est toutefois moins libérale qu'elle n'y paraît, l'État entendant réaffirmer sa puissance à travers la surveillance administrative – au risque même de dériver vers des limites importantes à la liberté d'expression au nom de la lutte contre les violences de genre.

## II. Un aveu d'impuissance de l'État ? La « coopération » entre plateforme privée et autorité administrative pour contrôler des contenus violents

Si la régulation accrue du cyberespace atteste que ce dernier est de moins en moins considéré comme un espace hors de l'application du droit commun, il convient de rappeler qu'une telle régulation fonctionne grâce à ses propres logiques, qui font une large place aux plateformes privées, rendant inadaptés outils de la réglementation classique, interrogeant la viabilité du contrôle de l'État. C'est qu'en effet, si les plateformes peuvent être publiques – c'est le cas par exemple de Parcoursup –, elles sont majoritairement privées (réseaux sociaux, les plateformes de partage de contenus, les places de marché, etc.), avec pour mission principale de générer du profit pour satisfaire entreprise et actionnaires. Or, en substituant à une logique répressive « verticale » – (au regard de laquelle l'État sanctionne les individus) – une logique de régulation « horizontale », (au regard de laquelle une coopération entre les autorités publiques et les plateformes est privilégiée), ces plateformes « privées » se retrouvent au centre du contrôle de la haine en ligne : ce sont elles qui jouent le rôle de « censeur » en déterminant si les contenus (notamment sexistes) qu'elles hébergent doivent ou non être publiés (A). Cette évolution ne conduit-elle pas à accorder un pouvoir démesuré à des acteurs privés ? La surveillance opérée par l'autorité administrative qu'est l'ARCOM constitue-t-elle un garde-fou suffisant pour assurer un contrôle de ces plateformes ? Si certains appellent à un renforcement du contrôle administratif exercé par l'ARCOM, il faut souligner que ce contrôle est, précisément, d'ordre « administratif » et non judiciaire, ce qui engendre d'autres risques pour les droits et libertés (B).

### A. Les plateformes privées : actrices principales du contrôle de contenus sexistes

Les plateformes numériques ont vu petit à petit leur rôle, et leur responsabilité, s'accroître quant au contrôle des contenus illicites, notamment les contenus violents et discriminatoires à l'égard des femmes et des minorités de genre.

Historiquement, les hébergeurs furent encadrés pour la première par une directive (dite « e-commerce ») du 8 juin 2000[1]. Dans la mesure où l'objectif est de contribuer « au bon fonctionnement du marché intérieur en assurant la libre circulation des services de la société de l'information entre les États membres », ce texte est sous-tendu par une logique de désengagement des États vis-à-vis du marché numérique. Il en découle un faible encadrement des hébergeurs, qui ne sont, par principe, soumis à aucune obligation générale de surveillance des contenus qu'ils hébergent[2]. Il en découle également qu'ils qui ne sont pas considérés responsables des contenus qu'ils hébergent[3]. C'est un régime de responsabilité dit « allégé » qui est mis en place par la directive (puis en France en 2004 par la LCEN qui transpose la directive). Aujourd'hui, si le régime de responsabilité dit « allégé » est maintenu par le règlement sur les services numériques de 2022[4], il augmente malgré tout considérablement les obligations qui pèsent désormais sur les hébergeurs.

À la différence de la directive de 2000, ce règlement a pour objectif non plus seulement la protection du marché intérieur, mais aussi la création d'un « environnement en ligne sûr, prévisible et fiable […] dans lequel les droits fondamentaux consacrés par la Charte […] sont efficacement protégés »[5]. Cela explique un durcissement de l'encadrement des hébergeurs à l'échelle européenne. Ainsi, à partir du 17 février 2024, tous les hébergeurs devront coopérer avec les autorités, disposer d'un mécanisme de notification des contenus présumés illicites

---

[1] Directive 2000/31/CE du PE et du Conseil, 8 juin 2000, relative à certains aspects juridiques des services de la société de l'information, et notamment du commerce électronique, dans le marché intérieur (« Directive sur le commerce électronique »).

[2] Art. 14, Directive e-commerce.

[3] Art. 15, Directive e-commerce.

[4] Le Digital service Act, règlement de l'UE adopté le 19 octobre 2022 et entré en application entièrement le 17 février 2024.

[5] Règlement (UE) 2022/2065 du 19 octobre 2022 relatif à un marché unique des services numériques et modifiant la directive 2000/31/CE (RSN), point 9.

(article 16), clarifier dans les conditions générales d'utilisation les contenus autorisés (ou non) (article 14), expliciter les motifs des restrictions de contenu réalisées (article 15) ; informer les autorités en cas de soupçons d'infraction pénale (article 18) et édicter un rapport de transparence sur les mesures prises (article 15)[1]. Ils doivent également agir contre un ou plusieurs éléments spécifiques de contenu illicite (article 9), fournir des informations (article 10), en cas d'injonction des autorités judiciaires ou administratives et établir un point de contact unique entre les plateformes et les autorités (article 11).

Des obligations spécifiques pèsent, au demeurant, sur les grandes plateformes (qui ont plus de 10 millions de visiteurs par mois). Sommairement, leurs obligations, au regard du RSN, sont de plusieurs ordres : faciliter, pour les internautes, le signalement des contenus illicites (coopération avec des signaleurs de confiance (article 22), mettre en place un système interne de traitement des réclamations[2] (article 20) et extra-judiciaire (article 21) ; être transparent quant à leur système de modération des contenus (article 24), notamment concernant le fonctionnement des algorithmes de recommandation publicitaire (qui ne doit pas être fondé sur un système de profilage). Le RSN prévoit également des obligations particulières pour les très grandes plateformes (qui ont plus de 15 millions de visiteurs par mois) : elles doivent notamment analyser et évaluer de « tout risque systémique découlant de la conception ou du fonctionnement de leurs services et de leurs systèmes connexes, y compris des systèmes algorithmiques, ou de l'utilisation faite de leurs services » (article 34). Il faut noter que cet article 34 précise que cette évaluation comprend l'analyse des « risques systémiques suivants », à savoir les « effets négatifs réels ou prévisibles liés aux violences sexistes et à la protection de la santé publique et des mineurs et les conséquences négatives graves sur le bien-être physique et mental des personnes ». Elles doivent également procéder

---

[1] Art. 6-I-7, LCEN : tous les hébergeurs, et donc notamment les plateformes et les réseaux sociaux doivent être vigilants, et concourir à la lutte contre infractions relevant notamment des violences de genre. Ils doivent : mettre en place un dispositif de notification facilement accessible et visible ; informer promptement des autorités publiques de toute activité illicite signalée ; rendre publics les moyens consacrés à la lutte contre ces activités illicites.

[2] Système interne de traitement des réclamations permettant aux utilisateurs dont le compte a été suspendu ou résilié (par exemple sur un réseau social) de contester cette décision

notamment à des notamment audits indépendants de réduction des risques (sous le contrôle de la Commission européenne).

Par ailleurs, la loi française visant à sécuriser et réguler l'espace numérique[1] attache une attention particulière à l'obligation pesant sur les hébergeurs d'informer les autorités publiques d'éventuelles infractions pénales. Ainsi, elle précise que « la méconnaissance de l'obligation d'informer immédiatement les autorités compétentes prévue à l'article 18 du règlement (UE) 2022/2065 du Parlement européen et du Conseil du 19 octobre 2022 précité est punie d'un an d'emprisonnement et de 250 000 euros d'amende »[2]. Mais plus encore, l'article 6-IV-A met en place un dispositif de « vigilance renforcée »[3] : pour certains contenus spécifiques, elle réitère l'obligation faite aux hébergeurs d'« informer promptement les autorités compétentes de toutes les activités illicites qui leur sont signalées et qu'exercent les destinataires de leurs services ». Ce dispositif doit être « activé » pour 22 infractions[4]. Tout manquement à ces obligations « est puni d'un an

---

[1] L. n° 2024-449 du 21 mai 2024 visant à sécuriser et à réguler l'espace numérique

[2] Art. 6, LCEN.

[3] Art. 48, L. n° 2024-449 du 21 mai 2024 visant à sécuriser et à réguler l'espace numérique ; art. 6-IV-A, LCEN : « Les personnes dont l'activité consiste à fournir des services d'hébergement concourent à la lutte contre la diffusion de contenus constituant les infractions mentionnées aux articles 211-2, 222-33, 222-33-1-1, 222-33-2 à 222-33-2-3, 222-39, 223-13, 225-4-13, 225-5, 225-6, 227-18 à 227-21, 227-22 à 227-24, 412-8, 413-13, 413-14, 421-2-5, 431-6, 433-3, 433-3-1, 521-1-2 et 521-1-3 et au 2ᵉ al. de l'article 222-33-3, c. pénal ainsi qu'aux 5ᵉ, 7ᵉ et 8ᵉ al. de l'article 24 et à l'article 24 bis de la loi du 29 juillet 1881 sur la liberté de la presse. À ce titre, elles informent promptement les autorités compétentes de toutes activités illicites mentionnées à l'alinéa précédent qui leur seraient signalées et qu'exerceraient les destinataires de leurs services. Tout manquement à cette obligation d'information est puni d'un an d'emprisonnement et de 250 000 euros d'amende. Les personnes morales peuvent être déclarées pénalement responsables de cette infraction, dans les conditions prévues à l'article 121-2 du code pénal. Elles encourent une peine d'amende, suivant les modalités prévues par l'article 131-38 du même code, ainsi que les peines mentionnées aux 2° et 9° de l'article 131-39 de ce code. L'interdiction mentionnée au 2° de cet article est prononcée pour une durée de cinq ans au plus et porte sur l'activité professionnelle dans l'exercice ou à l'occasion de laquelle l'infraction a été commise ».

[4] L'article 6 LCEN se réfère ainsi aux articles du code pénal : 211-2 sur la provocation à commettre un génocide, 222-33-1-1 sur l'outrage sexiste et sexuel, 222-33-2 à 222-33-2-3 sur le harcèlement moral, 222-39 sur le trafic de stupéfiants, 223-13 sur la provocation au suicide, 225-4-13 sur les thérapies de conversion, 225-5 sur le proxénétisme, 225-6 sur l'assimilation au proxénétisme, 227-18 à 227-21 sur la mise

d'emprisonnement et de 250 000 euros d'amende. Le fait de ne pas déférer à la demande d'une autorité judiciaire d'obtenir communication des éléments mentionnés au même A est puni des mêmes peines ». Or, on peut observer que les contenus qui justifient la mise en œuvre de ce dispositif relèvent des violences de genre, à l'instar de l'outrage sexiste et sexuel, de l'interdiction des thérapies de conversion sexuelle ou de l'interdiction de la provocation à la discrimination sur le fondement du sexe, de l'orientation sexuelle ou de l'identité de genre.

Toutefois, si ces textes entendent renforcer les obligations pesant sur les plateformes, notamment en matière de contenus sexistes et, de ce fait, encadrer leur pouvoir de contrôle, plusieurs limites doivent être soulignées. En premier lieu, il faut souligner que le RSN laisse à la compétence des États membres le soin de déterminer ce qu'est un « contenu illicite ». Or, le respect de la liberté contractuelle des plateformes suppose que ces derniers puissent également déterminer librement, dans le cadre de leurs conditions générales d'utilisation, les contenus qu'ils refusent de diffuser. Dès lors, au-delà de la question de la concurrence entre État et plateformes dans la détermination de ce qui relève d'un contenu illicite, on peut se demander si ces acteurs privés sont les mieux à même de lutter contre les contenus violents et discriminatoires, étant donné les intérêts économiques qui animent les plateformes, notamment quant aux contenus pornographiques dégradants à l'égard des femmes. Les plateformes en question y

---

en péril de la santé et de la moralité des mineurs, 227-22 à 227-24 sur les infractions sexuelles commises sur mineurs, 412-8 sur la provocation à s'armer illégalement, 413-13 sur la révélation d'une information révélant l'identité d'un agent des services spécialisés de renseignement, 413-14 sur la révélation d'une information révélant l'identité membre des forces spéciales, 421-2-5 sur la provocation et l'apologie du terrorisme, 431-6 sur la provocation directe à un attroupement armé, 433-3 sur les menaces et actes d'intimidation commis contre les personnes exerçant une fonction publique, 433-3-1 sur les menaces et actes d'intimidation commis contre les personnes participant à l'exécution d'une mission de service public, 521-1-2 sur les sévices graves ou actes de cruauté ou atteintes sexuelles sur un animal domestique, 521-1-3 sur la proposition ou sollicitation des actes constitutifs d'atteintes sexuelles, 222-33-3 alinéa 2 sur la diffusion d'images violences. L'article 6 se réfère également aux articles de la loi de 1881 : alinéa 5 sur l'apologie des crimes de guerre, contre l'humanité ; de réduction en esclavage ; alinéa 7 sur la provocation à la haine ou à la discrimination sur le fondement de la race, de l'ethnie, de la nation ou de la religion ; et alinéa 8 sur la provocation à la haine ou à la discrimination sur le fondement du sexe, de l'orientation sexuelle, de l'identité de genre ou du handicap, 24 bis sur le négationnisme.

verront-elles des contenus illicites, lorsque l'on connaît les enjeux économiques autour de l'industrie pornographique ?[1] Et il en va de même pour d'autres types de contenus stéréotypés, à la frontière entre représentations dégradantes et sexisme « ordinaire », dont le caractère illicite pourrait difficilement être admis. Ainsi, une publicité jugée « stéréotypée » par le Jury de déontologie publicitaire[2] serait-elle susceptible de constituer un « contenu illicite » au sens du RSN ? Les frontières de l'illicéité demeurent encore floues.

C'est pourquoi le HCE recommande dans son rapport de 2023 sur le sexisme dans le numérique, en plus de renforcer l'autorégulation introduisant une auto-évaluation annuelle des plateformes sur les publications les plus vues (sous la supervision de l'ARCOM), d'instaurer une obligation explicite d'appliquer les dispositions du RSN sur les contenus illicites aux contenus sexistes, dégradants ou violents[3]. Dans son rapport sur la « pornocriminalité » rendu en 2023, le HCE invite également à clarifier la notion juridique de contenus manifestement illicites en ligne et à inclure les sites pornographiques dans les listes des très grandes plateformes faisant l'objet d'une supervision renforcée[4].

---

[1] A. BILLON, A. BORCHIO FONTIMP, L. COHEN et L. ROSSIGNOL, *Rapport d'information fait au nom de la délégation aux droits des femmes*, n° 900, 27 septembre 2022, p. 20 : pour le groupe Dorcel : « un marché global de l'ordre de 7,5 milliards de dollars auquel s'ajoute 1 milliard de dollars de chiffres d'affaires des groupes audiovisuels traditionnels en TV et VOD ».

[2] V. parmi les nombreux exemples : Avis du JDP publié le 5 août 2024 CARIBBEAN CONNECTION, 1013/24 : est considérée comme contraire à la Recommandation « Image et respect de la personne » de l'Autorité de Régulation Professionnelle de la Publicité, la publicité pour un concert, diffusée sur Internet, montrant un visage de femme dessiné de profil et dont seules les lèvres sont colorées en rouge. Elle tient un bâton de canne à sucre qu'elle suce en fermant les yeux. Le texte accompagnant cette image est : « Viens sucer la canne », ainsi que diverses informations relatives au concert. Pour le JDD en effet, « la publicité en cause, est volontairement provocatrice, par le symbole phallique et l'utilisation des mots comme par le dessin qui met en scène une femme qui semble extatique, les yeux presque fermés suggérant qu'elle est concentrée sur le plaisir procuré, ce qui ajoute encore une touche supplémentaire au double sens à caractère sexuel manifestement recherché par le message. Il est ainsi clairement dégradant, sexiste, réducteur, utilisant l'image sexualisée d'une femme de manière détournée et provocatrice ».

[3] *La Femme Invisible dans le numérique : le cercle vicieux du sexisme*, Rapport n° 2023-11-07-PAR&STER-60, 7 novembre 2023.

[4] Rapport n° 2023-09-27-VIO-59, *op. cit.*, recommandations n° 19 et n° 20.

Outre la marge d'appréciation concernant l'appréciation du caractère illicite des contenus, la délégation du pouvoir de censure aux plateformes interroge d'autant plus que cette appréciation (au moins partiellement) réalisée par un algorithme de modération[1]. Le recours à cet outil automatisé est problématique à plusieurs égards.

D'une part, il est susceptible de véhiculer certains biais de genre. Comme le soulignait le DDD dans son rapport de 2020, « en réalité, il n'y a ni magie technologique ni neutralité mathématique : les algorithmes sont conçus par des humains et à partir de données reflétant des pratiques humaines. Ce faisant, des biais peuvent être ainsi intégrés à toutes les étapes de l'élaboration et du déploiement des systèmes : dès l'intention qui préside à l'élaboration de l'algorithme en amont, pendant la réalisation du code informatique, celle du code exécutable, celle de l'exécution, celle du contexte d'exécution et celle de la maintenance »[2]. Par ailleurs, plusieurs travaux ont déjà montré que « la délégation de la modération à l'IA semble aller de pair avec la discrimination à l'encontre des minorités sexuelles, de genre et racisées. Censure, invisibilisation, déréférencement, *shadowban* de contenus et de profils, etc. : la modération automatisée des contenus – alors qu'elle est défendue par les entreprises comme un moyen plus efficace pour protéger en particulier les personnes victimes de la prolifération de contenus haineux en ligne – contribue au renforcement et à la cristallisation des rapports de minoration dans les dispositifs médiatiques »[3].

D'autre part, son fonctionnement est difficile à « surveiller ». En effet, le fonctionnement des systèmes algorithmiques suppose *a minima* d'avoir accès à toutes les données d'entraînement : « sur ce point, un flou demeure quant à la question de savoir si la possibilité pour l'ARCOM d'avoir accès à "toutes les données nécessaires" suffira à lui permettre d'avoir effectivement accès à toutes les données d'entraînement, et à plus forte raison si elle disposera des moyens humains et matériels nécessaires au traitement de ces données »[4].

---

[1] L. MARGUET, « La complexité du dispositif juridique de lutte contre la haine en ligne », *op. cit.*

[2] DDD, *Algorithmes : prévenir l'automatisation des discriminations,* 2020.

[3] T. GRISON, « Discriminations algorithmiques ? La modération des réseaux sociaux numériques au prisme de la censure », *Doctorales SFSIC*, CIMEOS, 2022.

[4] *Ibid.* V. D. CARDON, « Le pouvoir des algorithmes », *Pouvoirs*, 2018, vol. 1, n° 164, p. 64 : « Certaines techniques d'apprentissage, notamment celles qui utilisent des réseaux de neurones (*deep learning*) ont ceci de particulier que le modèle est non

Compte tenu des limites de l'autorégulation, en particulier dues à l'autonomisation des systèmes de modération des contenus, il est beaucoup attendu des autorités administratives nationales pour contrer ce pouvoir de contrôle des contenus délégué aux plateformes : la surveillance par l'administration, prévue par le RSN et précisée par la loi SREN, permet-elle à l'État de réaffirmer sa puissance dans la sécurisation de l'espace numérique ?

### B. La surveillance par l'autorité administrative

Pour assurer le respect de leurs obligations, les plateformes peuvent faire l'objet d'un contrôle par le juge judiciaire. En effet, dans le cadre d'une action en référé, *via* l'article 6-3 LCEN ou 145 du code de procédure civile, il peut formuler différentes injonctions à l'encontre des plateformes, comme leur ordonner de fournir des renseignements sur les moyens qu'ils mettent en place pour respecter leurs obligations légales [1], des données identifiantes[2].

Cela étant, le contrôle mis en place par le RSN, est avant tout d'ordre administratif. C'est l'ARCOM qui a la charge de s'assurer du respect, par les plateformes « qui relèvent de la compétence de la France »[3], de leurs obligations, et par ce biais, d'exercer un contrôle, fût-il (très) indirect, sur les contenus sexistes. Même avant le RSN, l'ARCOM (le CSA à l'époque) détenait déjà un rôle dans la prévention des violences et discriminations fondées sur le genre dans le domaine de l'audiovisuel. La loi pour l'égalité réelle de 2014 avait en effet renforcé les missions du CSA, en prévoyant que celui-ci « veille, d'une part, à une juste proportion des femmes et des hommes dans les programmes et d'autre part, à l'image des femmes qui apparaît dans ces programmes notamment en luttant contre les stéréotypes, les préjugés sexistes, les images dégradantes, les violences faites aux femmes et les violences

---

seulement appris des données, mais qu'il ne peut plus être compris par ceux qui y accèdent […] en apprenant depuis les données, les techniques de calcul peuvent très bien produire des résultats inattendus, curieux ou choquants sans que ceux-ci aient été anticipés par ceux qui la programment ».

[1] Pour une application, v. notamment : TJ Paris, 6 juillet 2021, *UEJF et a. c. Société Twitter France et Twitter International Cie*, n° 20/53181 (confirmé par CA Paris, 20 janvier 2022, n° 21/14325).

[2] Pour une application, v. notamment : CA Paris, Pôle 1 ch. 3, 10 septembre 2024, *M. X. / Meta Plateforms Ireland Ltd.*

[3] Art. 51, RSN.

commises au sein des couples »[1]. Le RSN ainsi que la loi SREN[2] étendent ce pouvoir de régulation à l'espace numérique en vue de contrôler les contenus illicites. Fondées sur l'idée de coopération, les nouvelles normes désignent l'ARCOM comme coordinateur pour les services numériques[3] : l'ARCOM est désormais chargée de superviser les obligations des services établis en France[4]. Ses pouvoirs se trouvent, à cette fin, renforcés, puisqu'elle peut demander des informations, procéder à des inspections et à des demandes d'explication, ordonner la cessation des infractions, imposer des mesures correctives pour y mettre fin, imposer des amendes, des astreintes, ou encore des mesures provisoires. En cas de non-respect de leurs obligations par les plateformes, elle peut ainsi prononcer des sanctions, dont des amendes pouvant aller jusqu'à 6 % du chiffre d'affaires mondial de ces services.

Cependant, pour salutaires que soient les mesures prises pour contraindre les plateformes, il faut noter que l'ARCOM peut exercer seul son pouvoir, sans sollicitation de l'autorité judiciaire – même si l'autorisation judiciaire demeure nécessaire dans certains cas[5]. Or, cet élément peut être lu comme un recul des garde-fous contre d'éventuelles atteintes aux libertés. Comme en matière d'audiovisuel, il semble néanmoins que le pouvoir de sanction n'intervienne qu'en dernier ressort : c'est ainsi bien une régulation de type « administratif » qui semble se développer, structurée autour d'une logique « horizontale » de coopération et d'autorégulation. Au regard des

---

[1] Art. 56, L. n° 2014-873 du 4 août 2014, modifiant l'article 3-1 de la loi n° 86-1067 du 30 septembre 1986 relative à la liberté de communication.

[2] Art. 9-1 et 9-2, LCEN, modifié par l'art. 51, L. n° 2024-449 du 21 mai 2024.

[3] Assurer la coordination entre les différentes autorités nationales compétentes, la Commission nationale de l'informatique et des libertés (CNIL), l'autorité administrative chargée de la concurrence et de la consommation et elle-même ; de siéger au sein d'un Comité européen des services numériques et de participer à la surveillance des très grandes plateformes en ligne et des très grands moteurs de recherche relevant de la compétence de la Commission européenne.

[4] Art. 49 s., RSN.

[5] Par exemple, l'article 9-1 de la LCEN prévoit, à propos des pouvoirs d'enquête de l'ARCOM, que : « [l]orsqu'il y a lieu de soupçonner que les informations relatives à un manquement aux obligations prévues par le même règlement sont conservées dans des lieux, des locaux, des enceintes, des installations ou des établissements partiellement ou entièrement affectés au domicile privé, la visite ne peut se dérouler qu'avec l'autorisation du juge des libertés et de la détention du tribunal judiciaire dans le ressort duquel sont situés les locaux à visiter, dans les conditions prévues au III du présent article ».

décisions de l'ARCOM (et de son prédécesseur le CSA), il est notable que le pouvoir de sanction du CSA en matière audiovisuel a été très peu utilisé – : les deux affaires dans lesquelles le CSA l'actionne (concernant C8 où la chaîne avait été condamnée pour des scènes sexiste et homophobe[1]) ont d'ailleurs beaucoup fait parler d'elles ; c'est davantage son pouvoir non contraignant, d'alerte, de mise en demeure ou l'imposition aux chaînes de rapports annuels avec indicateurs quantitatifs et qualitatifs qui a davantage conduit à une évolution des représentations du genre à l'écran.

Il en va autrement en matière d'accès des mineurs aux sites pornographiques, pour lequel la loi SREN prévoit un renforcement encore plus important du contrôle administratif[2], dont certains instruments – comme l'établissement d'un référentiel fixant les exigences techniques minimales applicables aux systèmes de vérification de l'âge, ou encore le pouvoir de blocage et de déréférencement des sites – n'ont pas été considérés comme contraires à la Constitution[3]. On note sur cette question que le juge français tente de contraindre effectivement les plateformes à respecter les obligations (concernant le contrôle de l'âge) imposées par la loi[4], sans que l'on sache à l'heure actuelle jusqu'où pourra se déployer son pouvoir d'injonction. Eu égard aux principes de libre circulation des services, la Cour de justice de l'Union a été saisie d'une question préjudicielle quant à la question de savoir si le juge français pouvait imposer à des plateformes pornographiques situées dans d'autres États membres sa réglementation quant au contrôle de la majorité[5].

Toutefois, le HCE demande de renforcer encore ce contrôle administratif, pour améliorer non pas uniquement la lutte contre l'accès

---

[1] CSA, 7 juin 2017, *Sanction à l'encontre de la société C8* (émission du 7 décembre 2016), confirmé par CE, 18 juin 2018, n° 412071 ; et 13 novembre 2019, n° 415396 ; CSA, 26 juillet 2017, *Sanction à l'encontre de la société C8*, n° 2017-532, confirmé par CE, 18 juin 2018, n° 414532. Un pouvoir de sanction qui n'est pas considéré par la Cour européenne des droits de l'homme comme contraire à la liberté d'expression (CEDH, 9 février 2023, *C8 (Canal 8) c. France*, n° 58951/18 et 1308/19).

[2] Art. 10, LCEN v. déjà art. 23, L. n° 2020-936 du 30 juillet 2020 visant à protéger les victimes de violences conjugales) : pouvoir de mise en demeure, sanction, blocage des sites par les fournisseurs d'accès, déréférencement des sites et déréférencement sur les sites miroirs (durée maximale de vingt-quatre mois).

[3] Cons. const., 17 mai 2024, n° 2024-866 préc.

[4] V. notamment, CA Paris, 17 octobre 2024, RG23-17.972.

[5] CE, 6 mars 2024, *Société Webgroup Czech Republic*, n° 461193.

des mineurs à la pornographie, mais plus généralement la lutte contre les violences de genre en ligne. Il était ainsi question d'accorder des pouvoirs plus importants à la plateforme PHAROS (plateforme d'harmonisation, d'analyse, de recoupement et d'orientation des signalements créée en 2009 pour signaler des contenus suspects en ligne et placée sous le contrôle de l'office central de lutte contre la criminalité liée aux technologies de l'information et de la communication, une branche de la direction centrale de la police judiciaire)[1]. Dans son rapport sur la « pornocriminalité », outre l'amélioration du dispositif de signalement et l'augmentation des moyens alloués à PHAROS, le HCE requiert ainsi d'étendre le pouvoir de police administrative de PHAROS pour permettre le retrait ou le blocage, avec recours possible auprès de l'ARCOM en cas de refus, des sites diffusant des images d'actes de torture et de barbarie, de viol, d'agressions sexuelles ou de harcèlement sexuel ou sexiste[2]. Lors de l'examen de la loi SREN, certains parlementaires ont ainsi tenté d'introduire des amendements renforçant les pouvoirs de PHAROS.

Un amendement au projet de loi, d'abord rejeté par le Sénat, puis adopté en commission à l'Assemblée nationale[3], modifiait la LCEN en ce sens, en réduisant néanmoins les contenus concernés : il s'agissait d'autoriser le retrait ou le blocage par l'« autorité administrative » des contenus présentant des actes de torture et de barbarie, des traitements inhumains et des viols[4]. Si, comme le rappelle un député, « Pharos n'est pas une autorité administrative, ce sont les forces de l'ordre »[5], c'est bien l'extension du contrôle administratif, qui semble ici justifiée au nom de la lutte contre les violences de genre. La loi SREN n'a en définitive pas retenu la formulation proposée par ces amendements : l'article 5 de la loi SREN du 21 mai 2024 prévoit, plus prudemment –

---

[1] Plateforme créée en 2009 (par Arrêté du 16 juin 2009), il s'agit d'un site internet de la police nationale destinée à lutter contre la cybercriminalité par le recueil des signalements des internautes et par la constitution d'une base automatisée de données à caractère personnel pour traiter ces signalements, à des fins d'enquêtes judiciaires ou administratives

[2] Rapport n° 2023-09-27-VIO-59, *op. cit.*, p. 112 et s.

[3] Amendements identiques CS398 de Mme Isabelle Santiago et CS476 de Mme Estelle Youssouffa.

[4] V. amendement n° 999 déposé le samedi 30 septembre 2023, adopté le 5 octobre 2023. Il introduit de nouveaux contenus soumis au contrôle de Pharos : la représentation des actes de torture et de barbarie ainsi que la représentation du viol.

[5] Erwann Balanant (Dem), lors des débats parlementaires relatifs au projet de loi SREN.

ce que souligne le Conseil constitutionnel[1] – qu'à titre expérimental, pour une durée de deux ans « l'autorité administrative peut, lorsque les nécessités de la lutte contre la diffusion des images de tortures ou d'actes de barbarie relevant de l'article 222-1 du code pénal le justifient, demander à toute personne dont l'activité est d'éditer un service de communication au public en ligne ou aux fournisseurs de services d'hébergement de retirer les contenus qui contreviennent manifestement au même article 222-1 ». Par conséquent, non seulement l'autorité administrative détenant ce pouvoir de retrait des contenus n'est pas nommément désignée, mais les contenus susceptibles d'être retirés ne concernent pas toutes les violences de genre, mais uniquement les violences les plus graves : les actes de torture et de barbarie. Il reste pour l'autorité administrative à déterminer si les contenus pornographiques relèvent, ainsi que le dénonce le HCE, mais aussi la Commission d'enquête du Sénat[2], de cette catégorie.

Cette volonté de renforcer le contrôle administratif des contenus violents pose toutefois question : à force de scander l'impuissance de l'État dans la lutte contre les violences de genre, à force de souligner les dangers – certes réels – d'une autorégulation des contenus illicites par les plateformes privées, n'y a-t-il pas un risque de voir en retour la lutte contre les violences de genre en ligne légitimer un contrôle administratif puissant qui serait aussi délétère pour les libertés – liberté d'expression certes, mais aussi et sûrement atteinte au droit à la protection des données personnelles – avec un dessaisissement du juge judiciaire sur ces questions ? Si le régime libéral d'autorégulation n'apparaît pas pleinement satisfaisant, les politiques féministes non plus seulement « carcérales », mais de « surveillance » peuvent elles aussi prêter le flanc à la critique.

---

[1] Cons. const., 17 mai 2024, n° 2024-866 DC préc., cons. 50 à 52, à propos de la constitutionnalité du recours devant le juge administratif prévu contre une telle décision de l'autorité administrative, non suffisamment entouré de garanties selon les requérants.

[2] A. Billon, A. Borchio Fontimp, L. Cohen et L. Rossignol, *Rapport d'information fait au nom de la délégation aux droits des femmes*, n° 900, 27 septembre 2022, p. 60 et s.

# PROPOS CONCLUSIFS

*Thomas Perroud, Professeur à l'Université Paris-Panthéon-Assas*

Cette réflexion collective a permis d'envisager l'ensemble des aspects du phénomène de privatisation de l'espace public. L'intérêt décisif de cette étude et son originalité tiennent à l'ampleur donnée à la notion de privatisation, qui permet d'envisager des dimensions du sujet qui ne sont d'habitude pas incluses. Dans son article inaugural, Marie Cirotteau estime bien qu'il ne faut pas inclure sous cette bannière toutes les formes d'appropriation, mais aussi les formes de régulation de l'entrée qui incluent les barrières physiques (comme les péages urbains), ou les formes d'accaparement symbolique (ex. signes religieux controversés), de même que l'exploitation commerciale et la numérisation : tous ces éléments permettent de moduler l'accessibilité des espaces et ont emportent possiblement des effets d'exclusion. Certaines contributions de cette recherche permettent aussi de mettre la lumière sur des angles morts de la recherche en droit public, comme les associations syndicales de propriétaires, étudiées par Ouiam Messadek ou la question de l'affectation des églises aux associations cultuelles à laquelle Ellie-May Farha consacre des développements.

L'exemple anglais, que développe Déborah Thébault, montre bien l'impact de la privatisation de l'espace public sur les libertés. C'est un pays dans lequel la question de la privatisation de l'espace des villes a eu une répercussion sur l'exercice de la liberté de manifester. C'est aussi un pays dans lequel les juges ont donné toute leur force au droit de propriété contre l'usage politique du domaine public. On trouve des jurisprudences similaires dans d'autres pays de *common law*, comme au Canada ou aux États-Unis[1]. L'Allemagne est en revanche un exemple intéressant puisque la Cour constitutionnelle fédérale est venue affirmer la supériorité de la liberté de manifester dans des espaces publics

[1] T. PERROUD, « L'espace public et les libertés politiques : logiques de privatisation dans une perspective comparée (France, Royaume-Uni, Allemagne, États-Unis, Canada) », *in* M. CORNU, Y. EMERICH (dir.), *Les communs urbains saisis par le droit*, Mare & Martin, coll. « Droit, sciences & environnement », 2024.

propriétés de personnes privées[1], illustrant le concept de publicisation que développe Hugo Avvenire. La contribution à ce volume de ce dernier permet d'ailleurs d'avoir un état des lieux très précis de l'ensemble des techniques de droit de l'urbanisme entraînant une privatisation (les *Privately Owned Public Spaces* et les *Business Improvement Districts*).

L'étude d'Ellie-May Farha permet de mettre en évidence les effets de l'affectation perpétuelle des édifices de cultes aux associations cultuelles, en d'autres termes l'affectation des Églises à l'Église catholique. Il s'agit bien d'une privatisation dans le sens où c'est l'occupant qui prend l'ensemble des décisions importantes. L'effet sur les libertés publiques est d'ailleurs saisissant et met en évidence le problème que pose ce système. Alors même que l'espace fait partie du domaine public, on a pu observer des cas de censures de spectacles décidées par l'affectataire. En décembre 2021, deux concerts d'Anna von Hausswolff sont annulés à Nantes et Paris[2] : l'organiste est accusée d'être sataniste. Au début de l'année 2024, deux spectacles dans des lieux de cultes à Nantes et à Saint-Nazaire sont annulés[3]. Plus récemment encore, une annulation de concert dans la cathédrale Notre-Dame-de-la-Treille est, semble-t-il, motivée par un mobile homophobe[4]. Ces exemples mettent bien en évidence le hiatus entre la domanialité et l'occupation. Ce sont bien ici les valeurs de l'occupant, de l'affectataire, qui priment les valeurs qui devraient présider à la gestion d'un bien du domaine public. C'est en ce sens que l'on peut parler d'une privatisation.

Ouiam Messadek livre, elle, une réflexion sur la privatisation de la gestion des biens collectifs, consacrée en réalité aux régimes des biens des associations syndicales de propriétaires. La gestion des biens

---

[1] *Ibidem*. T. HOCHMANN, « De la bière et des nazis : la liberté de manifestation en Allemagne », *Jus Politicum*, n° 17.

[2] A. TOFFOLET, « Deux concerts d'Anna von Hausswolff annulés à Nantes et Paris, après des pressions d'extrémistes catholiques », France Inter, 8 décembre 2021.

[3] France Musique, « Nouvelles annulations de concerts dans des églises à la suite de pressions d'extrémistes catholiques », 13 février 2024 (disponible ici : https://www.radiofrance.fr/francemusique/podcasts/au-fil-de-l-actu/nouvelles-annulations-de-concerts-dans-des-eglises-suite-a-des-pressions-d-un-groupe-extremiste-catholique-1078256).

[4] R. CIESLAK, « À Lille, les arguments improbables d'une cathédrale pour annuler la venue du chanteur Izae, à l'apparence "androgyne" », *Libération*, 21 novembre 2024.

collectifs de ces associations reflète une tendance à privatiser certaines fonctions de gestion des biens publics pour répondre à des contraintes opérationnelles, au risque d'accentuer l'insécurité juridique et d'affaiblir les principes traditionnels du droit public.

L'article d'Envel Favennec analyse les enjeux liés à la mise en place des péages urbains en France, leur association à une forme de privatisation. Depuis les Trente Glorieuses, en effet, le paradigme central de la régulation des flux sur le domaine public est gouverné par le prix. La tarification du stationnement, le retour des péages après leur bannissement au début de la IIIe République sont autant de techniques qui manifestent l'emprunt à la technique du marché pour gérer la rareté sur le domaine. L'occupation privative a, elle, toujours été payante, mais son prix n'a fait qu'augmenter. Il est vrai que le prix est un outil très efficace de gestion de la rareté des occupations. Le problème, évidemment, est que cet outil est un puissant facteur d'exclusion pour toutes les personnes qui ne peuvent s'en acquitter. Le prix permet bien de réguler l'accès, mais il introduit une discrimination sociale dans l'usage du bien. Le péage urbain est un exemple saisissant de cette discrimination.

De son côté, l'article de Jean-Yves André analyse l'effet de privatisation des services publics qu'engendre le recours au numérique, mettant en lumière les enjeux et risques juridiques, économiques et sociaux liés à cette transformation, ainsi que les solutions pour l'encadrer. La privatisation numérique désigne pour cet auteur l'intégration croissante d'acteurs privés dans la gestion et la fourniture de services publics par des plateformes numériques. Cette évolution, portée par les grandes entreprises du secteur, recompose le partage entre sphères publique et privée et modifie les modalités d'accès aux services publics.

L'article de Vincent Louis explore ensuite les implications de la reconnaissance biométrique dans les espaces publics, en mettant en lumière son développement, sa normalisation et ses impacts sur les droits et libertés. La reconnaissance biométrique transforme en effet l'espace public en un lieu de surveillance intensifiée, sous l'influence croissante d'acteurs privés. Elle redéfinit les droits fondamentaux, créant un risque de contrôle généralisé et de perte de liberté. Un encadrement rigoureux et une réflexion éthique sont nécessaires pour équilibrer sécurité et respect des libertés. Sous l'effet de ces technologies, l'espace public devient menaçant et produit certainement le même effet que les dispositifs anti-SDF dont l'objet est précisément d'exclure certaines populations de l'espace public.

Enfin, l'article d'Elsa Fondimare et Laurie Marguet examine l'espace public numérique et les enjeux juridiques et sociaux de la lutte contre les violences de genre dans cet espace. Elles mettent en lumière l'évolution des dispositifs législatifs et les limites du contrôle par l'État face à l'implication croissante des plateformes numériques. Les auteures montrent que l'État renforce ses dispositifs législatifs et administratifs pour lutter contre les violences de genre en ligne, mais sa dépendance aux plateformes limite son efficacité. Un équilibre entre régulation étatique, responsabilités des plateformes et préservation des libertés fondamentales est crucial pour répondre aux enjeux complexes que le cyberespace pose pour la protection contre les violences de genre.

# TABLE DES MATIÈRES

## Structures éditoriales du groupe L'Harmattan

**L'Harmattan Italie**
Via degli Artisti, 15
10124 Torino
harmattan.italia@gmail.com

**L'Harmattan Hongrie**
Kossuth l. u. 14-16.
1053 Budapest
harmattan@harmattan.hu

---

**L'Harmattan Sénégal**
10 VDN SICAP AMITIE 3
BP 45034 Dakar-Fann
direction@senharmattan.com

**L'Harmattan Cameroun**
Tsinga/Derrière polyclinique FECAFOOT
BP 11486 Yaoundé
Jacques.koukam@harmattan.fr

**L'Harmattan Burkina Faso**
Villa 281, secteur 23 623, rue 14.32
Ouagadougou
zagbie@outlook.fr

**L'Harmattan Guinée**
Almamya, rue KA 028 OKB Agency
BP 3470 Conakry
harmattanguinee@yahoo.fr

**L'Harmattan RDC**
185, avenue Nyangwe
Commune de Lingwala - Kinshasa
matangilamusadila@yahoo.fr

**L'Harmattan Congo**
219, avenue Nelson Mandela
BP 2874 Brazzaville
deunovmikhael@gmail.com

**L'Harmattan Mali**
Immeuble Mgr Jean Marie Cissé
Aci Hamadallaye
BP 145 Bamako
syllaka@yahoo.fr

**L'Harmattan Togo**
Djidjole - Maison Amela
face EPP BATOME
02 BP 20680 Lomé
didieramela11@gmail.com

**L'Harmattan Côte d'Ivoire**
Résidence Karl - Cité des Arts
Abidjan-Cocody
03 BP 1588 Abidjan
harmattan.ivoire@gmail.com

**L'Harmattan Bénin**
Rue 604, (Immeuble à l'entrée
de la rue UCAO- Cite de Saint-Jean)
Cotonou
stepcorpus@gmail.com

---

## Nos librairies en France

**Librairie internationale**
16, rue des Écoles
75005 Paris
librairie.internationale@harmattan.fr
01 40 46 79 11
www.librairieharmattan.com

**Librairie des savoirs**
21, rue des Écoles
75005 Paris
librairie.sh@harmattan.fr
01 46 34 13 71
www.librairieharmattansh.com

www.ingramcontent.com/pod-product-compliance
Lightning Source LLC
LaVergne TN
LVHW010932061026
849535LV00007B/2363